# TERAPIA DA REGRESSÃO

## Teoria e Técnicas

Herminia Prado Godoy (org.)

**Colaboradoras:**

Gislene Aparecida Oliveira e Silva Perez

Lúcia Tieko Kimura Maeda

Marisa Luedi Mutuberria Vieira

Norimar Scordamaglia de Carvalho

Regina Célia Credidio Turco

Rosa Luiza Dias Latuf

Rosalinda Atti Passadore

Telma Maria Beneduzzi

EDITORA CULTRIX

**São Paulo**

O primeiro número à esquerda indica a edição, ou reedição, desta obra. A primeira dezena à direita indica o ano em que esta edição, ou reedição, foi publicada.

| Edição | Ano |
|---|---|
| 1-2-3-4-5-6-7-8-9-10-11 | 02-03-04-05-06-07-08-09 |



EDITORA PENSAMENTO-CULTRIX LTDA.
Rua Dr. Mário Vicente, 368 — 04270-000 — São Paulo, SP
Fone: 272-1399 — Fax: 272-4770
E-mail: pensamento@cultrix.com.br
http://www.pensamento-cultrix.com.br

*Impresso em nossas oficinas gráficas.*

# Dedicatória

Dedicamos este livro a Lívio Túlio Pincherle, Michel Chebli Maluf e Dirce Barsottini, nossos mestres, que por meio de seus conhecimentos, experiências e posturas profissionais nos exemplificaram e incentivaram como construir uma TR com seriedade, científica e prioritariamente calcada em valores e princípios éticos universalistas.

A eles a nossa gratidão e carinho!

# Agradecimentos

Nossos agradecimentos especiais a Ana Maria de Oliveira e Lélia Verônica Carrasco Bascuñan que muito nos ajudaram na elaboração dos textos presentes neste livro, fornecendo-nos os limites entre a terapia da regressão e a terapia da consciência multidimensional.

Agradecemos também a todos os colegas que, por motivo de força maior, não se encontram mais conosco, porém sabemos que é somente a distância física que nos separa.

A nossos pacientes e aos alunos do Centro de Difusão que colaboraram, de alguma forma, para tornar este livro uma realidade.

# As autoras

## ORGANIZADORA:

HERMINIA PRADO GODOY: Bacharel em Psicologia e psicóloga pela Universidade Paulista (UNIP), em 1978. Especialista em Psicologia Clínica e Jurídica pelo Conselho Regional de Psicologia — 6ª Região, em 2002. Especialização em Psicologia Industrial, Educacional e Clínica pela UNIP em 1978. Mestre em Distúrbios de Desenvolvimento pela Universidade Presbiteriana Mackenzie em fevereiro de 2000. Sua formação acadêmica foi na área comportamental. Fez os cursos 101, 202 e 303 da Análise Transacional, no período de 1981 a 1986. Em 1980, criou e implantou o serviço de psicologia no Tribunal de Justiça do Estado de São Paulo, nas então chamadas Varas de Menores. Foi psicóloga-chefe da Vara Central de Menores por dez anos. Em 1982, começou seus estudos no campo da TR. Participou do grupo que trouxe os conhecimentos de TR para o Brasil e com esse grupo fundou em 1987 a Associação Brasileira de Terapia de Vida Passada (ABTVP), atualmente chamada Associação Brasileira de Estudo e Pesquisa em Terapia de Vivência Passada (ABEP-TVP), da qual se desligou em 1998. Fez cursos e treinamentos com Netherton, TenDam e Woolger. É Professional Member da International Association for Regression Research and Therapies, Inc. (IARRT) desde 1989 e Psicoterapeuta Credenciada pelo International Board for Regression Therapy (IBRT) desde 1999. Master Therapist e Doctor of Philosophy and Technique in Teaching using the Netherton Method of Past Life Therapy, pela AAPLE (The Association for the Alignment of Past Life Experience), desde julho de 2000. Treina profissionais na TR desde 1989 e tem seu curso de especialização em TR reconhecido pelo IBRT desde 1999 e pela AAPLE desde 2000. A partir de 1990 passou a se dedicar ao estudo e à pesquisa sobre a Consciência humana. Fundou em 1990 o Centro de Estudo e Pesquisa da Consciência, e em 1998 o Centro de Difusão de Estudos da Consciência — HPG S/C Ltda. (CDEC) onde atua como Diretora-Sócia Presidente.

## COLABORADORAS:

Gislene Aparecida Oliveira e Silva Perez: Bacharel em Psicologia e psicóloga clínica pela Universidade Federal de Uberlândia (UFU) em 1986. Atua em consultório de psicologia desde 1987, com atendimento clínico a crianças, adolescentes e adultos. Possui especialização em Saúde Coletiva pela Universidade Federal de Uberlândia, ano 1997, e especialização em Psicologia Clínica pelo Conselho Regional de Psicologia 4ª Região (MG/ES), em 2002. Atua, também, no Programa de Saúde Mental da Secretaria Municipal de Saúde de Uberlândia, desde 1987. Neste programa, desenvolveu atividades em Centros de Saúde, Ambulatório de Saúde Mental e, atualmente, trabalha em Centro de Atenção Psicossocial — atendimento a pessoas portadoras de transtornos neuróticos graves e psicóticos, em crise (CAPS II). Especializou-se em TR pelo CPC-HP, em 1992, e realizou cursos de treinamentos com Netherton, Woolger e TenDam. Atua como psicóloga credenciada, colaboradora técnica e docente convidada nos cursos de TR e Consciência do Centro de Difusão (CD).

Lúcia Tieko Kimura Maeda: Bacharel em Psicologia e psicóloga clínica pela Universidade de Mogi das Cruzes, em 1974. Foi sócia proprietária e psicoterapeuta durante 10 anos do Centro Psicológico Paes de Barros prestando assistência a crianças excepcionais da LBA. Atuou na área de RH na implantação do Crédito Educativo da Caixa Econômica Federal e Estadual. Trabalhou como psicóloga na Coordenadoria de Assistência Hospitalar da Secretaria de Saúde do Estado de São Paulo. Prestou serviços na Fundação do Bem Estar do Menor (FEBEM) e assessoria na área psicopedagógica à Escola Irmã Catarina de São Caetano do Sul. Fez curso de Especialização em Psicoterapia Existencial, e TR pelo Centro de Difusão, em 1998. Atualmente atua como psicóloga clínica em consultório particular, como psicóloga credenciada e docente convidada nos cursos de TR do CD.

Marisa Luedi Mutuberria Vieira: Bacharel em Psicologia e psicóloga clínica, pela Universidade Federal de Uberlândia, em 1986. Especialização em

Psicologia Clínica pelo Conselho Regional de Psicologia — 4ª Região, em 2002. Atua em consultório de psicologia desde 1987 com atendimento clínico a adultos. Atua, também, na área de Saúde Pública, como membro do Programa de Saúde Mental da Secretaria de Saúde Municipal de Uberlândia, desenvolvendo atividades em atenção primária e secundária — atendimento a pacientes graves, neuróticos graves e psicóticos. Fez cursos e treinamentos com Netherton, TenDam e Woolger, e de especialização em TR em 1992, pelo CPC-HG. Diretora-Sócia Técnica do CD.

NORIMAR SCORDAMAGLIA DE CARVALHO: Bacharel em Psicologia, psicóloga clínica, pelo Instituto Metodista de Ensino Superior (IMS), São Bernardo do Campo, São Paulo, em 1977. Supervisora da área clínica desde 1982 e professora do IMS, no período de 1982 a 1983. Coordenadora técnica da Associação de pais banespianos de excepcionais, de 1988 a 1990. Sócia proprietária do Grupo de Atividades e Supervisão em Psicologia (GRASP), de 1982 a 1990, e assessora psicopedagógica da Escola Irmã Catarina de São Caetano do Sul em 1997. Atua em consultório particular desde 1978. Especialização em TR pelo Centro de Difusão, em 1998.

REGINA CÉLIA CREDIDIO TURCO: Bacharel em Psicologia e psicóloga pelas Faculdades Metropolitanas Unidas (FMU), em 1982. Pedagoga com Licenciatura Plena pela Faculdade de Educação São Luís em 1985. Atua em clínica particular desde 1983. Tem formação em Radiestesia e Radiônica pela De La Warr Pesquisas em Radiestesia e Radiônica em 1989, e especialização em Psicologia Analítica e Homeopatia pelo Instituto (IBHE), em 1997. Fez parte do Grupo de Estudo sobre Psicossíntese com Maria Regina Andrade no período de 1989 e 1991; Curso de Neurolingüística com Lívio Túlio Pincherle em 1991; Curso Básico e Intermediário de TR no Instituto Nacional de Terapia Regressiva a Vivências Passadas (INTRVP), no período de 1989 a 1991, e Curso de Psicologia Transpessoal em 1991. Possui especialização em TR pela Associação Brasileira de Terapia de Vivências Passadas (ABEPTVP) em 1991, qualificação como Didata em 1994 e Diretora Científica em 1997, dessa associação. Diretora Administrativa da Tríade Clínica Fono Psico Pedagógica, desde 1990, e Diretora Administrativa da DES-FAR Laboratórios desde 1983. Fez Curso de TR com Hans TenDam Morris Netherton e Roger Woolger.

ROSA LUÍZA DIAS LATUF: Psicóloga clínica pela Universidade Paulista, em 1994. Tem formação em Psicologia Analítica pelo Instituto Brasileiro de Homeopatia (IBEHE) e especialização em TR pelo Centro de Difusão, em 1998. Atua em consultório particular na área clínica em Arte Terapia e Psicoterapia de Adolescentes, Adultos, Terceira Idade e Casais. Atua como psicóloga clínica credenciada e docente convidada nos cursos de TR do CD.

**Rosalinda Atti Passadore:** Bacharel em Psicologia e psicóloga pela Pontifícia Universidade Católica de São Paulo (PUC-SP), em 1975. Pedagoga, com especialização em Orientação Educacional, Supervisão e Direção Escolar pela Faculdade Adventista de Ensino de São Paulo, em 1989. Formada em Psicodrama pelo Grupo de Estudos de Técnicas Psicodramáticas; Relaxamento nas técnicas do Prof. Sandor com ênfase em cinestésica pelo Orion-Clínica e Centro de Estudos de Psicologia Junguiana; Hipnose Clínica Ericksoniana pela Metaprocessos Avançados (escola aprovada pelo American Board of Hypnotherapy). Aluna especial do Curso de Pós-Graduação-Mestrado em Psicologia da Universidade de S. Paulo: PSA 766 e 771. Psicobiofísica pelo Instituto de Pesquisas Psicobiofísicas (IPP); Master Practitioner na Terapia da Linha do Tempo pelo Metaprocessos Avançados; membro da Time Line Therapy Association, Hawaii — USA, e especialização em TR pelo Centro de Difusão, em 1998. Atua na área clínica desde 1976, tendo trabalhado, durante alguns anos, na área escolar como psicóloga e orientadora educacional.

**Telma Maria Beneduzzi:** Bacharel em Psicologia e psicóloga clínica pela Universidade Paulista em 1977. Com especialização em Psicoterapia de orientação psicanalítica de adolescentes e adultos em 1979, e em TR, pelo Centro de Difusão, em 1998. Atua em consultório particular desde 1980. Professora no curso de Psicologia das Faculdades Metropolitanas Unidas, no período de 1983 a 1984. Em 1993 fez o Curso Intensivo de Administração, pelo programa de educação continuada da Escola de Administração da Fundação Getúlio Vargas de São Paulo, atuando também desde então em atividade empresarial familiar. Atua no CD como psicóloga clínica credenciada e docente convidada nos cursos de TR e Consciência.

OS DIREITOS AUTORAIS DESTA OBRA FORAM DOADOS PELAS AUTORAS AO CENTRO DE DIFUSÃO DE ESTUDOS DA CONSCIÊNCIA — HPG S/C LTDA.

O Centro de Difusão de Estudos da Consciência — HPG S/C Ltda. é uma empresa voltada para a difusão dos conhecimentos produzidos na área acadêmica sobre a Consciência. Foi criado em 1998, visando ao estudo e à pesquisa da Consciência, entendida como essência do ser. Um campo de expressão dessa Consciência é a retrocognição, na qual se situa a terapia da regressão (TR). Tem a finalidade de:

- estimular a criação cultural, o desenvolvimento do espírito científico e do pensamento reflexivo na comunidade;
- apoiar, patrocinar e promover cursos seqüenciais no campo do saber — palestras, simpósios, congressos; divulgar conhecimentos culturais, científicos e técnicos; colaborar para a formação contínua dos profissionais das mais variadas áreas do conhecimento;
- incentivar o trabalho de pesquisa e investigação científica, tendo por objetivo o desenvolvimento da ciência e da tecnologia, e proporcionando ao homem o entendimento mais profundo de si mesmo, da sociedade e do mundo que o rodeia;
- difundir as conquistas e benefícios advindos da comunidade acadêmica, científica e tecnológica;
- reunir profissionais das diversas áreas do conhecimento, que tenham o ideal de estudar a consciência em sua multidimensionalidade, de forma científica, sem comprometimento com nenhuma crença, credo religioso, esotérico ou assemelhado, através de encontros regionais e internacionais; e
- incrementar as linhas de trabalho voltadas para o social, através do desenvolvimento de formas de tratamento multiprofissionais para a consciência.

Os profissionais ligados ao Centro de Difusão buscam desenvolver um estudo sério e responsável sobre a Consciência e, conseqüentemente, sobre a TR. Promovem a pesquisa e o aprimoramento da prática, se comprometendo entre si e com a comunidade em geral a assumir as responsabilidades éticas que os orientam. Buscam cuidar e desenvolver a integridade do ser nas suas diversas dimensões, tendo como base a cooperação e o discernimento.

**Sede do Centro de Difusão:**

R. Áurea, 226
Vila Mariana — S. Paulo — S. Paulo — Brasil
CEP: 04015-070
Fone/Fax: (0XX11) 5574-0510
e-mail: cdhpg@osite.com.br
Home page: www.centrodedifusao.cjb.net

# Prefácio

Desde 1982, quando comecei a ensinar e a praticar a Terapia de Vida Passada no Brasil, fiquei impressionado com os psicoterapeutas brasileiros*, e me senti gratificado pela sua dedicação, seriedade e disposição para explorar novas fronteiras.

Nas conferências, simpósios, aulas e sessões que realizei com esses psicoterapeutas criativos e talentosos, pude observar a dedicação e os esforços que fizeram para aprender essa psicoterapia, que busca a expansão dos limites da mente, muitas vezes suportando pesados gastos para sua formação e enfrentando a hostilidade daqueles que não compartilham com essa forma de trabalho.

Fico muito feliz em constatar que o trabalho e o conhecimento desses psicoterapeutas cresceu muito na área da terapia da regressão, ampliando e aprofundando suas fronteiras, e que teve como um de seus resultados este livro, no qual compartilham seus conhecimentos com o público leigo e com a comunidade dos terapeutas da regressão.

Herminia Prado Godoy e seus colaboradores incluíram neste livro as teorias e técnicas dos pioneiros e de alguns colaboradores na sistematização dessa terapia que ganhou atenção internacional, mas são dela as novas e expansivas descobertas, as quais redefinem e constroem o nosso trabalho, nos estimulando e fazendo com que o público entenda a necessidade dessa terapia e saiba valorizá-la.

---

• Netherton se refere ao grupo de psicoterapeutas que foram os pioneiros no estudo e trabalho com a TVP no Brasil: Ana Maria Pereira Viotto Ferreira, Dirce Barsottini, Elaine A. Gubeissi De Luca e Valdir Luiz Tamion. (N. Org.)

A terapia da regressão elimina os limites artificiais que separam a fisiologia, a psicologia e a espiritualidade. Sua meta é fazer com que mente, corpo e alma se integrem em um processo de evolução do *self*.

As autoras deste livro revelam sua dedicação e conhecimento no campo da terapia da regressão e se propõem a compartilhar neste livro suas experiências e entendimentos somente com aqueles que possuam compreensões especiais, demonstrem dedicação para estar a serviço de outros e disposição para estudar esse campo especial da psicologia.

Minha esperança é que este livro seja o primeiro de muitos trabalhos dessas pessoas talentosas e abençoadas, e apenas o começo de seus esforços para expandir a terapia da regressão para um público maior. Tenho certeza de que elas farão maiores construções sobre os ensinamentos contidos neste livro e continuarão a explorar os crescentes e novos campos da mente e da alma. Espero compartilhar com elas essas novas e animadoras descobertas.

Parabéns a Herminia, Gislene, Lúcia, Marisa, Norimar, Regina, Rosa, Rosalinda e Telma pelo trabalho bem-feito, que promete trazer um futuro brilhante no que diz respeito a estudos e descobertas maravilhosas no campo da psicologia.

Bom trabalho, Brasil!

Dr. Morris Netherton
Los Angeles, Califórnia
Junho, 2000

# Sumário

# Índice de tabela e quadros

# Índice de figuras

# Relação das siglas utilizadas no livro

AT: Análise Transacional.

CD: Centro de Difusão ou Centro de Difusão de Estudos da Consciência — HPG S/C Ltda.

CDEC: Centro de Difusão de Estudos da Consciência — HPG S/C Ltda.

EVP: Exploração de Vida Passada.

IARRT: The International Association for Regression Research and Therapies.

IBRT: The International Board of Regression Therapy.

MEC: Memória Extra Cerebral.

PA: Psicologia Analítica.

PI: Personalidade Intrusa.

PO: Pseudo-obsessão.

PS: Personalidade Subconsciente.

TCM: Terapia da Consciência Multidimensional.

TR: Terapia da Regressão.

TVP: Terapia de Vida Passada.

# Introdução

Este livro tem o objetivo de fornecer os primeiros embasamentos teóricos para o profissional que inicia seu estudo na Terapia da Regressão (TR). Contém um resgate histórico e uma proposta de sistematização da teoria e das técnicas da TR. Apresenta os resultados de pesquisas no campo da TR e sua correlação com a psicopatologia e com algumas correntes psicológicas.

Antes de entrarmos na descrição da TR, torna-se necessário fazer uma diferenciação entre Terapia da Regressão (TR), Terapia de Vida Passada (TVP) e Exploração de Vida Passada ou Regressão Hipnótica de Memória.

Quando a TR surgiu, recebeu o nome de Terapia de Vida Passada devido à descoberta de que regredir a outra vida resultava em remissão dos sintomas do paciente[1] no presente; porém, nem todos os trabalhos regressivos se referem a incidentes em uma vida passada. Por esse motivo, a partir de 1998, o IBRT[2] passou a adotar o nome de Terapia da Regressão, que traduz mais o trabalho psicoterápico de desbloqueio dos traumas que podem ter suas origens nesta ou em outras vidas. Em 2000 a APRT[3] também passou a adotar o nome de TR.

---

1. Adotaremos o termo *paciente* neste livro, embora alguns autores como TenDam, Woolger e Godoy prefiram o termo cliente.

2. IBRT: The International Board for Regression Therapy. Foi criado em 1995 por um grupo de psicoterapeutas internacionais pertencentes em sua maioria à IARRT (The International Association for Regression Research and Therapies), que trabalhavam com a regressão, com o objetivo de sistematizar os conhecimentos no campo científico da TR.

3. A APRT (The Association and Research for Past Life and Terapies) foi criada, em 1984, para congregar profissionais das mais variadas áreas do saber, que

O objetivo da TR e da TVP é psicoterápico e o acesso às memórias passadas, desta ou de outras vidas, tem como finalidade a detecção do núcleo traumático, visando ao seu desbloqueio por meio de intervenções psicoterápicas.

A Exploração de Vida Passada ou Regressão Hipnótica de Memória reúne uma série de técnicas hipnóticas — chamadas indutivas — que levam o indivíduo a ter acesso a memórias de uma vida passada. Pode ser realizada também com a utilização de um intermediário sensitivo, o qual transmite, através de sua percepção extra-sensorial, as informações supostamente contidas no inconsciente da pessoa que está sendo analisada. O conhecimento de técnicas indutivas que permitem o acesso às memórias do inconsciente é milenar, e foi muito utilizada no século passado pela hipnose e por pesquisadores da reencarnação. Com esse procedimento, pode-se conseguir ou não resultados psicoterápicos, porém ele não pode ser considerado uma psicoterapia.

Na década de 60, Dethlefsen[4], psicólogo alemão, investigador da reencarnação, desenvolveu a Terapia da Reencarnação, que muito influenciou os autores da regressão.

Consideramos os psicólogos americanos Edith Fiore[5] e Morris Netherton[6] como pioneiros da TR, por terem sido os primeiros a publicar suas técnicas regressivas, as quais podem ser consideradas técnicas que foram desenvolvidas e sistematizadas visando melhorar a eficácia e eficiência de um trabalho psicoterápico e não com caráter de investigação de memória ou da reencarnação; afirmação semelhante é encontrada na obra de Lucas (1993). Até então, os hipnólogos e pesquisadores da reencarnação utilizavam-se de técnicas hipnóticas de regressão de memória, porém, como já salientamos, estas não se caracterizavam como técnicas psicoterápicas, mas, em alguns casos, a exploração das vidas passadas surtia um efeito psicoterápico. Como veremos mais adiante, em um capítulo específico, Fiore desenvolveu uma

---

se interessavam pelo campo da TVP. A partir de 2000 a APRT passou a ser chamada de International Association for Regression Research and Therapies (IARRT).

4. Thorwald Dethlefsen é autor do livro *A regressão a vidas passadas como método de cura: a comprovação experimental da teoria da reencarnação*, pela Editora Pensamento, em 1997, São Paulo.

5. Edith Fiore é autora do livro *Você já viveu antes*, pela Editora Record, Rio de Janeiro, sd. Realizou curso para psicoterapeutas em São Paulo, em 1985.

6. Morris Netherton trabalha com a TR desde 1967. É autor do livro *Past lives therapy* (1979), editado em São Paulo pela primeira vez em 1984, com o nome de *Vidas passadas em terapia*, pela ARAI-JU, e reeditado em 1997 pela Summus com o nome de *Vida passada: uma abordagem psicoterápica*, edição esta que omite o nome da co-autora do livro, Nancy Shiffrin. Netherton realizou cursos e treinou psicoterapeutas em São Paulo, em 1982, 83, 84, 86, 95, 99 e 2000.

técnica regressiva derivada das técnicas hipnóticas passivas e Netherton fez isso com as técnicas hipnóticas ativas.

Para que possamos iniciar os nossos estudos e pesquisas no campo da TR, temos que partir de alguns princípios básicos e hipóteses, os quais trazem uma mudança paradigmática na visão e entendimento do ser humano.

Para TenDam (1997a), muitos cientistas vêm estudando sistematicamente a mente e percebendo que esta condiciona o cérebro, porém, afirma o autor que a ação da mente não pode mais ser explicada unicamente pelos mecanismos do cérebro; ao contrário, a mente condiciona o cérebro, nasce com o homem e preexiste separadamente, idéia essa compactuada pelos físicos da atualidade. Os físicos, que possuem uma visão quântica e relativista e aceitam uma visão transcendental do homem, se interessam inclusive por fenômenos paranormais.

O homem entra agora na área da mente, da psique, da consciência, da lucidez de sua transpessoalidade e das muitas vivências intrafísicas da consciência, vislumbrando, através de pesquisas, que a mente está além do cérebro.

O mesmo ainda não se pode dizer sobre muitos profissionais da área *psi*, os quais, contrariamente à origem da palavra *psique*, que significa alma, negam o aspecto transcendental, extrafísico ou espiritual do homem. Isso se dá em decorrência da adesão das ciências *psi* ao paradigma materialista, não tendo este ramo do conhecimento acompanhado as descobertas e revoluções ocorridas na nova física.

Um novo paradigma hoje se vislumbra pela própria falência conceitual do anterior, que se tornou insuficiente para explicar e resolver determinados problemas.

Deve-se ressaltar que a transição de um velho paradigma para um novo ocorre em meio a muita oposição, pois mudar de paradigma é mudar de crenças, de valores, de visão do universo e da realidade, afetando interesses econômicos, sociopolíticos e culturais. Sendo assim, não há como convencer os opositores de um novo paradigma a aderir a ele; a adesão se dá naturalmente pela nova geração, pelo poder econômico, ou ainda abrupta e repentinamente com um *insight*. A adesão é gradual, pois essa conversão envolve aspectos emocionais, políticos, sociais e culturais, que são muito arraigados e que dão ao sujeito o seu referencial diante da vida e do mundo; apenas o aspecto intelectual não seria capaz de promover tal conversão. Max Planck (*in* Grof, 1987, p. 9) ilustrou perfeitamente essa conversão quando disse que: "[...] uma nova verdade científica triunfa não porque convença seus oponentes fazendo-os ver a luz, mas porque eles eventualmente morrem, e uma nova geração cresce familiarizando-se com ela".

Dentro desse novo paradigma, a TR baseia-se na tese de que "todo ser humano no presente é o somatório de experiências vividas no passado, e esse registro, que cada ser traz impresso em si, repercute de forma saudável e/ou patológica no seu presente" (Godoy, 1990a). Atua no campo da retrocognição — memória passada integral do ser — e no da regressão a esta e a outras vidas.

Para o estudo e pesquisa da TR, partimos dos seguintes princípios: a TR vem trazer uma complementação à psicologia; ela tem caráter psicoterapêutico, não religioso, e por estar sendo construída não pode ser veiculada como algo definitivo (Godoy, 1990). Para o entendimento do trabalho realizado em TR, conforme Godoy e Souza (1996), partimos das seguintes hipóteses:

→ *Imortalidade:* o ser humano possui uma consciência que é imortal, que evolui para a perfeição através da matéria física e extrafísica, no tempo e no espaço, de forma gradativa. Cada vida representa uma etapa a ser conquistada. Cada etapa tem uma programação existencial específica baseada nas necessidades evolutivas próprias de cada *ser*.

→ *Carmalidade:* cada *ser* em cada vida pode ou não completar sua etapa evolutiva. Em caso positivo, outra vida seria uma nova etapa; e, em caso negativo, outra vida conteria a nova etapa, acrescida da etapa não concluída (o que podemos chamar de "dependências"). Caso a etapa não concluída de uma existência específica não seja concluída em uma próxima existência, ela continua necessitando ser cumprida nas existências consecutivas. Segundo a teoria da repercussão cármica de TenDam[7] (1997) *cada problema não resolvido em uma vida passada repercute, causando dificuldades na vida consecutiva.*

→ *Lucidez:* todo acesso às realidades extrafísicas do ser é feito de forma consciente. No processo psicoterapêutico em TR trabalha-se com o que chamamos de descoincidência[8], porém o estado consciente permanece sempre presente.

→ *Desperticidade:* o psicoterapeuta[9] deve manter-se sempre alerta a todos os detalhes, percebendo todos os níveis do paciente, razões incorretas, des-

---

7. Hans Wolfgang TenDam é autor dos livros *Exploring reincarnation*, publicado em São Paulo pela Summus em 1994, com o nome de *Panorama sobre a reencarnação*, vol. I em 1993, e vol. II em 1994, e do livro *Deep healing*, publicado em São Paulo pela Summus em 1997, com o nome de *Cura Profunda*. Realizou cursos e treinamento para psicoterapeutas em São Paulo em 1988, 89, 90, 93, 97 e 98.

8. Segundo a projeciologia, o estado de descoincidência ocorre quando algum dos corpos mental ou emocional do ser se encontra parcialmente desconectado do seu corpo físico. Para mais informações recomendamos a leitura de Vieira, 1986.

9. Utilizaremos neste livro o termo psicoterapeuta para os profissionais que possuem uma formação acadêmica em psicoterapia e realizam em suas práticas profissionais processos psicoterápicos. Aqui no Brasil todos, necessariamente, devem ser psicólogos ou médicos.

vios de atenção, tentativas de engano, desvirtuamento de personalidades, não caindo nas razões ou desculpas dos encaminhamentos do paciente, mas estando acima dele, compreendendo e anotando, para serem usados ao longo do tratamento de forma não traumática, com visão clara e terapia adequada ao seu crescimento.

A TR se utiliza, também, do modelo reencarnacionista, ou das muitas vivências da consciência, por ser o que melhor explica os dados coletados durante os trabalhos psicoterapêuticos que dizem ser referentes a vidas passadas.

Reencarnar quer dizer *nascer de novo*. Embora a TR não tenha o objetivo de comprovar a hipótese reencarnacionista, temos conhecimento de um grande número de pesquisadores na atualidade que possuem registrados casos que foram documentados e pesquisados mediante padrões científicos. Dentre esses estudiosos da reencarnação, podemos citar Banerjee, Stevenson e Andrade.

Banerjee (1979) investigou 1.100 casos de memórias espontâneas em crianças em todo o mundo durante 25 anos. Em suas pesquisas iniciais, passou a considerar a possibilidade de o sujeito ter adquirido as informações de Vida Passada, fruto de situações veiculadas através dos meios de comunicação, ou a partir da percepção extra-sensorial ou telepatia. Certificando-se de que não existia motivo para fraude, passou a supor a existência no Ser humano de uma memória diferente. O *Ser* possuidor dessa memória diferente seria capaz de lembrar-se de acontecimentos pertencentes a outras vidas. Ele chamou esse tipo de memória de Memória Extra-Cerebral (MEC).

Stevenson (1970) é considerado a maior autoridade internacional na área de pesquisas de casos de reencarnação. Durante 25 anos, estudou e analisou cerca de 2.500 casos possíveis de reencarnação registrados até hoje em todo o mundo.

Andrade (1989) é engenheiro civil, pesquisador de fenômenos paranormais e fundador do Instituto Brasileiro de Pesquisas Psicobiofísicas (IBPP). É conhecido internacionalmente pelas suas investigações nas áreas de fenômenos paranormais espontâneos, estudos de casos sugestivos de reencarnação, fenômeno de transcomunicação instrumental e também pela formulação de um modelo do espírito.

Poder-se-ia utilizar outras hipóteses para explicar as recordações referentes às memórias de vidas passadas, tais como: fraude, memória genética, superpercepção extra-sensorial, etc., porém, como afirma Souza (1997), a explicação para recordações de outras vidas, pela hipótese da memória genética, seria razoável para comportamentos mecânicos, instintivos, involuntários do corpo humano, e a hipótese da superpercepção extra-sensorial é muito genérica e fantástica para ter valor científico.

No trabalho psicoterápico regressivo, se o profissional também desejar pesquisar a veracidade das informações, recomendamos que adote uma postura de investigação científica, ou seja, deverá estar sempre atento para discriminar entre falsas recordações e recordações espontâneas. Como perceber isso? Testando-se a nitidez, a solidez, se há consistência no relato do paciente, além de comparar os conteúdos com fatos objetivos e históricos; observar lugares, pessoas, sonhos, objetos, situações semelhantes, circunstâncias físicas ou emocionais excepcionais e primeira infância; considerar sinais de nascença, comportamento, capacidades, talentos, intuição, preferências, postulados e emoções.

Acreditamos que a análise, a lógica e o bom senso devem sempre prevalecer quando trabalhamos com fatos que, com certeza, pertencem a um campo que estamos muito longe de compreender, quanto mais de dominar e de controlar.

A TR está construindo o seu próprio corpo teórico e técnico, com base nas evidências dos fatos obtidos através do trabalho realizado com os pacientes, sem se importar em atestar a veracidade ou não da eternidade do ser ou de outras existências, mas apenas admitindo que essa realidade pode ser uma criação mental ou fantasia por parte do paciente. E como diz Van Auken (1997, p. 109):

> *"É difícil determinar-se — e de fato não importa — se são indicações de uma encarnação anterior da alma, ou simplesmente indicações de que a alma preexistiu, embora, talvez, não encarnada. As imagens são expressões verdadeiras do inconsciente e, apenas por isso, possuem valor."*

Se aceitarmos que alguns de nossos sofrimentos ou conflitos atuais são conseqüências de nossas próprias ações no passado, que, ao revivermos o passado, desta ou de outra vida, estaremos descarregando nossas emoções, compreendendo nossa vida hoje, liberando-nos das amarras desse passado, estaremos nos devolvendo a paz, a felicidade, o equilíbrio e a harmonia. É este o maior objetivo da TR: devolver ao homem o seu reequilíbrio para que possa planejar um futuro melhor para si e, como atestam os autores da TR, ela "funciona" para isso.

Pretendemos com este trabalho estimular a produção de outras obras, estudos e pesquisas científicas no campo da regressão de memória, saindo com isso do campo teológico ou religioso. Acreditamos que, realmente, poderemos transformar e dar uma grande contribuição à psicologia se desenvolvermos uma postura científica frente à TR e trabalharmos como um todo integrado e organizado.

CAPÍTULO I

# Hipnose

Na atualidade muitos terapeutas que utilizam a TR — como exemplo podemos citar os descritos no trabalho de Clark (1995) — se consideram pioneiros e criadores de técnicas regressivas, porém, nosso estudo e análise revelou que muitos desses autores não desenvolveram recursos técnicos novos, apenas deram continuidade a técnicas já existentes.

Em nossa análise, verificamos que muitos reeditaram técnicas advindas da hipnose médica; outros utilizaram estilos próprios na aplicação das técnicas regressivas dos pioneiros Fiore e Netherton, e alguns alteraram alguns comandos das técnicas indutivas Christus e Sofrológica (técnica derivada da técnica desenvolvida por Schultz, na década de 20), ou, ainda, utilizaram as técnicas hipnóticas ericksonianas. Fundamentaremos nossa afirmação com o resgate da hipnose médica e das técnicas por ela desenvolvidas.

A TR, conforme nosso estudo, se utiliza das técnicas hipnóticas passivas e ativas para ter acesso às memórias que estão no inconsciente, para o conseqüente desbloqueio de traumas. Para esse trabalho ser realizado, é necessário que o paciente alcance apenas o nível de hipnose leve, ou o conhecido estado hipnoidal, mantendo o consciente sempre presente. Em determinados casos, as memórias passadas estão tão presentes no consciente do paciente, que este não precisa ser mobilizado pelo terapeuta para chegar a elas.

É necessário, na TR, que o consciente do paciente permaneça durante todo o trabalho psicoterápico presente e atuante. Esse entendimento é muito importante, pois ainda existe um desconhecimento e entendimento superficial da hipnose pelo público em geral, e mesmo pela categoria dos profissionais da área psicológica, que acreditam que seja necessário um estado hipnótico profundo, e, *de preferência*, que o consciente esteja ausente durante a sessão. Esse fato não ocorre num trabalho psicoterápico em TR. Um dos motivos de estarmos resgatando a história e o conceito de hipnose neste livro é informar ao público o que é a hipnose e de qual modalidade de hipnose estamos nos utilizando.

## 1. HISTÓRICO

*Godoy*[10]

Hipnose é uma palavra que vem do grego: Hypnos significa "sono". A idéia de sono, agregada ao "t" e ao "ismo" em hipnotismo, significa sistema ou imitação — estado que imita o sono. Hypnos é o deus grego do sono, irmão gêmeo de Tânatos, o deus da morte.

Godoy e Maluf (1996) definiram hipnose como sendo "qualquer estado dissociativo da consciência".

A hipnose existe há muito tempo. Na Antigüidade, era usada nos templos do Egito, na Babilônia, Assíria, Caldéia, Índia, pelos hebreus, incas, astecas, gregos, chineses, persas, pelos índios da América Central, sacerdotes e figuras representativas da religião para tratamento de doentes com diversos distúrbios nervosos.

O hipnotismo foi evoluindo, misturado à magia, ao magnetismo, à bruxaria e ao misticismo, constituindo a fase pré-mesmeriana.

Franz Friedrich Anton Mesmer (1734—1815) abriu as portas do hipnotismo; ele acreditava que as curas se processavam por meio do magnetismo. Foi o pai do mesmerismo e considerado gênio e charlatão. Estudou religião, filosofia, teosofia, música, astrologia e doutorou-se em medicina pela Universidade de Viena com a tese "De Planetarium Influxu", em 1775.

Os irmãos Puységur, Armand Marie Jacques Chastenet, Marquês de Puységur (1751—1825) e Chastenet de Puységur (Conde de Chastenet), principais discípulos de Mesmer, descobriram em 1783 o sonambulismo magnético e contribuíram de maneira mais positiva para o esclarecimento dos fenômenos hipnóticos.

---

10. Este texto foi elaborado com o colega Michel Chebli Maluf, um psiquiatra, falecido em 1998. Foi um estudioso da hipnose e um dos introdutores do estudo e pesquisa da terapia da regressão no Brasil. Maluf elaborou, em 1996, a pedido da organizadora deste livro, um histórico sobre a hipnose, material esse que passou a ser usado em seus cursos de formação de psicoterapeutas da regressão.

O padre Johan Gassner (1727—1779) curava os enfermos por meio da imposição das mãos, pela palavra e pelo exorcismo. O padre José Custódio de Faria (1756-1819), famoso hipnotizador e magnetizador, discípulo do Marquês de Puységur, introduziu na Europa os conhecimentos do hipnotismo oriental, trazido da Índia.

John Elliotson (1791—1868), catedrático de Medicina da Universidade de Londres e presidente da Royal Medical and Surgical Society, usou o mesmerismo no tratamento de doentes e mesmo em intervenções cirúrgicas, porém foi condenado pela Academia Inglesa de Medicina. Realizou 1.200 intervenções cirúrgicas sem dor por meio da técnica mesmérica. James Esdaile (1808—1859), médico escocês, discípulo de John Elliotson, comunicou ao "Medical board" 75 casos de intervenções cirúrgicas sob anestesia magnética numa época anterior à descoberta dos anestésicos. Como seu mestre, foi condenado pela comunidade médica inglesa.

James Braid (1795—1860), cirurgião e oculista em Manchester, foi o introdutor da palavra hipnotismo pela primeira vez na história dessa disciplina; operou sob hipnose 262 casos de pé torto, setecentos casos de estrabismo e vinte e três casos de curvatura da coluna. Sofreu também a condenação da comunidade médica inglesa.

A. A. Liebeault (1823—1904), fundador da escola francesa de Nancy, acreditava que a hipnose fosse um fenômeno psicológico pelo qual os indivíduos aceitavam as sugestões do hipnotizador. Foi o fundador da escola psicológica.

Henry Hyppolite Bernheim (1837—1919), grande responsável pela escola de Nancy, realizou mais de dez mil hipnoses. Foi professor de medicina em Strasburgo e depois em Nancy.

Charles Richet (1850—1935), catedrático de fisiologia da Universidade de Paris, foi um dos principais médicos na época a reconhecer o papel do hipnotismo como processo de investigação psicológica; sua autoridade médica levou o grande neurologista francês Jean Martin Charcot a estudar o hipnotismo. Recebeu o Prêmio Nobel de Medicina e Fisiologia em 1913 pela descoberta da soroterapia.

Jean Martin Charcot (1825—1893), fundador da escola de Paris do hipnotismo, a qual se opôs à escola de Nancy, foi o primeiro a demonstrar as etapas da profundidade hipnótica.

Joseph Breuer (1814—1925), psiquiatra austríaco, desenvolveu o método catártico sob hipnose.

Sigmund Freud (1856—1939) esteve em Paris estudando hipnose com Charcot e depois em Nancy com Liebeault e Bernheim, onde dedicou especial atenção ao fenômeno de sugestão pós-hipnótica e verificou que a conduta pode ser influenciada, não somente pelos conteúdos psíquicos conscientes, mas também pelos inconscientes. Abandonou a hipnose e preferiu a técnica da associação livre de idéias.

Pierre Janet (1859—1947) foi um dos maiores psicólogos da França; partiu dos mesmos princípios que Freud em relação à hipnose, tirou as mesmas conclusões, porém seu desapego levou o famoso psicanalista a tomar-lhe a dianteira.

Augusto Henri Forel (1848—1931), neuropsiquiatra e entomologista suíço, contribuiu para a doutrina do neurônio em 1887 e estudos sobre a sexualidade em 1905; descobriu a Decussação de Forel no sistema nervoso e foi diretor do hospital de alienados em Zurique; discordou de algumas idéias sobre o hipnotismo difundidas por pesquisadores da época, e afirmava que, quanto mais sadios os cérebros, tanto mais fáceis de impressionar, pois pensam com lucidez. Apresentou uma classificação para os fenômenos hipnóticos no Congresso de Psicologia Fisiológica, realizado em 1889.

Ivan Petrovich Pavlov (1849—1936), fisiologista russo, famoso pelos seus estudos sobre os reflexos condicionados, afirmava que a hipnose era um estado fisiológico.

H. Schultz (1884—1970), neurologista em Berlim, mundialmente famoso pela criação do método do relaxamento autógeno e a técnica da hipnose.

Emile Coué (1857—1956), professor de medicina em Nancy, afirmava que a sugestão age sobre a imaginação e não sobre a vontade.

Como se pode observar por essa breve retrospectiva, a hipnose ganhou força e crédito na área da saúde e, em nosso século, passou a ser adotada na área da medicina e da odontologia como recurso médico para aqueles que não podem se valer dos benefícios dos anestésicos, para o alívio da dor; na clínica e cirurgia; na tranqüilização dos estados de tensão; na psicoterapia; no controle de hábitos; na pesquisa; na técnica regressiva; na odontologia; na dessensibilização sistemática; na eliminação de sintomas e no sono prolongado.

A hipnose no Brasil foi regulamentada pelo Decreto nº 53.461, de 21/01/64. Conforme esse decreto, ela pode ser realizada por médicos e dentistas. Segundo nos contava Pincherle[11], que foi um dos integrantes da comissão que buscava o reconhecimento da utilização da hipnose apenas pelo campo da saúde, o reconhecimento do uso da hipnose pelo psicólogo não foi pedido devido à falta, naquela ocasião, de representantes psicólogos nessa comissão. No Brasil, na década de 60, apenas existiam os psicologistas. Não possuíamos cursos regulamentados de Psicologia. Desde essa época, a utilização da hipnose pela área da saúde acabou por reforçar, no Brasil, a

11. Lívio Túlio Pincherle, colega psiquiatra, falecido em 1997, era um estudioso da hipnose e foi um dos introdutores do estudo e pesquisa da TR no Brasil. Foi um dos autores do livro: *Psicoterapias e estados de transe*, São Paulo: Summus, 1985, e organizador do livro: *Terapia de vida passada: uma abordagem profunda do inconsciente*, São Paulo: Summus, 1990.

crença de que hipnose significa "perda da consciência", o que dificulta a aceitação da hipnose no campo psicoterápico, porém, com a aprovação e regulamentação do uso da hipnose como recurso auxiliar de trabalho do psicólogo pelo CFP (Conselho Federal de Psicologia) — Resolução do CFP número 013/00 de 20/12/2000; esperamos que este quadro se modifique.

Maluf salientava o fato de que ninguém deveria se aventurar a fazer hipnose sem que tivesse um profundo conhecimento teórico e prático de como trabalhar com um paciente nesse estado.

# 2. FENÔMENOS HIPNÓTICOS

Os fenômenos hipnóticos podem ser divididos em três tipos: fenômenos que ocorrem durante a fase de indução, fenômenos que ocorrem durante o estado de transe hipnótico e fenômenos pós-hipnóticos.

## 2.1. FASE DE INDUÇÃO

Elaboração da anamnese, estabelecendo um *rapport* com o paciente. São dadas explicações e se procura esclarecer todas as dúvidas do paciente. Progressivamente, o profissional vai adaptando o paciente à indução, transmitindo-lhe uma sensação de segurança e tranqüilidade.

## 2.2. FASE DO TRANSE

Nesta fase pode haver fenômenos espontâneos e provocados, seguindo uma escala de profundidade hipnótica. À medida que o transe se aprofunda, intensificam-se dois fenômenos: o *rapport* e a sugestibilidade. Outros fenômenos ocorrem com dissociação do tempo e fenômenos parapsicológicos. Alguns pacientes passam diretamente do estado de vigília ao estado profundo da hipnose, que é o sonambúlico. Outros, que constituem a maioria, vão entrando em profundidade por etapas caracterizadas por fenômenos que se iniciam na esfera sensitiva e sensorial para atingir a esfera ideativa e afetiva.

Sabe-se que 95% da população normal é hipnotizável em algum grau e em relação às diferentes etapas de profundidade hipnótica são assim distribuídas: Não hipnotizáveis, 5%; Etapa hipnoidal, 95%; Etapa leve, 85%; Etapa média, 60%; Etapa profunda, 15% e Etapa sonambúlica, 10%.

Quando estão presentes os fenômenos musculares e os fenômenos sensitivo-sensoriais, já temos bem definidos os dois tipos de transe, que são: o **ativo**, ou alerta, e o **passivo**, ou letárgico.

No tipo de transe ativo, o paciente responde imediatamente a todas as sugestões que lhe são feitas, como que adivinhando o que vai dizer, deixando dúvidas sobre se está realmente hipnotizado ou querendo agradar.

No transe do tipo passivo ou letárgico, o relaxamento muscular predomina totalmente, e qualquer coisa que se peça ao paciente, ele a faz com a maior lentidão, se não com a maior dificuldade possível. Há pacientes que entram num tal estado de flacidez que, para levantar um braço ou para falar, precisam de sugestões diretas.

Feita a indução do estado hipnótico, se o paciente atingiu a etapa média não é preciso a cada vez repetir todos os passos, pode-se levá-lo ao nível de profundidade anterior condicionando-o a um sinal: o sinal hipnógeno.

As visualizações cênicas podem ocorrer desde a etapa média. São utilizadas nas mais diversas técnicas hipnoterápicas. A alucinação é fenômeno da etapa sonambúlica da hipnose.

O fenômeno estritamente ligado à hipermnésia é o da assim chamada regressão de idade. Aliás, a manipulação do tempo em hipnose pode se dar, também, de outras duas formas: a progressão e a distorção do tempo.

Pode ocorrer que o paciente, em vez de regredir ao passado, sob hipnose, progrida para o futuro, isto é, o paciente começa a descrever situações como se tivesse envelhecido e vivendo situações que deverão acontecer.

A distorção do tempo é um fenômeno científico observado na hipnose, e dá-se quando o paciente em poucos segundos observa e descreve situações que deveriam durar horas, quem sabe até dias.

## 2.3. FENÔMENOS PÓS-HIPNÓTICOS

Quando o paciente sai da hipnose, pode apresentar as seguintes reações: fenômenos espontâneos; amnésia pós-hipnótica; executar sugestões pós-hipnóticas e estados hipnóticos ou de transe.

Os fenômenos espontâneos que podem ocorrer após a hipnose são os seguintes: cefaléias; náuseas; vômitos; mal estar. Essas reações aparecem geralmente por falha técnica na retirada da hipnose.

A amnésia pós-hipnótica pode ser espontânea ou provocada, parcial ou total.

As sugestões pós-hipnóticas são sugestões dadas aos pacientes quando em transe para serem seguidas depois que despertem.

Os estados hipnóticos, ou de transe, nos quais os fenômenos induzidos ou espontâneos aparecem, são chamados de: estado *alfa,* ou intra-hipnótico, e estado *beta,* ou pós-hipnótico.

**Bibliografia:**

DORCUS, R.M. *Hypnosis and its therapeutic application.* USA: The Blakiston Division, 1956.

FARIA, Osmard Andrade. *Manual de hipnose médica e odontológica.* 3ª ed. RJ: Atheneu, 1961.

GINDES, Bernard C. *New concepts of hypnosis.* Nova York: The Julian Press, Inc., sd.

MORAES, Passos, A. C., e FARINA, Oscar. *Aspectos atuais da hipnologia.* São Paulo: Linográfica, 1961.

MORAES, Passos, A. C., e FARINA, Oscar. *Hipniatria.* São Paulo: Cairu, 1975.

POWERS, M. Thorsons. *Advanced techniques of hypnosis.* Londres: Publishers, 1953.

VOLGYESI, Frans. *El alma lo es todo.* Espanha: L. de Caralt, 1956.

WEISSMANN, Karl. *O hipnotismo.* RJ: Liv. Prado, 1958.

WINN, Ralph B. *Scientific hypnotism.* Los Angeles: Wilshire Book Company, 1956.

# 3. TÉCNICAS HIPNÓTICAS

As técnicas mais comuns de indução hipnótica são: pestanejamento sincrônico; fixação do olhar; levitação do braço; reversão do olhar; mirada mútua; método da estrela e do balão; fascinação; ação de alavanca; representação cênica; procedimento de Kraines; estimulação imediata; hipnose ericksoniana e pantomima, etc.

Dentre as técnicas indutivas passivas, as mais utilizadas pelos psicoterapeutas em TR são a Christus e Sofrológica, e como técnicas hipnóticas ativas temos a hipnose ou a terapia ericksoniana.

## 3.1. TÉCNICA HIPNÓTICA CHRISTUS

A técnica Christus é uma indução a um estado alterado de consciência, que pode levar a lembranças de vidas passadas.

Foi introduzida pelo pesquisador William Swygard e tem hoje como principal divulgador G.M. Glaskin.

Essa técnica é também chamada de técnica de W. Swygard, de Glaskin e, ainda, técnica da estimulação do terceiro olho.

## 3.2. TÉCNICA HIPNÓTICA SOFROLÓGICA OU DE ABREZOL

A sofrologia teve origem em 1960-61, quando Lopes Afonso Cayedo, médico colombiano, que exercia suas atividades em Barcelona (Espanha), após ter residido na Índia e no Tibete, interessou-se pelo estudo da ação psicoterápica consciente através da programação positiva, obtendo excelentes resultados na recuperação de pacientes.

A sofrologia é um estudo de estados alterados de consciência, pelos quais o paciente entra em contato com o seu subconsciente e, pela ação da auto-sugestão ativa, desenvolve forças suscetíveis de provocar uma ação psicoterápica positiva em sua mente. Para isso são utilizados métodos terapêuticos, profiláticos e pedagógicos (Jezic, 1982).

## 3.3. TÉCNICA HIPNÓTICA ERICKSONIANA

*Passadore*

### 3.3.1. Histórico

Milton H. Erickson (1902—1980), médico e psicólogo, é o representante da técnica hipnótica que recebeu o seu nome. É considerado por muitos o maior hipnoterapeuta do século XX e uma autoridade em hipnose e estratégias de terapia breve.

Nasceu em Nevada, Estados Unidos da América, filho de fazendeiros. Era daltônico e aos 17 anos teve uma poliomielite tão séria que o médico acreditava que não sobrevivesse; posteriormente, foi informado de que nunca mais voltaria a andar e por várias vezes, durante sua vida, se viu numa cadeira de rodas. Por suas limitações, começou a estudar a linguagem não-verbal e corporal, e acabou desenvolvendo outras formas de captar e expressar informações.

Lecionou psiquiatria desde os anos de 1920, foi o presidente fundador da American Society for Clinical Hypnosis, participou das Conferências Macy, nas quais autoridades como Gregory Bateson, Margaret Mead e o eminente psicanalista Lawrence Kubie debateram questões que levaram à criação da cibernética.

### 3.3.2. Teoria

Erickson acreditava que dentro de cada indivíduo havia um núcleo normal, sadio e que o trabalho do terapeuta consistia em situar a pessoa no seu verdadeiro caminho. Segundo o autor, o paciente sabe qual é esse caminho, que ele é importante, pode melhorar e tem suas próprias possibilidades de crescimento. Acreditava, também, que as pessoas possuíam em sua história natural os recursos para superar o problema que as levou a solicitar ajuda.

Nunca sustentou que a hipnose fizesse milagres, mas repetia com freqüência que todo indivíduo tem poderes naturais que não utiliza e que podem ser aproveitados com sugestões positivas e motivadoras associadas. Acreditava que a eficácia de qualquer psicoterapia se fundamentava na capacidade da pessoa para se transformar.

Erickson expôs um modelo de atitude de confiança nas próprias experiências passadas e no saber acumulado do inconsciente. Considerava importante transmitir aos pacientes que a forma de romper a dependência com outra pessoa seria a de ampliar suas próprias capacidades e minimizar as suas limitações. Conforme Rosen (1997, p. 125), Erickson afirmava que: "Há algo que você sabe, mas não sabe que sabe. Quando souber o que não sabe que sabe, você vai ser capaz, daqui para diante, de manter permanentemente (...)"

Gregory Bateson foi a primeira pessoa a introduzir a técnica da hipnose ericksoniana no mundo. Richard Bandler e John Grinder, co-criadores da Programação Neuro Lingüística (PNL), da Terapia da Linha do Tempo e autores de vários livros de auto-ajuda, foram influenciados pela técnica, relatos e linguagem de Erickson.

Dan Goleman (1997), editor da revista *Psychology Today*, afirmou que:

> *"Erickson contribuiu paralelamente a Freud para a psicologia. Onde Freud realizou sua contribuição em termos de teoria, Erickson o fez com igual impacto em termos de intervenção, além da significante contribuição para o progresso no uso da hipnose."*

### 3.3.3. Mente inconsciente

Segundo Rosen (1997), Erickson afirmava que o inconsciente é mutável, e que as experiências atuais da pessoa afetam tanto o inconsciente quanto a mente consciente, e que o inconsciente é um depósito de recordações e habilidades, mesmo remotas, às quais se poderia ter acesso prontamente, pois que ele é confiável e contém as respostas certas no momento oportuno. Ele salientava a importância de o terapeuta utilizar as informações que o paciente traz inconscientemente. Acreditava que cada pessoa teria disponíveis todos os recursos, e que isso incluiria, principalmente, o grande valor do inconsciente como solucionador automático de problemas.

De acordo com Grinder (1984, p.15), Erickson acreditava que: "mais problemas nos trazem as coisas que sabemos, mas que não sabemos que sabemos", e que: "(...) só se precisa confiar na mente inconsciente".

Para Rosen (1997), o transe seria um estado natural por que passam todas as pessoas, como o sonho acordado ou o devaneio, que ocorre, também, quando a pessoa medita, ora ou realiza determinados exercícios. Nessas situações, certas experiências sensoriais e psíquicas interiores assumiriam um caráter vívido, podendo, os sons ou movimentos externos, perderem sua importância. Ele acreditava que nesse estado existiria maior probabilidade de ocorrer a aprendizagem e de haver abertura para mudança. A esse processo denominou de "aprendizagem inconsciente" (Rosen, 1977, p. 33). Afirmava que com essa visão e entendimento mental, a pessoa aprenderia muito mais do que pelo esforço consciente, mesmo que a aprendizagem também ocorresse num plano consciente.

Erickson salientava que seria fundamental que o terapeuta tivesse confiança na sua própria voz e capacidade de induzir ao transe. O terapeuta deveria, através das técnicas, captar a atenção do paciente e dirigi-la até seu interior, para uma busca interna, de modo a produzir uma resposta hipnótica. Deveria, também, manter-se alerta para perceber as mudanças sutis que indicam o grau de *atenção responsiva* (Rosen, 1997, p. 35) do indivíduo, e alertava para o fato de que a pessoa hipnótica escutaria de forma muito literal. Dizia, também, que "cada um teria a sua disposição milhares de células cerebrais que comumente não usaria" (Rosen, 1997, p. 193).

### 3.3.4. Técnica

Erickson nos legou muito mais do que uma simples técnica hipnótica, mas pode-se falar em uma terapia ericksoniana. Segundo Haley (1967, p. 1-6), Erickson considerava a terapia como o meio de ajudar pacientes a superar seus limites, como ele próprio fez em toda a sua vida; que a terapia deveria ser orientada ao paciente e ao problema primordial que este apresenta, e que isso evitaria as interpretações, pois considerava as interpretações tradicionais como absurdamente reducionistas.

Rossi (*in* Rosen, 1997, p. 40) afirma que a indução hipnótica de Erickson pode ser dividida em 5 etapas: 1) a fixação da atenção; 2) a despotencialização dos marcos de referências e dos sistemas habituais de crenças; 3) a busca inconsciente; 4) o processo inconsciente e 5) a resposta hipnótica.

Na terapia ericksoniana, o paciente deve ser abordado no seu próprio marco de referência (Rosen, 1997), e o terapeuta deve realizar uma releitura do evento trazido pelo paciente, mostrando o fato visto de outra forma, sugerindo novas conclusões e decisões. Essas intervenções provocam mudanças que se perpetuam porque apontam na direção do crescimento e da abertura pessoal. A terapia é primordialmente um processo de motivação do inconsciente para que o paciente faça uso de suas múltiplas e variadas aprendizagens. Um dos enfoques básicos é começar por uma pequena mudança, o que muitas vezes é suficiente para o paciente desencadear seu processo; os problemas difíceis devem ser abordados pouco a pouco.

Um dos métodos mais úteis e importantes de Erickson, segundo Rosen (1997), é o que se pode denominar *leitura da mente,* obtida por meio da observação minuciosa da conduta e das respostas dos pacientes, mostrando-as como se refletidas num espelho, criando uma relação íntima — o *rapport,* que é o vínculo médico/paciente.

No caso de resistência, Erickson (*in* Rosen, 1997) fala em *dirigir a resistência.* Para isso aplica o mesmo princípio de quando "dirige" um sintoma e "coloca-o" numa determinada posição no espaço geográfico, por exemplo: "Deixe toda a sua fobia nesta cadeira." Com esse procedimento, o sujeito não experimentará a fobia em nenhum outro lugar a não ser *naquela cadeira.*

Erikson utilizava, também, contos didáticos ou histórias no processo psicoterápico que, geralmente, seguiam modelos arquetípicos, como os que se apresentavam nos contos de fadas, parábolas ou contos populares, e incluíam, quase sempre, o tema referente ao problema que o paciente apresentava. Essas histórias proporcionavam, pelo fato de estarem num contexto hipnótico, a evocação e utilização das aprendizagens inconscientes.

Um dos objetivos da história contada terapeuticamente por Erickson é que:

> *"(...) é empregado para ampliar a capacidade mental de uma pessoa e que se uma pessoa quer ser criativa, deve praticar o que tem sido chamado de 'pensamento divergente': onde cada idéia desenvolve-se em múltiplas direções, como galhos de uma árvore",* e que *"(...) para resolver o enigma, deveríamos abandonar nossas formas habituais de pensamento"* (Rosen, 1997, p. 112).

Ele acreditava, também, que o indivíduo se limitava em tudo o que pensava e que seriam as próprias pessoas que imporiam limitações a si mesmas. Sugeria que a terapia criasse uma disposição mental mais ampla, abandonando assim uma disposição mental fixa, ampliando limites e novos modos de pensar (Rosen, 1977).

Erickson usou sistematicamente a linguagem em seu trabalho hipnótico, e muitas vezes de forma incomum. Destacamos abaixo uma descrição desses padrões lingüísticos, que nada mais são, a nosso ver, do que uma forma especial, consciente e objetiva de lidar com a realidade, verbal e não-verbal (Bandler e Grinder, 1984).

## A. Padrões inversos de metamodelo ou modelo Milton

Este modelo fornece maneiras de construir sentenças, nas quais as informações específicas são omitidas, forçando assim o ouvinte a preencher essas lacunas com suas próprias informações.

a) *Omissão de informações:* são as mais importantes em termos de propósitos hipnóticos.
  - *Nominações:* são palavras que entram no lugar de um substantivo, mas não tangíveis. Ex.: "Você possui muitos conhecimentos." Foi omitido o que você sabe e como sabe.
  - *Verbos não especificados:* palavras tais como fazer, pensar, sentir, saber, experimentar, tomar consciência de (...), etc., em que o ouvinte é forçado a se colocar na frase. Ex.: "Tomei consciência de tudo", ou "Sinto que é verdade."
  - *Falta de índice referencial:* palavras tais como: pessoas, isto, determinada sensação, etc. Ex.: "Isto pode ser facilmente aprendido."
  - *Omissão:* na qual uma frase inteira está ausente. Ex.: "Sei que você está curioso", ou "Sei que você aprendeu".

b) *Má formação semântica:*
  - *Relações casuais ou de vinculação:* uso de palavras que implicam um relacionamento de causa e feito. Essa vinculação causa-efeito começa com algo que já está acontecendo e vincula a algo que se deseja que aconteça.
    — *Conjunções:* e, então. Ex.: "Você está inspirando e expirando e sente curiosidade a respeito do que será possível aprender."
    — *Vinculação temporal:* enquanto, quando, à medida que, durante, antes, depois, assim como, desde que, ainda. Ex.: "Enquanto você se senta nessa cadeira, abre o livro, você pode entrar em contato com as idéias do autor."
    — *Causa e efeito:* faz, causa, força, provoca. Ex.: "Você continua a respirar, e cada expiração sua fará você ficar mais e mais relaxado."
  - *Leitura da mente:* agir como se soubesse qual a experiência interna da outra pessoa, usando padrões generalizados de linguagem. Se a leitura da mente for por demais específica, o comunicador corre o risco de di-

zer algo que contrarie a experiência do ouvinte, perdendo o contato por causa disso. Ex.: "Você está curioso a respeito desse livro."

- *Performativo ausente:* são afirmações avaliativas às quais a pessoa que faz as afirmações está ausente. Ex.: "É bom ler assuntos novos e polêmicos."

c) *Limites do modelo do locutor:* podem ser usados para limitar o modelo do ouvinte de tal modo que possa produzir tanto o transe como outros resultados.

- *Quantificadores universais:* indicam supergeneralização: todos, cada um, nunca, ninguém, etc. Ex.: "Cada pensamento que você tem pode ajudá-lo a compreender mais e mais a leitura do livro."
- *Operadores modais:* são palavras que indicam ausência de escolha: deverá, deve, tem que, não pode, não irá fazer, etc. Ex.: "Você deve pensar na possibilidade de (...)."

## B. Padrões adicionais do modelo Milton

a) *Pressuposições:* são os mais poderosos padrões lingüísticos, usados com o objetivo de pressupor aquilo que não quer ser questionado. Ao incluir vários pressupostos na sentença, torna-a mais forte.

- *Cláusulas temporais subordinadas:* palavras como: antes, depois, durante, enquanto, uma vez, anteriormente, quando, à medida que, etc. Ex.: "Você quer um café enquanto me conta tudo sobre (...)."
- *Numerais ordinais:* palavras que indicam ordem: uma, outra, primeiro, segundo, terceiro, etc., pressupondo assim que irá realizar tudo, é só uma questão de ordem. Ex.: "Você pode se perguntar qual dos dois textos você lerá primeiro?"
- *Uso da palavra "ou"*: para pressupor que pelo menos uma das alternativas irá acontecer. Ex.: "Você prefere fazer o trabalho antes ou depois da reunião?"
- *Palavras de conscientização:* palavras tais como: saber, perceber, notar, tomar conhecimento, etc. Ex.: "Você pode saber agora aquilo que naquele momento você não teve condições de saber."
- *Advérbios e adjetivos:* são usados para pressupor uma cláusula principal na sentença. Ex.: "Quão facilmente você pode começar a relaxar."
- *Mudanças de verbos e advérbios temporais:* tais como: começar, continuar, parar, iniciar, prosseguir, já, ainda, não mais, etc. Ex.: "Você pode continuar a prestar atenção na sua respiração."
- *Adjetivos e advérbios de comentário:* felizmente, afortunadamente, inocentemente, alegremente, necessariamente, etc. Ex.: "Felizmente não há necessidade de que saiba dos detalhes a fim de ser capaz de ajudá-lo."

b) *Padrões de sugestão indireta:* esse próximo grupo do modelo Milton é especialmente útil para obter respostas específicas de forma suave, elegante e indireta.
   - *Ordens embutidas:* abranda uma ordem. Ex.: "Você começa a relaxar." É mais suave que a ordem direta: "Relaxe."
   - *Assinalação de análogos:* usar qualquer tipo de comportamento perceptível (elevar o volume de voz, gestos, etc.) para assinalar uma ordem como digna de atenção especial.
   - *Perguntas embutidas:* podem ser embutidas na frase, obtendo assim, de forma elegante, uma resposta a uma pergunta indireta. Ex.: "Estou me perguntando o que você gostaria de comer."
   - *Ordens negativas:* podem ser usadas declarando-se o que se quer que ocorra, iniciando a frase com a palavra não. Ex.: "Não quero que me conte tudo o que sente."
   - *Postulado de conversação:* são perguntas formuladas, baseadas na resposta que se quer obter, de modo a receber uma resposta completa em vez de sim e não. Ex.: "Você tem horas?"
   - *Ambigüidade:* o ouvinte vai processar internamente aquela questão em mais de uma maneira. E é possível que alguns significados permaneçam no nível inconsciente.
     — *De escopo:* quando não é possível perceber se o verbo, advérbio ou adjetivo se aplica a toda ou a parte da sentença. Ex.: sons, gestos e sensações suaves.
     — *De pontuação:* colocar duas sentenças juntas que acabem e iniciem com a mesma palavra. Ex.: "Como vai você ser capaz de entrar em transe profundo."

c) *Padrões de metáfora:*
   - *Violação de restrições seletivas:* atribuir qualidade a algo ou alguém que, pelas suas características, não poderia ter essas qualidades. Ex.: "A pedra está triste (...)."
   - *Citações:* algo que você quer dizer a alguém como se fosse dito por outra pessoa ou em outro tempo ou lugar. Ex.: Erickson nos diz que todos nós sabemos muito mais do que aquilo que pensamos saber (...).

d) *Incorporação:* utilizar qualquer evento interno e/ou externo, ou comportamento da pessoa para aprofundar o transe ou intensificar o vínculo. Ex.: "Enquanto você se acomoda confortavelmente nessa cadeira, está olhando para suas mãos, você pode continuar respirando e relaxar."

Esses poucos exemplos nos dão uma pálida idéia do trabalho de Erickson e seus seguidores, e nos fazem pensar que as induções hipnóticas podem estar muito presentes dentro do *setting* terapêutico. Podemos ir mais longe e dizer que as induções hipnóticas, conscientes ou não, estão muito mais presentes no nosso cotidiano do que poderíamos supor. Toda a nossa comunicação é em algum nível hipnótica, e em vários momentos do dia estamos em estado alterado natural, ou seja, passíveis de ser hipnotizados.

O quanto da conversa com o terapeuta, com o chefe, os amigos, na TV, na Internet, etc., está sendo absorvido pelo espectador de forma hipnótica? Como a comunicação é utilizada para influenciar e interferir nos relacionamentos pessoais, profissionais, etc.? Como nós, através de nossos pensamentos, nos influenciamos a cada momento (auto-hipnose)?

Na condição de psicoterapeuta, um alerta: não importando sua linha teórica, quanto mais rígida e metódica sua condução terapêutica, mais forte e indelével será seu comando hipnótico ou *imprint*.

Devemos refletir que a comunicação entre seres é permeada por comandos hipnóticos e que a comunicação sempre existiu e existirá; sendo assim, é necessário que comecemos a pensar em uma forma mais ética e consciente de utilizarmos esse potente instrumental, e, como salientava Erickson, devemos ampliar limites e novos modos de pensar, procurar ver sob todos os ângulos possíveis, refletir mais e o mais abertamente possível.

Talvez o primeiro passo seja confiar que existe dentro de cada um de nós a resposta correta e adequada ao nosso problema, nossa dúvida. Talvez o caminho seja mesmo interior, não como mera filosofia ou religião, mas como uma questão de sobrevivência e resgate do verdadeiro EU, que se perdeu nesse emaranhado milenar de manipulações hipnóticas (religiosas, políticas, científicas, médicas, éticas, etc.). Existe um espaço entre o real e o ilusório que precisa ser preenchido. Quais as verdades que ainda precisam ser ditas e ouvidas para transpor esse caminho? O estudo mais aprofundado da hipnose, sem sectarismos nem preconceitos, trará, com o tempo, respostas a esses questionamentos. É o que esperamos e pelo que estamos trabalhando.

CAPÍTULO II

# Teoria e técnicas da TR

Consideramos que a TR possui duas terapêuticas básicas: a terapia do *insight* e a terapia da catarse. A terapia do *insight* utiliza-se das técnicas hipnóticas passivas; a terapia da catarse utiliza-se das técnicas hipnóticas ativas. Consideramos Fiore como representante da por nós denominada terapia do *insight*, e Netherton como o sistematizador da terapia da catarse.

A terapia do *insight*, como o próprio nome diz, tem como objetivo a promoção do *insight*, e pode ocorrer a catarse (ab-reação) durante o processo psicoterápico. Psicoterapeutas, como por exemplo: Lucas[12]; Denning[13]; Weiss[14], Wambach[15], dentre outros, se utilizam desta terapia.

A terapia da catarse tem como objetivo a catarse emocional, intelectual e somática. Os sintomas apresentados na queixa são uti-

---

12. Winafred Blake Lucas é autora do livro *Regression therapy: a handbook for professionals*. Volume I: *Past-life therapy*, e Volume II: *Special instances of altered state work*. Cres Park, CA: Deep Forest Press, 1993.

13. Hazel Denning é psicoterapeuta, uma das fundadoras da IARRT, trabalhou com pesquisas no campo do espelho mental, trabalho este constante em fita de vídeo, produzida pela IARRT, EUA, em 1987.

14. Brian Weiss é autor do livro *Many lives, many masters*, Copyright ©1988, publicado no Brasil, Rio de Janeiro, em 1991, pela editora Salamandra com o nome de *Muitas vidas, muitos mestres*, e do livro, *A cura através de vidas passadas*, publicado em 1996, pela editora Salamandra, RJ.

15. Helen Wambach é autora dos livros: *Reliving past lives: the evidence under hypnosis* publicado no Brasil, São Paulo, pela editora Pensamento, em 1990, com o nome: *Recordando vidas passadas: depoimentos de pessoas hipnotizadas*, e do livro *Life before life*, publicado no Brasil, Rio de Janeiro, em 1988, pela Livraria Freitas Bastos, com o nome *Vida antes da vida*.

lizados como indução para a regressão, ou transe hipnótico ativo, e o *insight* é obtido como conseqüência do processo. Woolger[16], TenDam e Godoy trazem a essa terapia aprofundamento e complementação.

O IBRT e a IARRT convencionaram chamar a técnica desenvolvida por Fiore como sendo uma técnica regressiva de *baixo impacto* e a desenvolvida por Netherton *de alto impacto* (Freedman, 2000)[17].

Woolger realiza o importante trabalho de resgatar, decodificar e reescrever, numa linguagem psicológica, os conceitos da TR que estavam na área filosófica. TenDam, com o conceito de repercussão cármica, amplia e complementa os estudos sobre o trauma, propondo uma metodologia para a TR e técnicas de diagnóstico e tratamento das repercussões.

Godoy, através da TCM, propõe uma nova sistematização da TR, uma metodologia para a aplicação de suas técnicas, e apresenta a técnica regressiva simplificada. As técnicas advindas da TCM auxiliam o trabalho regressivo e aceleram o trabalho psicoterápico. A TCM envolve as terapias da progressão; dos subníveis conscienciais, programação existencial e energética.

Alguns psicoterapeutas mesclam as duas terapias em seus trabalhos regressivos. Iniciam a regressão com a técnica hipnótica passiva e, quando detectado o momento traumático, conduzem a sessão visando a catarse. É o caso, no Brasil, de Pincherle e Maluf.

## A. TERAPIA DO *INSIGHT*: Edith Fiore

*Godoy e Maeda*

## 1. HISTÓRICO

Edith Fiore é Ph.D. em Psicologia. Americana, sua formação profissional no campo da psicologia e sua educação religiosa protestante foram sempre convencionais, nunca tendo usado nem se interessado pela reencarna-

---

16. Roger Woolger é autor do livro *Other lives, others selves,* publicado em São Paulo, em 1994, pela Editora Cultrix, com o nome de *As várias vidas da alma,* e do livro *A deusa interior: um guia sobre os eternos mitos femininos que moldam nossas vidas,* editado pela Cultrix, São Paulo, em 1997. Conduziu curso e treinamento para psicoterapeutas em São Paulo, em 1996.

17. Informação transmitida via e-mail em 28/6/2000, por Thelma Freedman à organizadora. Thelma Freedman foi a presidente do IBRT e Diretora Editorial da IARRT.

ção. Concluiu o curso de Psicologia na Universidade de Maryland, cuja formação acadêmica seguia a linha comportamental, voltada com mais ênfase para a pesquisa. Em 1969 fez seu doutorado em psicologia clínica, tornando-se psicanalista; foi influenciada pelas obras de Freud, pois acreditava que a forma de ajudar as pessoas era trazer à tona o evento original causador do trauma que influencia o sofrimento presente.

Nos primeiros anos como psicoterapeuta, Fiore trabalhou com crianças emocionalmente perturbadas. Foi docente em uma clínica para crianças e montou consultório particular, trabalhando com crianças, casais e adultos. Mais tarde mudou-se para a Califórnia, onde participou de um seminário de fim de semana sobre a auto-hipnose, realizado no Esalen Institute, em Big Sur. A partir daí, começou a incluir o relaxamento e as sugestões hipnóticas nas sessões psicoterápicas, pois percebeu que a hipnose era um meio mais rápido e menos dispendioso para se atingir a mente subconsciente, no qual está o repertório de todas as lembranças, especializando-se nessa área.

Quando começou a utilizar a hipnose, ficou muito surpresa, pois alguns de seus pacientes se viam em outros séculos, lembrando ou revivendo experiências traumáticas que, inicialmente, pensou serem fantasias, mas, na realidade, apresentavam alívio rápido de sintomas até então persistentes. Começou a utilizar rotineiramente a regressão a vidas passadas sempre que, sob hipnose, a mente subconsciente do paciente indicava que a origem do problema poderia ser encontrada numa existência anterior (Fiore, sd, p.13).

Após numerosas experiências no terreno da terapêutica regressiva, Fiore modificou seus conceitos religiosos e profissionais, não se sentindo mais no agnosticismo.

Fiore trabalhou com esta técnica por 20 anos, tendo conduzido mais de 6.000 regressões individuais. A partir de 1987[18], não tem atuado mais com a terapia regressiva. Atualmente reside em Miami, Flórida, e desenvolveu um trabalho psicoterápico voltado para o que chama de "possessão espiritual"[19]. Acredita que muitas das patologias apresentadas pelos pacientes são oriundas de elementos que habitam a esfera extrafísica e acabam funcionando como obsessores.

18. Informação obtida diretamente com a autora, pela organizadora do livro, via e-mail, em 1999.

19. Para maiores informações sobre a terapia, consultar sua obra: *Possessão espiritual*. São Paulo: Pensamento, 1995.

# 2. TEORIA

Fiore concorda com Freud no que diz respeito à forma de ajudar as pessoas: trazer à tona o evento original causador do trauma que influencia o sofrimento presente. Acredita que muitos problemas têm raízes em existências passadas e que essas existências possuem traumas que comprometem a vida atual do indivíduo. Para ela, os problemas, que atualmente as pessoas possuem, têm origem em fatores subconscientes, na maioria das vezes em fatos que estão totalmente esquecidos. Afirma que o elemento causador dos problemas está profundamente "sepultado dentro da mente do paciente" e pode ser, às vezes, "um sentimento ou atitude de natureza oposta à maneira como a pessoa sente — ou pensa que sente — no nível consciente" (Fiore, sd, p.10).

A autora relaciona em termos de causa e efeito as conseqüências de fatos de outras vidas sobre a atual. Acredita, ainda, que em nossa vida atual nos relacionamos com pessoas com as quais convivemos em outras vidas, para que possamos resolver problemas que ficaram pendentes no passado.

Ela afirma que, no seu trabalho com a reencarnação, está descobrindo que "não há aspecto do caráter ou do comportamento humano que não possa ser mais bem compreendido através de um exame dos acontecimentos de vida passada" (Fiore, sd, p.16), que "a trama de nossas vidas é tecida com fios que são muito antigos, e seu desenho é complexo", e que "somos a soma total de tudo o que já fomos antes" (Fiore, sd, p. 240).

Fiore diz não se preocupar, como psicoterapeuta, se tais memórias são reais ou fantasiosas, porque tem observado que esse recurso terapêutico é altamente eficaz e eficiente em um amplo espectro de sintomatologia. Seu desejo é apenas compartilhar com o paciente alguns de seus dramas, oriundos de acontecimentos trágicos que ocorreram em suas vidas passadas. Ela não está interessada em provar ou refutar a reencarnação.

A autora acredita na hipótese de a existência passada revivida ser uma fantasia de elaboração complexa que o paciente acredita ser realidade, porém coloca a questão de haver pesquisas, como a de Stevenson, que sugerem a hipótese da reencarnação, como a mais plausível para a explicação das recordações de vida passada, e pensa que "no momento atual, acho que o resultado final, em termos de remissão de sintomas, é uma prova quase conclusiva" da possibilidade da reencarnação. Observa que as manifestações somáticas e emocionais dos pacientes são muito reais, o que lhe dá a impressão de que não estão mentindo (Fiore, sd, p. 237).

Relata casos nos quais as pessoas são capazes de relembrar épocas iniciais da infância e do nascimento, que podem ser comprovados por pessoas que participaram dos eventos.

Fiore (sd, p.238) relata que, nas regressões de vidas passadas, os fatos "são, geralmente, de um tipo que se presta muito pouco a fantasias, pois os pacientes vivenciam vidas passadas muito prosaicas, monótonas, tristes, sem fascínio".

Admite, naturalmente, que essa técnica não é o único caminho terapêutico e sim um instrumento entre muitos outros, como o são a terapia suportiva, sugestões hipnóticas diretas, definição de objetivos, treinamento assertivo, etc. e que somente deveria ser aplicada por uma pessoa com sólido treinamento tanto em hipnose quanto em psicoterapia.

A finalidade do trabalho regressivo, para Fiore (1985), é descobrir os traumas de eventos de vidas passadas ou fantasias desses traumas. Trabalha com material subconsciente para trazê-lo ao nível consciente, que não precisa ser vivenciado e sim apenas relembrado, sempre que o subconsciente do paciente indicar que o seu problema pode estar numa existência anterior.

Afirma Fiore (1985) que, durante o transe hipnótico, a maioria dos pacientes não perde a consciência, não dorme nem fica anestesiada. Alguns pacientes entram em transe profundo, embora tal procedimento não seja necessário para que se lembre de um fato reprimido.

Fiore verifica a ocorrência de resistências, como em casos de pacientes que não estão dispostos, em determinado nível, a se livrarem de seus sintomas, apesar de regredirem para os eventos por eles responsáveis. Em outros casos a resistência à hipnose, que pode ter sido originada em atitudes ou medos baseados em experiências da vida atual, ou ainda originadas em existências anteriores. Ao trabalhar essas resistências como um sintoma em si, Fiore (1985) verificou que sua origem está em experiências de vidas passadas. Revivendo ou relembrando esses eventos, ocorre a eliminação da resistência e, posteriormente, trabalha-se o problema apresentado. É importante, de acordo com a autora, que se trabalhe antes com a resistência, pois, em muitos casos, trabalhar com a resolução dessa resistência leva à eliminação da queixa original. Diz que, em certos casos, os pacientes apresentam resistências de várias origens, como aqueles que não estão dispostos, em determinado nível, a se livrar de seus sintomas, apesar da regressão para os eventos por eles responsáveis.

A autora trabalha também com regressões à vida intra-uterina (VIU), nascimento e outras vivências, procurando, eventualmente, se necessário, esclarecer o relacionamento, em vidas anteriores, com sócios ou familiares, descoberta de uma vida na qual um talento ou habilidade estava altamente desenvolvido.

Para Fiore (sd, p. 215), a revivência da morte e pós-morte é muito importante, pois ela acredita que, "na maioria dos casos, a experiência da morte é o acontecimento responsável pelos sintomas e problemas do indivíduo". A morte e o ato de morrer têm uma grande carga emocional para a maioria das pessoas e é o fator responsável pelos sintomas e problemas do indivíduo. Em sua experiência, o trabalho com a morte leva o paciente a perder o medo da morte, da dor de morrer e do desconhecido. Por saber que a morte tem de ser revivida tanto física quanto emocionalmente, Fiore (sd, p. 216) utiliza diversas técnicas para diminuir o sofrimento durante a regressão. Às vezes faz com que seus pacientes "assistam sua morte numa tela de cinema na sua mente, como se estivessem vendo outra pessoa passar por ela"; gradualmente, começam a participar mais do trabalho até que conseguem se inserir na revivência. Outras vezes utiliza a seguinte indução:

> *"Agora vou pedir-lhe que apenas relaxe, respire numa claridade dourada durante o próximo minuto mais ou menos, concentre-se em respirar na luz dourada. Vou contar de novo até dez. À medida que eu for contando, sua mente interior duplicará a relaxação. Simplesmente se concentre em respirar na luz dourada, na linda e relaxante luz dourada e, quando chegarmos a dez, você estará profundamente relaxada. Você será capaz de recordar, de vivenciar livremente. Enquanto isso, vá relaxando cada vez mais profundamente ... um ... dois ... três ... quatro ... cinco ... seis ... sete ... só relaxando muito profundamente a cada algarismo ... oito ... nove ... dez. E agora, ..., fale-me mais sobre (...)"* (Fiore, sd, 220).

Apesar de não ser uma pesquisadora da TR, Fiore (sd, p. 221) faz referência a alguns relatos de seus pacientes em relação à morte. Neles, os pacientes descrevem uma liberação da dor física e/ou emocional no momento da morte, entendem a morte como sendo uma passagem suave a um estado diferente e melhor, têm sensações corporais como flutuar e sentem a presença de guias espirituais. Muitos pacientes dizem que "passar pela experiência de morte teve um efeito profundo e estimulador".

Segundo Fiore, a TVP não é uma panacéia e, como em outras técnicas psicoterápicas, apresenta indicações e limitações. Considera a técnica extremamente efetiva para um amplo aspecto de desordens emocionais, problemas comportamentais e caracterológicos, bem como para sintomas psicossomáticos. Entre os problemas que têm sido eliminados ou aliviados por essa forma de tratamento, estão os seguintes: obesidade, distúrbios do sono, depressão e outras síndromes, medos e fobias, distúrbios sexuais de todos os tipos, incluindo a homossexualidade, vício em drogas, alcoolismo e uma grande extensão de queixas físicas como asma, alergia, dores de cabeça, incluindo enxaqueca, hipoglicemia, artrite e esclerose múltipla.

Para Fiore (1985), os resultados são rápidos porque as causas foram tratadas e não apenas os sintomas que, eliminados, desenvolvem nos pacientes uma melhoria generalizada na qualidade de suas vidas.

Não trabalha com esquizofrênicos, devido a sua dispersão da atenção, pois na hipnose é necessária a concentração.

## 3. TÉCNICA

Inicialmente, Fiore ensina a seus pacientes a técnica de auto-hipnose, elaborando uma fita para que o paciente exercite em casa.

Utiliza-se da técnica hipnótica passiva como forma de indução para a regressão, com a finalidade de descobrir traumas de eventos de vidas passadas ou fantasias desses traumas.

Estando o paciente deitado, com os olhos fechados, começa-se com um relaxamento progressivo, induzindo esse paciente inicialmente a uma concentração no movimento respiratório, depois nas diferentes partes do corpo, que vão se soltando e relaxando.

Segue-se uma viagem imaginária a um local agradável, no qual a pessoa sente conforto, bem-estar, segurança emocional.

Combinado um código para responder ao psicoterapeuta com pequenos movimentos digitais, pede-se permissão ao inconsciente para voltar a uma experiência passada.

Estimula-se a imaginação da pessoa através de uma volta no tempo até o momento anterior ao evento responsável pelo problema a ser trabalhado na sessão. Revivem-se as etapas do trauma, conduzindo, depois, à experiência de morte e de pós-morte.

Fiore dialoga bastante com os pacientes, focalizando o que aparece na consciência: "Você tem consciência de alguma sensação, algum sentimento, alguma emoção?", ou, então: "O que está observando, o que vê?" (Fiore, sd, p.39). Constantemente, faz sugestões pós-hipnóticas para que a pessoa recorde só os conteúdos com os quais conseguirá lidar, depois de sair da hipnose.

## 4. ESQUEMA DIDÁTICO DA TÉCNICA

Nome da técnica: TÉCNICA REGRESSIVA — EDITH FIORE
Modalidade: Terapia do *insight*
Elaborado por Godoy (1996a)

*Passos na condução de uma sessão completa:*

I. INÍCIO

*Objetivo:* levantamento do problema.
*Comandos do psicoterapeuta:*
— *Qual o problema que gostaria de abordar nesta sessão?*
— *Explicar ao paciente o conceito de hipnose e que este permanecerá consciente.*

## II. INDUÇÃO

***Objetivo:*** promover a hipnose.
***Técnica utilizada:*** Relaxamento progressivo; código de sinais; viagem imaginária semidirigida; máquina do tempo ou qualquer local da natureza preferido pela pessoa.
***Comandos do psicoterapeuta:***
*Observação: descrição detalhada abaixo.*

## III. PASSADO

***Vivenciar o momento traumático: início, meio e fim:***
***Objetivo:*** identificar tudo o que aconteceu de traumático com a pessoa.
***Comandos do psicoterapeuta:***
— *Eu vou contar de 1 a 10 e, quando chegar no 10, você vai estar no evento causador de "X". O que lhe vem à mente?*
*Obs.: se houver resistência, pedir que ele conte uma história, sugerindo um tema relevante para a queixa.*
***Resgatar o contexto de vida, no momento traumático:***
***Objetivo:*** tomar consciência dos fatos ocorridos que geraram o problema (caso faltem dados para o entendimento da situação revivida).
***Comandos do psicoterapeuta:***
— *Vou pedir a sua mente subconsciente que o leve até um acontecimento que lhe esclareça "Y", etc.*
***Revivenciar a morte:***
***Objetivo:*** levar o paciente a perder o medo da morte, da dor de morrer e do desconhecido.
***Comandos do psicoterapeuta:***
— *Agora, eu gostaria que você avançasse até 5 minutos antes da sua morte... O que está acontecendo? Onde você está? Gostaria que você descrevesse o que está acontecendo. O que sente? Sensações? Perceba o que lhe causa a morte... O que sentiu? Você sente alguma preocupação, alguma inquietação, alguma dor? E o que aconteceu depois? Quais são seus últimos pensamentos?*

## IV. PÓS-MORTE

***Objetivo:*** que o paciente tome consciência do que lhe ocorreu após a morte.
— *Veja seu corpo morto... você está a um metro do seu corpo... O que sente olhando para o seu corpo morto? O que acontece com você quando percebe que morreu? O que pensa? O que você faz depois que morre? O que acontece com o seu corpo? O que fazem com o seu corpo? Etc.*
*Observação: prosseguir até que o paciente "entre na luz", o que significa para Fiore que a pessoa foi para o "céu".*
— *Atravesse a luz... se perceba fora desta vida que você acabou de revivenciar.*

## V. VISÃO PANORÂMICA

*Objetivo:* obter a história total daquela vida, caso a história não tenha sido exposta naturalmente.

*Comandos do psicoterapeuta:*

— *Percebendo-se fora dessa vida que você acabou de revivenciar... Onde você está? Tem alguém com você? Que lugar é esse? Desse lugar você vai ter uma visão geral dessa vida que você revivenciou... Do momento que nasceu... Até a sua morte e vai ter uma compreensão geral dessa vida que se acabou... Você irá entender suas ações e os fatos que aconteceram e por que eles aconteceram daquela forma com você. Quais são os acontecimentos significativos que contribuíram para "X", ou causaram "X"? Há alguma coisa que você poderia ter feito para evitar "X"? Tome consciência nesta dimensão do que era esperado que você aprendesse com essas experiências... Tome consciência se você obteve sucesso ou fracasso... O que você está experienciando? Qual a lição que você teria que aprender com todos os acontecimentos dessa vida que você reviveu?*

VI. RETORNO/DESPERTAR

*Objetivo:* correlacionar o problema da vida presente com a vida passada revivida. *(Vide comandos do psicoterapeuta abaixo especificados.)*

*Quadro 1: Esquema didático da técnica de Fiore.*

# 5. COMANDOS UTILIZADOS NAS ETAPAS DA TÉCNICA[20]

## *Relaxamento progressivo:*

*"Inicie focalizando a atenção na sua respiração... respire na luz dourada... sinta-a... respire na luz dourada... sinta-a entrando em suas narinas adentro... em seu nariz... descendo pela garganta e traquéia... em seus dois pulmões, se expandindo... e contraindo... enquanto você inala... perceba que você está se tornando mais e mais relaxado... mais relaxado... a cada respiração é um sinal para sua mente e para o seu corpo relaxar... e enquanto você relaxa... mais e mais profundamente... o seu olho da mente visualiza seu próprio corpo envolvido por uma luz brilhante, ofuscante, radiante e branca ... e sabe que essa luz o protege contra qualquer coisa ruim ou má. Nesse santuário... protegido pela luz branca, use a sua imaginação agora e SINTA o relaxamento descendo de suas pálpebras fechadas para suas têmporas como um líquido quente, dourado e relaxante... sinta-o se espalhando para as suas mandíbulas e, enquanto isto acontece, seus dentes se afastam lentamente... sinta-o escorrendo para o seu queixo... relaxando seu queixo... descendo e envolvendo a sua boca ... seus lábios... e enquanto você relaxa suas narinas, veja se você percebe a diferença na temperatura entre o ar que você inala e o ar que exala... e agora sinta aquele líquido quente, dourado e relaxante escorrendo novamente pela suas têmpo-*

20. FIORE, Edith. *Curso para psicoterapeutas*, realizado em S. Paulo em 1985.

*ras e sinta-o fluir através dos seus cabelos... relaxando cada músculo de sua cabeça... sinta-o descendo para o seu pescoço... em ambos os lados de seu pescoço... e na frente do seu pescoço... e sinta aqueles músculos amolecendo... sinta-o escorrendo para os músculos dos seus ombros, entremeando aquelas fibras... sinta-o descendo pelos braços lentamente, começando pelos braços... antebraços... pulsos... mãos... dedos... e perceba o formigamento nos seus dedos. Isso é energia... e agora sinta aquele líquido quente, retornando pelos braços e escorrendo pelo seu tórax, relaxando os músculos sob sua pele e entre suas costelas... sinta-o fluindo para o seu abdome... relaxando seus músculos abdominais... para seus quadris... pelve... área genital... para as suas costas, relaxando suas nádegas... e agora relaxe os músculos ao longo de sua espinha sentindo aquele líquido quente escorrendo por ela, começando na base do seu crânio, através de cada vértebra, relaxando os nervos da espinha até suas nádegas... e perceba que suas costas relaxam completamente... cada fibra muscular se solta... e agora sinta aquele líquido quente e relaxante escorrendo sobre suas coxas, relaxando os músculos de suas coxas... sobre a barriga de suas pernas, seus tornozelos... calcanhares, solas dos pés... e seus dedos... relaxando cada dedo... continue a relaxar, mergulhando cada vez mais profundamente, mais e mais profundamente... totalmente relaxado... totalmente relaxado... indo mais profundamente... apenas desfrutando aquela sensação crescente de relaxamento, paz e calma (...).*"

## *Viagem imaginária:*

"*(...) enquanto você continua a relaxar cada vez mais e mais profundamente... use novamente sua imaginação criativa e vá para aquele local favorito na natureza... talvez seja próximo do mar... em um campo... na montanha... próximo a uma ponte... agora, olhe ao seu redor e veja tudo ao seu redor... observe as cores... formas... o movimento... observe qualquer coisa bem perto de você... algo bem distante... e agora olhe para o céu. Você vê as nuvens?... pássaros?... agora, torne-se consciente dos sons da natureza ao seu redor... Tome consciência dos odores e das fragrâncias... Torne-se consciente de tudo o que você possa sentir, talvez você possa sentir o sol aquecendo, uma brisa fresca em seu rosto, pulsando em diferentes partes do seu corpo... e agora tome consciência do gosto em sua boca... sinta-se relaxando como nunca experimentou antes... relaxando totalmente a sua mente e seu corpo (...).*"

## *Instituição de sinais:*

"*(...) agora quero que você pense repetidamente na palavra* SIM *e observe que um dedo se ergue sozinho, erguido pela sua mente subconsciente. (...) agora, pense na palavra* NÃO, *outro dedo seu se ergue... agora pense na palavra* NÃO QUERO RESPONDER *e outro dedo se levanta. (...) agora vou perguntar à sua mente subconsciente se ela está disposta a se deixar voltar a uma experiência passada relacionada a (...).*"

*Máquina do tempo:*

*"(...) e agora, novamente, use a sua imaginação criativa e se imagine voltando no tempo e no espaço... em uma máquina do tempo. Vou contar de um a dez, e, enquanto isso acontece, sinta-se indo mais e mais profundamente relaxado à medida que você volta no tempo e no espaço a cada contagem. Quando chegarmos no dez, saia da máquina do tempo com impressões claras, cristalinas e vívidas... seu subconsciente está levando você de volta para um... cinco minutos antes do ou dos eventos responsáveis por... etc. ... dois... três... quatro... cinco... seis... sete... oito... nove... dez (...). O que você está experienciando ou percebendo?"*

*Revivência:*

*Após a revivência, conduzir para a experiência de MOMENTO TRAUMÁTICO, MORTE, PÓS-MORTE e VISÃO PANORÂMICA.*

*Observação: comandos do psicoterapeuta já assinalados no quadro 1.*

*Retorno:*

*"Agora, novamente usando a sua imaginação criativa, você vai voltar por meio daquela máquina do tempo. À medida que eu conto de dez a um, você vai voltando a ser (nome da pessoa)... para o aqui e o agora... para o meu consultório. Ã medida que você retorna, a cada contagem eu lhe darei algumas sugestões. Dez, entre novamente na máquina do tempo. Nove... você está retornando. Oito... sete... seis... retornando e se sentindo muito bem. Cinco... quatro... três... cada vez mais próximo do aqui agora. Dois... um... (nome)... você está de volta para o dia... de (mês)... de (ano)... Permaneça de olhos fechados e se sentindo muito bem."*

*(Discutir a experiência vivida e verificar no que ela o afetou na vida atual) — Saiba que você fez um bonito trabalho... que a sua regressão foi excelente e saiba que você se lembrará de tudo o que você experienciou hoje em detalhes... Esses eventos e todos os outros que você quiser examinar são agora como livros abertos, saiba que você pode recordar TUDO. E também saiba, bem no fundo de você mesmo, que a cada dia você estará melhor, cada vez melhor. A qualidade da sua vida irá melhorar em todas as áreas, dia após dia. Saiba que você colocou em nível consciente X, e saiba que você está se afastando do seu problema X. Saiba agora o que ele representa para você, e você lidará com essas novas informações e situações no nível consciente. Agora, você sabe o porquê de X. Todas as coisas estão se encaixando, não é verdade? Agora, quando você estiver em casa e se lembrar disso, vai se sentir calmo e relaxado. Você estará muito mais calmo e relaxado. De hoje até a próxima semana, terá uma compreensão cada vez maior dessa regressão. Agora, vou contar de 10 até 1 e quero que você volte para... Volte completamente para si mesmo. Traga consigo essas lembranças; é importante que faça isso. Você foi muito corajoso hoje. Quero lhe dizer como acho que você foi formidável em enfrentar isso. Teria sido mais fácil fugir. 10, 9, 8... 1."*

*Despertar:*

> *"(...) agora, ao contar até três, você abrirá os olhos completamente e estará totalmente alerta e desperto. Ao abrir os olhos, você se sentirá bem física, mental, emocional e espiritualmente. Retorne bem lentamente. Um... comece a mover o corpo, mexa os braços e pernas... dois, inspire profundamente... três, abra os olhos, completa e totalmente alerta e desperto, para o dia de hoje (repita a data). Como você se sente?"*

## B. TERAPIA DA CATARSE

# 1. MORRIS NETHERTON[21]

*Carvalho e Godoy*

### 1.1. HISTÓRICO

Morris Netherton é Doutor em Psicologia. Reside em Los Angeles, Califórnia, e sua formação é protestante. Trabalha com TR há mais de 40 anos.

Ao buscar auxílio terapêutico para problemas pessoais, contou à sua psicoterapeuta seus sonhos recorrentes, em que se via em um navio que afundava. Numa sessão de regressão, reviveu a sua morte por afogamento em um naufrágio. Conseguiu visualizar o nome do navio e o nome pelo qual era chamado na ocasião do naufrágio. Resolveu, então, pesquisar sobre naufrágios e encontrou o nome do navio no registro dos navios naufragados nos EUA. Decidiu se aprofundar nos estudos de vidas passadas desenvolvendo sua técnica regressiva em 1967. No seu trabalho faz uso de teorias e técnicas da hipnose, da psicologia como psicanálise, gestalt, bioenergética e análise transacional (AT).

### 1.2. PRESSUPOSTOS TEÓRICOS

Para Netherton (1986), a TR é uma abordagem psicológica espiritual, pois parte da hipótese de trabalho de que os seres humanos possuem um corpo espiritual além do corpo físico.

A TR, para Netherton (1997, p. 34), é segura e "não está, de modo algum, associada ao ocultismo, exceto quanto ao fato de compartilhar da acei-

21. Texto revisado pelo autor em junho/2000.

tação da possibilidade da reencarnação". Crê na reencarnação e nega a influência de culturas orientais ou de ocultismo, comentando que sua crença veio das observações e das avaliações dos conteúdos trazidos pelos pacientes, além de algumas conclusões provenientes do bom senso. Parte do pressuposto de que os pacientes podem determinar a origem dos traumas desta vida (mentais e físicos), e que a utilização de suas técnicas possibilita eliminar os efeitos dessas experiências. Segundo o autor, com a TR pode se estabelecer uma conexão entre corpo e mente, pois há sempre uma causa psicológica para cada sintoma ou doença física, porém isso não exclui a necessidade de tratamentos médicos. Seu objetivo é resolver o problema do paciente nesta vida, eliminando um sintoma específico de cada vez, mas é impossível predizer a rapidez dos efeitos da terapia.

Afirma o autor (Netherton, 1997, pp. 23-24) que na psicologia "a idéia de desligar um paciente de seus temores, fazendo com que ele os revivencie, não é nova", mas salienta que "em verdade, o único aspecto não ortodoxo do meu método é a distância que pretendo retroceder para encontrar esse trauma: às raízes da existência humana".

Ele acredita que os incidentes passados possam ser apagados, de modo que a pessoa possa aprender a viver no presente de modo mais consciente.

Para Netherton é necessário que se dê ênfase ao padrão e não à identidade atual de uma pessoa na TR. O objetivo é saber o que a posição de *pai* ou *marido* significou para o paciente e não se o atual homem sustentando aquela posição é idêntico àquele do passado.

Netherton não aprova a utilização de hipnose profunda e da sugestão, pois parte do pressuposto de que o paciente fica sem o domínio da sessão, impedindo-o de desenvolver atitudes positivas para *apagar* o acontecimento no inconsciente. Para ele:

> "*(...) quem há de fazer esse trabalho há de ser sempre o paciente, não o terapeuta. Para conseguir isso, o paciente precisa estar plenamente consciente do que está sendo reproduzido e de como aquilo o afeta... meu objetivo, portanto, é atingir o inconsciente sem afastar a presença do consciente*" (Netherton, 1997, p. 35).

Ele salienta que o trauma, profundamente incrustado no inconsciente, pode ter ocorrido uma ou várias vezes, sendo, portanto, necessário regredir a várias vidas com o objetivo de resolver o problema do paciente nesta vida.

Partindo do princípio de que a regressão é um fato, Netherton (1986) afirma que o carma envolve um sistema de julgamento divino. É um débito adquirido pela própria pessoa, que deve ser pago por ela num tempo que ela decide e da maneira que escolher. Diz que para pagar seus débitos, uma pessoa deve ter responsabilidade por sua vida. Para o autor, carma não é culpa, censura, vergonha nem castigo; é, simplesmente, saber que a pessoa é a causa de sua vida e que a escolheu.

Netherton (1986) considera que o ser humano possui um corpo físico, mental, emocional e espiritual, os quais são abordados durante as sessões regressivas. Para ele, a alma é a parte espiritual do ser, sendo diferente da mente inconsciente. Esta última é um reservatório, que grava indiscriminadamente todas as informações que nunca se apagam, sem interpretá-las. A mente inconsciente não morre quando o corpo físico morre. Sai do corpo no momento da morte e volta a se misturar com a alma, levando as informações da vida que deixou. É um arquivo de todos os registros existenciais, desta e de outras vidas do ser, é atemporal e ao qual se pode ter acesso de forma consciente. Afirma, também, que a mente inconsciente não está ligada ao corpo físico pelas regras genéticas e não distingue a dor física da dor emocional.

Ele também acredita que o inconsciente funciona como um banco de dados, fornecendo ao consciente a base estrutural da personalidade, que "os acontecimentos não desaparecem da memória: encontram-se gravados no inconsciente" e que "(...) acontecimentos de vidas precedentes podem produzir efeitos tão devastadores no comportamento atual de um paciente quanto qualquer coisa que lhe aconteça nesta existência" (Netherton, 1997, pp. 34-35).

O autor admite a existência de uma genética espiritual, para ele "cada um de nós tem uma segunda herança armazenada na mente inconsciente, que pode ou não ser similar à nossa linhagem familiar física" (Netherton, 1997, p. 164). Afirma ainda que cada um de nós tenta voltar a um ambiente que permite continuar com os moldes de vida que acabamos de deixar. Em alguns casos, a maneira mais eficiente de atingir esse fim pode ser voltar a um ambiente cultural semelhante.

## 1.3. OBJETIVO DA TR

O objetivo central da TR, conforme Netherton (1986), é identificar e liberar uma pessoa do trauma, que pode ser localizado nesta ou em outra vida (TVP).

## 1.4. INDICAÇÕES E CONTRA-INDICAÇÕES:

A TR é indicada, de acordo com Netherton (1986), para as patologias psíquicas, psicossomáticas, orgânicas e de relacionamento interpessoal: doenças psicossomáticas, úlcera gástrica, bronquite, enxaqueca, problemas sexuais masculinos e femininos, relacionamento de casais, dependência a drogas, fobias e outras neuroses, etc. Refere ter obtido remissão rápida dos sintomas e mesmo cura em pacientes que apresentavam câncer, epilepsia e ataques cardíacos.

O autor contra-indica a TR para os casos de psicoses e doenças orgânicas descompensadas, por exemplo, cardíacas, glandulares, pois durante a regressão ocorre liberação de forte conteúdo emocional que pode desencadear uma descompensação da disfunção já existente no paciente, e não a recomenda a gestantes.

## 1.5. PSICOTERAPEUTA

Segundo Netherton (1986), o psicoterapeuta na TR funciona como guia, companheiro de seu paciente, auxiliando-o na eliminação do controle que o passado exerce em sua vida presente. Para os psicoterapeutas, a revivescência das vidas passadas é meramente uma técnica destinada a ajudar os pacientes a reencontrarem a perspectiva perdida. Afirma que as fantasias que uma pessoa desenvolve a respeito de si mesma podem revelar muito de si, de suas obsessões, temores e auto-imagem. Comumente, sintomas mais descentrados do problema do paciente são os que se tornarão indícios para ajudá-lo. O psicoterapeuta é útil na avaliação das dificuldades do paciente e não na cura deste. O paciente tem a função de levar a efeito o trabalho por si próprio. A função do psicoterapeuta é de apenas enfocar para o paciente os fatos que estão inter-relacionados.

O psicoterapeuta deve ser preciso, para atingir a mente inconsciente. Se o psicoterapeuta estiver inseguro pode levar o paciente à confusão. Se estiver seguro, terá o produto preciso desse trabalho.

O inconsciente não pode confirmar uma afirmação negativa. Falar na afirmativa traz a informação correta. Se o psicoterapeuta diz: "Você não sabe seu caminho, não é?", o paciente responde: "É, realmente não sei o caminho." O psicoterapeuta deve saber que o paciente sabe o caminho a seguir, assim busca a confirmação.

Para Netherton (1986), quando o paciente atravessa a porta de seu consultório, a sessão já começou. O psicoterapeuta deve ouvir as primeiras palavras que o paciente diz. Essas são as palavras mais importantes que o psicoterapeuta usará. Se o paciente, chorando, diz: "Estou bem", o psicoterapeuta deve conter a tentação de dizer: "Parece que algo não está bem"; reconhecendo que o comportamento que o paciente mostra é de uma criança deverá lhe perguntar: "Com que idade você está se sentindo no meu consultório?" Provavelmente começará a sessão numa situação dramática da infância dele. Quase sempre o que o paciente diz ao psicoterapeuta, assim que entra no consultório, provém do problema que tem. Muitas vezes o paciente estará dizendo ao psicoterapeuta o que deve usar para trabalhar com ele. O paciente não sabe que está fazendo isto, ele pensa que o que ele diz acontece naquele momento. É o psicoterapeuta quem percebe que o que o paciente diz vem de um passado traumático. É importante que o psicoterapeuta seja cordial com o paciente no início da sessão e que se empenhe com ele, desde o momento em que atravessa a porta. Muitas vezes a tentação do psicoterapeuta é não acreditar nas coisas que o paciente diz.

Além disso, o psicoterapeuta, conforme Netherton (1995), ao iniciar uma sessão, não deve pedir ao paciente para relaxar, uma vez que trauma e relaxamento são incompatíveis, e deve:

- Aprender a ouvir e determinar o problema para saber com o que vai trabalhar;
- Ir além do diálogo tradicional: além do que o paciente afirma. Por exemplo, se o paciente fala sobre o seu casamento, estar atento para o que diz acerca do casamento e não ao que diz que faz no casamento. No caso frases do tipo: "Ele me controla", "Ele me sufoca", "Eu me sinto em uma armadilha", "Me sinto presa". O casamento não sufoca, não provoca falta de ar, os gases sufocam e provocam falta de ar;
- Fazer perguntas diretas e precisas, sem interpretação;
- Usar somente o que é sentido pelo paciente;
- Evitar confrontações diretas com o paciente;
- Deixar-se conduzir pelo paciente;
- Preocupar-se com o padrão de comportamento repetitivo do paciente e não com a identidade da pessoa relacionada nas revivências;
- Saber que o paciente não está na terapia para descobrir os problemas que possui com o psicoterapeuta, mas sim para redescobrir as dinâmicas intrapsíquicas que estão envolvidas no padrão de seu comportamento;
- Se entrar no processo do nascimento com o paciente, deve trabalhá-lo até o fim e depois trabalhar pedaços de outra vida que se apresentarem;
- Completar a situação de morte e nascimento;
- Trabalhar o nascimento para fechar o processo de terapia;
- Saber que a sessão deve ser procedida no nível físico.

Netherton (1986) estabelece as seguintes regras de conduta para o psicoterapeuta:

- **Regra de ouro:** *tudo o que o paciente diz em primeiro lugar, se trabalha.*
- *Se você não souber o que fazer, pergunte ao paciente.* O paciente SABE o que deve ser feito.
- *Trabalha-se com o que o paciente DIZ.* O paciente deve sempre ser valorizado e reconhecido.
- *O paciente deve vivenciar, reviver o trauma.*

Para Netherton (1986), existem formas adequadas que o psicoterapeuta deve usar para questionar o paciente. Por exemplo:

- "Sinta a emoção e me fale a primeira palavra que vier dessa emoção";
- "Diga-me a primeira palavra que vem dessa dor física";
- "Diga-me as primeiras palavras, imagens, cenas que lhe vêm à mente." As cenas são importantes porque possibilitam ao psicoterapeuta ir atrás da fase de predição;
- "Fale..." e não "O que aconteceu?" Não é correto perguntar: "O que acontece?", isso porque o paciente sai da revivência e passa a relatar. O paciente deve estar na vivência revivendo a experiência e não a descrevendo;
- Se o paciente demonstrar que está no trauma, pedir que traga à luz as palavras que vêm do trauma e que as repita, cada vez com mais intensidade, e pedir que "sinta o que você fala". Pedir as palavras, emoções e pedir que "sinta no corpo". O paciente deve revivenciar com a ajuda do psicoterapeuta, e para isso deve dizer o que sente, pensa e vê.

Netherton (1986) recomenda que os psicoterapeutas realizem uma anamnese detalhada, investigando os itens: saúde física, saúde psicológica e histórico; realizem sessões com duas horas de duração e recusem fazer regressão por curiosidade.

## 1.6. PACIENTE

O paciente, segundo Netherton (1986), deve estar consciente durante toda a sessão e saber que é responsável por sua própria melhoria. Afirma que é necessário que o paciente conheça os princípios do processo para poder trabalhar por si próprio. Diz que o paciente sabe o que é melhor para si e que pode determinar a origem dos traumas, tanto mentais quanto físicos e emocionais. Afirma que o paciente, freqüentemente, recebe benefícios residuais na TR. Sente que o mundo ao seu redor está mudando.

Netherton (1986) afirma também nunca ter achado pacientes resistentes, que agissem assim deliberada ou conscientemente; prefere usar o termo paciente não-cooperativo e aconselha os psicoterapeutas a desenvolver uma atitude de que não existem pacientes resistentes, de que há apenas impaciência por parte do psicoterapeuta. Afirma que sempre há algo penetrando na cabeça do paciente, e o que ocorre é que algo vai acontecendo dentro de sua mente que lhe diz para não prosseguir.

Para Netherton sempre existe algo na experiência do paciente que origina resistência. Sua experiência fez com que observasse que há vários motivos pelos quais o paciente resiste a uma regressão. Em sua prática desenvolveu o uso da resistência como uma forma de indução à regressão; por exemplo, quando o paciente diz "Não vejo nada", utiliza-se da seguinte intervenção terapêutica: "O que o impede de ver?" Conforme Netherton (1986), o paciente já pode estar em uma vida em que foi cego, surdo, paralítico e, portanto, irá responder segundo um padrão daquela vida. "Não sei", "Não penso", "Não sinto", "Não posso ver" são palavras que vêm diretamente de outra experiência.

O paciente não está para descobrir os problemas com o psicoterapeuta e sim para redescobrir as dinâmicas que estão envolvidas.

Algumas pessoas apresentam sintomas físicos e muitas dores. Isso é uma recusa, um medo, um pedido de ajuda. O paciente está esperando que alguém atravesse essa fase com ele e entre no problema.

As situações de morte e nascimento devem ser completadas. Se o psicoterapeuta entrar no processo do nascimento deve trabalhá-lo até o fim e depois "trabalhar" fragmentos de outra vida que se apresentam.

O paciente pode querer nascer logo. O psicoterapeuta deve levá-lo a nascer por inteiro, não pela metade. Deve estar atento às palavras que o paciente diz nesse período, quase sempre palavras ditas por outras pessoas e que podem ter um significado muito grande para a vida futura do paciente. Normalmente, dizem respeito a palavras que foram ouvidas na fase pré-natal que estão bloqueando e que indicam o ponto-chave a ser trabalhado. Palavras do tipo: para sempre, sempre, não importa o que seja, sem falta, sem dúvida, não há necessidade de trabalhar isso porque jamais vou mudar. O paciente acredita que essas coisas não podem ser alteradas e expressa por elas sentimentos de desesperança.

Para pacientes com queixas não definidas, Netherton sugere que o psicoterapeuta trabalhe o período pré-natal.

O psicoterapeuta deve fazer com que o paciente esteja conectado no corpo físico, ou seja, que passe por todo o processo conectado com suas emoções e sensações. O psicoterapeuta sempre deve perguntar ao paciente o que ele sente no corpo físico. Quando a sessão começa no nível espiritual, é mais difícil sair desse nível. Geralmente, as pessoas nesses níveis se sentem seguras. O psicoterapeuta deve usar as quatro áreas: pensamentos, sentimentos, físico e espiritual, para penetrar na vivência.

Quando a pessoa se recusa a ir para uma vida passada, o psicoterapeuta deve trabalhar primeiro esta vida, focando o período do nascimento até os 10 anos de idade. É conveniente, segundo o autor, que os pacientes sejam fortalecidos para que consigam entrar em situações de vida passada que podem ter sido muito penosas, como estupro, etc.

Geralmente, quando o paciente diz: "Aí não tem nada", o psicoterapeuta pode ir, porque normalmente tem. Netherton (1986) chega a pedir ao paciente: "Abra os olhos e me diga o que você está vendo e não me diz."

O psicoterapeuta deve pedir para o paciente localizar uma vida em que pode sentir e depois caminhar até o momento em que aconteceu alguma coisa, que fez com que deixasse de sentir. Um rapaz regrediu a uma vida em que quebrou a espinha, sentia muita dor física e também dor emocional pela incapacitação. O inconsciente não distingue a dor física da dor emocional. Quando isso ocorrer, deve-se pedir para o paciente dizer as primeiras palavras que estão eliminando a capacidade de sentir, primeiro fora do corpo, depois peça que entre no corpo e experiencie a entrada no corpo e a liberação dos sentidos.

No caso de pacientes que afirmam que não conseguem pensar, isso pode ser devido a estarem em contato com vidas passadas ligadas a deficiências mentais ou ferimentos na cabeça. Fora isso, não é possível a pessoa não conseguir nem deixar de pensar.

Relata que o psicoterapeuta deve se certificar se as frases que os pacientes dizem são deles ou de outros. As palavras ouvidas na fase pré-natal bloqueiam e indicam o ponto-chave a ser trabalhado. O bebê tem sensações físicas. Emoções e palavras são das pessoas que estão ao redor do bebê.

Recomenda ao psicoterapeuta que não use nada que não seja sentido pelo paciente. Se alguém demonstrar o trauma, o psicoterapeuta deve lhe pedir que traga à luz as palavras do trauma e que as repita, cada vez com mais força, e pedir que "sinta o que você fala" (emoção + palavras ), "sinta no corpo". O paciente deve vivenciar com a ajuda do psicoterapeuta. Deve dizer o que sente, pensa e vê.

Muitas vezes, como psicoterapeutas, vamos encontrar situações das quais o paciente foge, pois lhe são muito difíceis; é o caso quando se trabalha com a morte. O paciente quer acabar logo com a experiência de morte. Pode chegar a dizer que acabou, que já está em outra vida, que está nascendo. O psicoterapeuta deve sempre fazer o paciente voltar para aquela morte a fim de que a experiencie por completo.

Quando o paciente diz: "Não sei", o psicoterapeuta pode proceder da seguinte maneira:

- Deite-se... feche os olhos...;
- Qual é a primeira coisa que lhe vem à mente? (Não é pedido para o paciente relaxar. Relaxamento e trauma são incompatíveis);

- Localize emoção/sentimento no corpo;
- Diga a primeira palavra que imediatamente lhe vem à mente;
- Quais as próximas?
  *OBS.: "Não sei", "Não penso", "Não sinto", "Não posso ver" são palavras que vêm diretamente de outra experiência.*
- Se o paciente disser "Não sei", pedir para completar a frase;
- Se alguém está dizendo a frase, pedir ao paciente que diga em voz alta o que ouve;
- Se o psicoterapeuta não souber o que fazer, perguntar ao paciente, porque ele sabe o que deve ser feito;
- Perguntar à mente inconsciente do paciente o que fazer, por onde começar.

São três os papéis experienciados: a ***vítima***, o ***algoz*** e o ***observador***. Os três estão contidos em experiências de vida passada. Trabalhando-se em TR, chega-se a um ponto de equilíbrio e percebe-se o problema de um ponto de vista mais amplo. O contato com o algoz é o que traz mais resultados para o paciente. Quando se trabalha com vítima e observador, percebe-se que não se consegue resolver o problema completamente.

Quando o paciente usa palavras do tipo "Tenho de fazer porque jamais...", isso indica uma polaridade, a posição de vítima e vitimizador, e é necessário chegar a um equilíbrio.

## 1.7. PONTOS CRUCIAIS DA TERAPIA

Netherton (1986) recomenda que o psicoterapeuta faça uma anamnese com o paciente antes de proceder ao trabalho regressivo propriamente dito. Nessa anamnese, deve levantar um histórico da queixa do paciente e proceder ao contrato de terapia, o qual será enfocado durante todo o tratamento.

Afirma que a parte principal da terapia está centrada em três fases especiais do ciclo de vida: ***período pré-natal***, ***nascimento*** e ***morte***. A grande maioria dos incidentes das vidas passadas com que Netherton deparou se desenrolaram numa dessas três fases. Cada uma provoca um tipo particular de trauma, cada uma tem seu significado próprio no ciclo completo de vida.

Ele acredita que todo problema tem sua origem no período dos 9 meses de gestação, sendo este o primeiro ponto crucial, e o segundo, o nascimento.

O objetivo de trabalhar o período pré-natal, de acordo com Netherton (1986), consiste em localizar e identificar os *imprints* e a porta de entrada da decisão que adotou no passado; identificar os reestímulos das decisões e conclusões e` localizar o início do padrão negativo de sobrevivência (*script*).

O autor distingue quatro momentos no período pré-natal: o momento da concepção, o período que a mãe suspeita que está grávida, o momento da confirmação e o período gestacional restante, e esclarece que cada uma dessas etapas pode ter seu próprio tipo de trauma e *stress*.

O psicoterapeuta deve trabalhar o nascimento para que o paciente possa reviver o trauma do nascimento e, assim, possa identificar os reestímulos das decisões e conclusões que adotou.

Segundo Netherton (1986), o nascimento é a primeira experiência *estressante* de nossa vida. A maneira como a pessoa lida com o *stress* do nascimento determinará o grau de tolerância ao *stress* que expressará por toda a sua vida. Mais informações sobre esse período serão fornecidas no Capítulo III.

Além do momento do nascimento, outro momento importante é a morte. Já que um trauma sempre envolve morte, e ela é o maior trauma sem solução para a pessoa, esta precisa morrer por completo. A morte é considerada a causa primária de distúrbios de comportamento; assim, é imprescindível que o paciente tenha consciência do processo terapêutico e que saiba que parte dele sobreviveu à morte. Uma vez que na TR o trauma sempre envolve a morte, segundo Netherton (1986), esta deve ser investigada, pois permite que o paciente tome consciência de que o trauma acabou, podendo identificar as suas conclusões de vida e se libertar de uma vida passada.

Morrer aciona um repasse de mortes passadas; por isso, é tão angustiante para muitas pessoas, pois Netherton observou que as pessoas têm medo da dor que a morte pode causar. Em sua experiência, Netherton verificou que muitos pacientes dizem que já estão mortos para que a sessão acabe logo, porém ele adverte que é necessário que o paciente experiencie completamente a morte do corpo físico e que, geralmente, o processo de morte não ocorre com muita rapidez, e que, quando não se trabalha direito com a morte, isso pode implicar o fato de que alguma parte ainda permanece morrendo para o inconsciente.

Para Netherton (1986), morte e nascimento são semelhantes, já que na morte tem-se a mesma alegria que no nascimento; além disso, morte e nascimento constituem duas experiências *estressantes* para o ser. Segundo ele, a morte de outra vida determina o nascimento nesta, mas poucos estão preparados para a morte. Como a maioria dos problemas se originam nas mortes de vidas passadas "inconscientemente tentamos resolver o problema de vida passada na vida presente" (Netherton, 1997, p. 126), já que ao morrer deixa-se tudo inacabado.

Entre a vida passada e a vida presente encontra-se o espaço entre vidas. Netherton (1997, p. 131), em sua prática, verificou que o trabalho com o paciente nesse espaço foi de pouca utilidade, já que "não parece ser um estado de conhecimento elevado ou de percepção extraordinária". Verificou, também, com os seus pacientes, que os problemas que incomodam uma vida física são carregados para o espaço entre vidas, e que a nossa incapacidade de lidar com os problemas carregados influencia a escolha do próximo corpo no qual reencarnaremos.

## 1.8. CATEGORIAS DE EXPERIÊNCIAS NA TERAPIA

Em cada sessão de TR existem duas categorias de experiências, conforme Netherton (1986): a **predição** e a **atualização**.

A **predição** ocorre quando as palavras do paciente começam a dizer o que vai experienciar. Por exemplo: "O navio vai afundar."

A **atualização** é quando o paciente usa palavras para expressar o que aconteceu. Constata o fato previsto. Por exemplo: "O navio afundou."

Em uma sessão, é necessário que se trabalhem essas duas fases. O mais fácil para o paciente é relatar ao psicoterapeuta o ocorrido, descrevendo a situação em que se viu envolvido. É necessário que, durante toda a sessão, busque-se a predição para que o paciente saia do processo repetitivo que o prende ao passado, que o liberte da situação passada.

A predição pode vir claramente por meio de uma constatação: o paciente vê que o navio está indo contra os rochedos e que irá morrer, pois não tem saída; ou pode ocorrer na forma de medos da mãe, na fase pré-natal; para ela, "dar à luz é doloroso"; este pensamento da mãe irá predizer como será o nascimento. Quando a mãe começa a sentir a predição, o medo começa a se tornar uma realidade — durante 9 meses ela predisse que o parto ia ser difícil. A predição pode vir como pensamento, como olhar, pode-se pedir para que o paciente se lembre do olhar dos pais, "o que significava?".

## 1.9. ESTRUTURA DA SESSÃO DE REGRESSÃO

Toda sessão de regressão, segundo Netherton (1986), inicia-se com uma ação provocadora, caminha para uma ação conscientizadora e termina com uma ação transformadora.

A **ação provocadora** é uma ação no ***passado***, em que se busca a lembrança do fato traumático reprimido no inconsciente e as ***decisões*** adotadas pelo paciente a partir deste. Essa etapa visa a revivência do fato traumático e o esgotamento das emoções vinculadas à lembrança desse fato.

A **ação conscientizadora** é uma ação no ***presente***; o paciente conscientiza-se dos incidentes passados e passa a entender que eles pertencem ao seu passado; assim, não deve mais trazer ao presente as influências sintomáticas de que era portador.

O paciente toma consciência de como as decisões adotadas no passado influenciam o seu aqui e agora. Nessa etapa, o psicoterapeuta age como ***facilitador***.

A **ação transformadora** é uma ação no ***futuro***, na qual o paciente se propõe uma renovação de seu modelo de vida. Ele ***redecide*** com dados do passado e do presente a melhor maneira de agir e proceder no futuro. O psicoterapeuta lança mão da terapia clássica.

| PASSADO | PRESENTE | FUTURO |
|---|---|---|
| decisão | defrontação | redecisão |
| Ação | Ação | Ação |
| Provocadora | Conscientizadora | Transformadora |

*Quadro 2: Estrutura da sessão de regressão.*

## 1.10. ESTRUTURA DE PROTEÇÃO DO TRAUMA

Para Netherton (1986), as pessoas criam uma estrutura para se proteger do trauma. Assim, quando o paciente chega à terapia, pode estar exibindo os seguintes mecanismos em relação aos traumas que possui: **Integração, Aceitação, Adaptação, Racionalização, Negação e Confusão**, ou seja, pode ter integrado à sua vida o trauma, tê-lo aceitado, ter-se adaptado a ele, estar racionalizando-o, negando-o, ou apresentar grande confusão, o que significa acesso fácil ao trauma.

↓ Integração (integra dentro da vida)
Aceitação
Adaptação (adaptado à vida)
Racionalização (racionaliza para explicar)
Negação (trauma — diz que nunca aconteceu)
Trauma ——— Confusão (medo/dor)

Um dos objetivos da regressão para Netherton (1986) é chegar ao trauma. Para tanto é necessário quebrar essa estrutura de proteção e alcançar o estado de confusão. Segundo o autor, durante a experiência traumática sempre existe confusão, ela é verdadeira e deve ser esclarecida; para que isso aconteça a pessoa tem de passar pela confusão e chegar a um esclarecimento dos fatos.

A confusão é o primeiro passo para se solucionar o trauma; assim, quando se começa a sessão, o objetivo do psicoterapeuta é chegar ao trauma. Este se apresenta profundamente incrustado no inconsciente, e pode ter ocorrido uma vez ou várias vezes. Quando o paciente chega confuso, o psicoterapeuta terá fácil acesso ao trauma e com certeza encontrará pela frente medo e dor. A confusão está associada à perda de controle — daí a resistência por parte do paciente a entrar na experiência. Nesse ponto da terapia, alguns pacientes costumam ficar bravos, outros silenciosos e alguns chegam a deixar o processo terapêutico.

Quando o paciente está integrado, é necessário quebrar essa integração para que se possa chegar à confusão. É indicado contar ao paciente o que se espera com este trabalho na confusão. O paciente precisa saber que o trauma sempre envolve morte, que uma parte dele sobreviveu à morte, que todos somos infinitos e que fazemos parte do universo espiritual. O paciente que sabe e sente isso acaba por alterar sua forma de agir em face do mundo.

## 1.11. ESQUEMA DIDÁTICO DA TÉCNICA

**Nome da técnica:** TÉCNICA CLÁSSICA de TR — *NETHERTON*
*(Regressão propriamente dita a VP)*
**Modalidade: Terapia da catarse**
Esquema elaborado por Godoy (1996a) — ratificado pelo autor (1996)
— registrado na BN:
***Passos na condução de uma sessão completa:***
(Utiliza os sintomas da queixa como indução hipnótica.)

I. QUEIXA

*Objetivo:*
1. Levantamento dos sintomas:
a. Emoção.
b. Soma.
c. Pensamento.

***Comandos do psicoterapeuta:***
— *Sinta (a); sinta (b).*
— *Você pode sentir (a) agora? Sim ou não?*
— *Localize (a) no seu corpo. Onde está (a) no seu corpo?*
— *Quando você sente (a) e (b), que pensamentos lhe vêm à mente?*
— *Feche os olhos e...*

***Técnica utilizada:***

— Repetição de palavras-chave ou frases.

Objetivo: fazer a ponte com o passado. Usada todas as vezes que o paciente ainda não estiver conectado ao passado.

### II. ÚLTIMA VEZ QUE SENTIU a/b/c NESSA VIDA

*Objetivo:*

1. Presentificação; vivificação e intensificação dos sintomas.
2. Promover catarse.

***Comandos do psicoterapeuta:***

— *A partir de agora, vou pedir ao seu inconsciente que localize o último momento dessa vida que você sentiu (a), (b) e pensou (c).*

— *Diga-me a primeira palavra ou frase que lhe vier à mente, mesmo que não tenha lógica nem faça sentido para você; ou diga-me a(s) primeira(s) cena(s) que lhe surja(m) à mente, ou então transforme em palavras qualquer impressão ou sensação que lhe vier à mente.*

***Técnica utilizada:***

— Repetição para liberar as cargas, caso o paciente ainda não esteja conectado ao passado.

— Se o paciente estiver conectado ao passado, utilizar uma outra técnica convencional para promover a catarse.

### III. PRIMEIRA VEZ QUE SENTIU a/b/c NESSA VIDA

*Objetivo:*

1. Presentificação, vivificação e intensificação dos sintomas (caso ainda não estejam presentes).

***Comandos do psicoterapeuta:***

— Vá para o primeiro momento dessa vida, em que você sentiu (a), (b) e pensou (c).

— Idem II.

***Técnica utilizada:*** Idem II.

### IV. PRIMEIRA VEZ QUE SENTIU a/b/c (MOMENTO TRAUMÁTICO)

*Objetivo:*

1. Liberação dos sintomas: sensações e emoções.
2. Identificação das DECISÕES tomadas em face do momento traumático.

***Comandos do psicoterapeuta:***

— *Vá para a primeira vez em que você sentiu (a), (b) e pensou (c).*

— *Intensifique (a) e (b). O que você faz em relação a (a)? e a (b)? O que (a) o impede de fazer?*

— *Faça agora o que você não pôde fazer. Que decisões você toma neste momento?*

*(Netherton coloca aqui a redecisão: como essa decisão afeta sua vida hoje? Com base nesta avaliação/vivência, o que você pode redecidir?).*

***Técnica utilizada:*** Idem II.

## V. VIVENCIAR MORTE

*Objetivo:*

1. Tomar consciência de que o trauma acabou; que morreu.
2. Identificar a(s) CONCLUSÃO(ÕES) DE VIDA.

***Comandos do psicoterapeuta:***

— *Deixe-se morrer.*
— *Qual a parte de seu corpo que deixa de funcionar em primeiro lugar?*
— *Qual a parte de seu corpo que deixa de funcionar em último lugar?*
— *Tome consciência do que provocou a sua morte.*
— *Vá para o momento em que você pressente que vai morrer. O que você pensa? O que sente?* (predição)
— *Vá para o momento em que você constata que você morreu. O que você pensa? O que sente?* (constatação) *Que decisão(ões) você toma nesse momento?*
— *O que mais você decide nessa situação?*
— *Saia de seu corpo e se coloque acima dele.*
*(Redecisão — Idem IV.)*

## VI. PÓS-MORTE

*Objetivo:*

1. Identificar o PLANO DE VIDA.

***Comandos do psicoterapeuta:***

— *O que acontece com você? O que acontece com o seu corpo?*
— *Tome contato com tudo o que acontece com o seu corpo. O que você faz? Sente? Pensa?*
— *Se você fizesse uma avaliação dessa vida que acabou, qual seria?*
— *Desprenda-se totalmente desse corpo. O que acontece com você?*
— *Se lhe fosse dada uma outra oportunidade de vida, o que você faria? Como a viveria?*
*(Redecisão — Idem IV.)*

## VII. CONCEPÇÃO — GESTAÇÃO — NASCIMENTO

*Objetivo:*

1. Localizar e identificar num desses períodos os ***imprints*** e/ou a ***porta de entrada*** da vida passada nesta vida (do trauma nesta vida).

*Observação: para Netherton, a porta de entrada pode coincidir com o momento do IMPRINT. Para ele a cada nova vida uma quantidade determinada de vida passada é impressa para ser despertada num momento de vida quando a pessoa tem condições de superá-la.*

2. Identificar reestímulos das decisões e conclusões.
3. Localizar o momento do início do desenvolvimento do padrão negativo de sobrevivência.

***Comandos do psicoterapeuta:***

— *Vá para o período de concepção/gestação e nascimento e localize onde você sentiu (a), (b) e pensou (c). Onde você está? Quanto tempo você tem? etc.*

## VIII. NASCIMENTO

*Objetivo:*

1. Revivenciar o trauma do nascimento.

***Comandos do psicoterapeuta:***

— *Vá para o momento em que você percebe que vai nascer... O que você sente? Pensa? Que sensação você tem? Como você percebe sua mãe? Que palavras você ouve? Quem as fala?*

— *Vá para o momento em que começam as contrações... (idem a)*

— *Vá para o momento em que você está no canal de saída... (idem a)*

— *Vá para o momento em que você nasce... (idem a)... O que fazem com você assim que você nasce?*

## IX. PRIMEIRO MOMENTO AGRADÁVEL PÓS-NASCIMENTO

*Objetivo:*

1. Identificar o primeiro momento em que teve aconchego, carinho e amor: em que foi reconhecido e foi importante para alguém; em que alguém o amou incondicionalmente, por simplesmente existir.

***Comandos do psicoterapeuta:***

— *Vá para o primeiro momento agradável que você teve depois que nasceu...Onde você está? Quem está com você?*

— *O que você pensa da vida que tem pela frente?*

— *Fique nesse aconchego mais alguns instantes.*

— *Agora, volte para o aqui e agora... à sua consciência habitual, e, ainda com os olhos fechados, vá avaliando a vida que você acabou de revivenciar e vá percebendo a vida que você tem hoje... Como você correlaciona essas duas vidas? O que elas têm de semelhante? De diferente? Que condutas daquela vida influenciam você hoje? Com base no que você constata/revivenciou, o que você pode mudar hoje?*

— *Quais as decisões do passado que afetam você hoje? O que você pode redecidir?*

— *Volte totalmente para o aqui e agora.*

## X. TERAPIA DE APOIO

*Objetivo:*

1. Avaliar no aqui e agora com o paciente no uso de sua consciência habitual todo o processo revivenciado.

***Quadro 3: Esquema didático da técnica de Netherton.***

## 1.12. MEMÓRIA EMOCIONAL[22]

*Maeda*

Em 1998, Netherton, revivendo seu nascimento em uma sessão psicoterápica, observou que emergiu uma série de emoções e percebeu que sua respiração estava muita acelerada. A partir dessa experiência, levantou a hipótese de que a emergência das emoções estaria ligada à aceleração respiratória. Essa experiência levou-o a questionar onde estariam gravadas essas emoções que foram acionadas por um mecanismo respiratório, que é fisiológico. Resolveu pesquisar sobre os padrões da respiração e os tipos de sentimentos que poderiam aparecer caso a respiração fosse acelerada.

Em sua pesquisa teórica sobre respiração e fisiologia das emoções, ele levantou como construto que as informações sensoriais são conduzidas tanto à amígdala — uma pequena estrutura cerebral em forma de amêndoa localizada na parte inferior do cérebro — como à camada externa do cérebro, conhecida como córtex. A amígdala cerebral analisa essas informações com relação ao seu "peso emocional", "escaneando" toda a história de vida de uma pessoa e, se uma resposta emocional for justificada ela envia sinais ao longo dos canais neuronais, podendo gerar uma variedade de reações emocionais como medo, ansiedade, afeição e alegria. O córtex cerebral, parte "pensante" do cérebro, gera uma imagem mais completa daquilo que foi percebido, e pode rapidamente suplantar os sinais de alarme enviados pela amígdala, porém as informações sensoriais intensas permanecem ocultas na amígdala; como refere Joseph LeDoux "a amígdala não parece ter um apagador".

A partir desse pensamento, ele levantou a suposição de que as memórias das emoções poderiam estar na amígdala cerebral e que, se a informação tivesse alguma ligação emocional, poderia ter maior probabilidade de ser registrada com clareza na memória do indivíduo e, como Pert (1999), acredita que muita informação emocional pode ficar permanentemente registrada pela amígdala, antes que ela possa ser suplantada pelo córtex. Além disso, concluiu que no momento em que a amígdala identifica as emoções e o córtex gera as imagens e pensamentos, ocorrem as junções da emoção e do pensamento no corpo físico, justificando sua teoria na qual afirma que as células carregam memórias emocionais.

Segundo Netherton, as partes do córtex que podem ser contrárias a uma reação emocional não estão plenamente operantes numa criança até uma faixa etária entre 18 e 36 meses — ou seja, diversos meses após a amígdala ter

---

22. Material extraído do curso: Memória Emocional, ministrado por Morris Netherton em 1999.

se tornado ativa. Postulou a partir desta tese que a maturação retardada do córtex pode ter conseqüências profundas no desenvolvimento emocional da pessoa, pois trazemos conosco registros de memórias emocionais gravadas em vidas passadas e que podem, no decorrer desse período, ser acionadas. Afirma que se temos um corpo nesta vida provido de amígdala cerebral, tivemos também em vidas passadas. Netherton cita um exemplo: numa vida passada uma pessoa foi ferida e está morrendo, tem ao seu lado alguém dando amor, carinho, chorando e dizendo "Eu te amo". À medida que ela vai morrendo, o córtex registra os sinais e as palavras "Eu te amo" e a amígdala registra a emoção de medo que vem com a morte. Nesta vida, toda vez que se deparar com esses sinais ou alguém dizendo eu te amo, são acionadas a memória da morte e o medo de morrer, ocasionando problemas de relacionamento afetivo.

Com esses estudos, Netherton levantou a tese de que pode existir um registro emocional subconsciente com a capacidade de exercer uma forte influência subconsciente, e que as "funções cerebrais, antes subestimadas, estão revelando seu papel na formação de percepção e de memória", e passou a explicar que sua experiência regressiva poderia ter acionado, pela respiração acelerada, as memórias não filtradas pela amígdala. Desenvolveu assim o conceito de "memória emocional", definindo-a como uma reação, ou resposta, ligada a um incidente passado, a qual é experimentada como sentimentos expressos por uma ou mais das maneiras: amor (felicidade), medo (terror, pânico), raiva (ódio, violência), tristeza (desespero, desamparo, desesperança). Afirma que medo, raiva e tristeza sempre terão raízes em experiências de vidas passadas, e precisam ser localizados na vida passada para que os traumas sejam completamente resolvidos.

Partindo dessa suposição, ele resolveu então verificar de forma prática quais resultados obteria ao ter acesso a essas memórias emocionais por meio da respiração e tendo como foco o nascimento. Elegeu, dentre os seus pacientes, os que já estavam de alta do processo terapêutico regressivo e com todos se ateve ao momento do nascimento para verificar a existência de resíduos emocionais fisiológicos. Em todos os pacientes verificou a existência desses resíduos e trabalhou a sua liberação. Após as sessões os pacientes referiram se sentirem mais aliviados e liberados.

Passou a aplicar sistematicamente essa técnica com os seus pacientes que estavam em processo psicoterápico regressivo, qualificando-a também como "memória emocional".

Netherton indica a aplicação da técnica da *memória emocional* após cinco ou seis sessões de TR com o objetivo de esgotar totalmente os sintomas dos traumas que não foram suficientemente trabalhados nas sessões. Trabalha com a respiração profunda, despertando a memória emocional e provocando o contato com as emoções.

A técnica contém cinco passos básicos:

1. INDUÇÃO PARA O NASCIMENTO, pela aceleração da respiração.
2. CORTAR O CORDÃO UMBILICAL — objetivo: estabelecimento da sobrevivência, o bebê consegue respirar e manter-se vivo sem auxílio da mãe. Proporcionar o primeiro momento saudável à custa do próprio bebê.
3. RETORNO A UMA VIDA PASSADA — objetivo: substituir a morte pela sobrevivência.
4. RETORNO AO NASCIMENTO — objetivo: conscientização da sobrevivência e do renascimento.
5. RETORNO PARA O AQUI E AGORA — fechamento.

Netherton faz as seguintes recomendações na aplicação desta técnica:

1. Não importa o que o paciente faça ou diga, mantenha-o respirando. O terapeuta pode respirar junto com o paciente, controlando o ritmo da respiração.
2. Tocar a mão do paciente para sentir a temperatura do corpo, pois o paciente irá respirar até entrar em choque, e com isto as mãos ficarão geladas e os lábios roxos. Isso acontece porque a pessoa sai da fase de morte de uma vida passada e entra na fase do nascimento.
3. Colocar o paciente de lado, facilitando a posição, quando existir algo para cuspir ou vomitar.
4. Durante o processo, se o paciente disser que não está sentindo NADA, insistir até que alguma emoção apareça, pois não podemos deixá-lo sentindo NADA, senão ele vai acabar a sua vida sentindo NADA.
5. Durante o processo não deixar entrar no pensamento, chamar a emoção.
6. O processo só vai estar completo quando se obtiver a catarse, significando que a mudança está ocorrendo das células para a alma.

## 2. HANS WOLFGANG TENDAM

*Godoy*

### 2.1. HISTÓRICO

Hans Wolfgang TenDam é holandês, pedagogo, com especialização em Psicologia. Foi um dos pioneiros da TR na Holanda. Fundou a NWRT (Associação Holandesa de Terapeutas de Reencarnação).

Suas técnicas são criativas, simples, práticas, eficientes e de fácil assimilação ao psicoterapeuta em TR.

## 2.2. ESTRUTURA DA SESSÃO

Conforme TenDam (1988), toda sessão de TR, basicamente, atende às seguintes características básicas:

*Eficácia*: significa a possibilidade de se atingir o fim desejado, portanto, deve ser a maior possível.

*Elegância*: traduz-se na forma como se conduz o processo e as dificuldades. O psicoterapeuta, fazendo uso de um discurso simples, com idéias claras e acessíveis, facilita o entendimento e a compreensão do paciente, evitando a perda de energia no processo para ambas as partes.

*Foco*: é a convergência da atenção para determinado assunto a ser trabalhado em cada sessão. Para se atingir a regressão não se requer a escolha de assunto muito elaborado; o psicoterapeuta deve estar atento para as "dicas" ou os "rastros" fornecidos pelo paciente, seja no contato inicial da sessão, seja durante o processo de indução por hipnose ou outras técnicas psicológicas que esteja utilizando.

O psicoterapeuta deve atentar para a simplicidade, economia de tempo e objetividade.

Devem ocorrer, dentro do processo de cada pessoa, quatro determinantes que englobam atitudes da relação paciente e psicoterapeuta, que TenDam (1988) chama de quadro de confiança:

***Autoconfiança do psicoterapeuta***: atitude preliminar, de segurança interna, por parte do psicoterapeuta, quanto ao perfeito domínio do processo que vai direcionar.

***Confiança do paciente no psicoterapeuta***: é a atitude, por parte do paciente, de aceitação do psicoterapeuta e de seu método de trabalho, mediante a compreensão deles.

***Confiança do psicoterapeuta no paciente***: pressupõe uma atitude interna de receptividade e aceitação do paciente, como um caso possível de ser trabalhado.

***Autoconfiança do paciente***: é a atitude ativa do paciente, permitindo-se uma participação efetiva em todo o desenrolar do processo.

Para TenDam (1988), o início de todo tratamento necessita da elaboração de um ***contrato*** com o paciente. O ponto inicial de um tratamento é o contrato, que pode estar ligado a contrato anterior, como elemento de uma seqüência. Porém, sem deixar de ser um contrato novo. Este deve ter *um único assunto*, porque, quando o início é simples, é possível, muitas vezes, *atravessar* o problema numa única sessão. Pelo menos o psicoterapeuta poderá eliminar e separar todas as outras particularidades para se concentrar num ponto determinado. Porém, as situações não são tão simples como podem parecer. No entanto, é necessário definir qual é o assunto do contrato e o fazer de forma a mais concreta possível. O psicoterapeuta pode sugerir um contrato, mas o paciente deve confirmá-lo. Como procedimento de regra, deverá ser feito um contrato com o paciente.

Segundo TenDam (1988), quando o psicoterapeuta tiver uma intuição muito forte, poderá conseguir uma ótima sessão. No início da sessão, o psicoterapeuta deve perguntar: "O que você quer trabalhar hoje?". O termo "trabalhar" já permite programar o subconsciente do paciente a fim de que o mesmo participe da sessão de uma forma ativa e não passiva.

Quando um contrato é bem específico, impede-se a entrada de personalidades que não têm influência direta no processo de regressão. No caso, pacientes muito *mediunizados* requerem que o psicoterapeuta faça um "tango" — fique atento e próximo, envolva o paciente. Quando o psicoterapeuta fica próximo do paciente, diminui a possibilidade de outras personalidades entrarem no processo terapêutico.

## 2.3. MECANISMO DA SESSÃO

Para TenDam (1988), o método da regressão deve ser simples e objetivo. Cada sessão obedece a uma seqüência. Ela tem início, meio e fim. Cada sessão requer um objetivo específico, que visa determinar a *catarse*. O processo de uma sessão é simétrico e consiste em sete estágios.

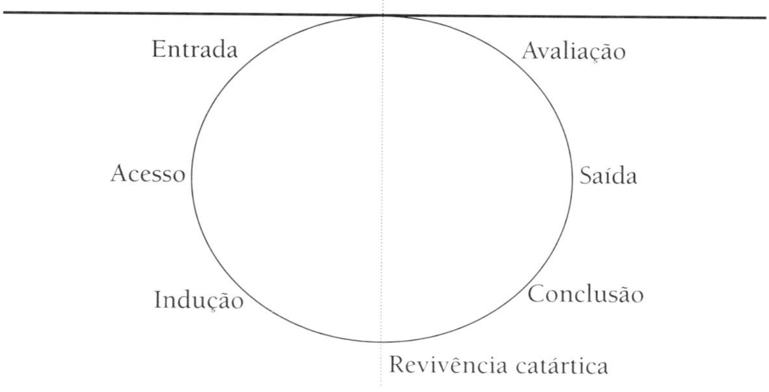


***Figura 1: Esquema de simetria da sessão.***[23]

23. Esquema extraído do curso para psicoterapeutas realizado por TenDam em 1997.

1. **Entrada**: **foco**: escolha de um tema a ser abordado na sessão.
2. **Acesso**: estabelecimento do *contrato* de trabalho no dia.
3. **Indução**: é feita, de preferência, a partir das *cargas* emocionais, intelectuais, somáticas e imaginativas que se referem ao tema escolhido para o trabalho.
4. **Revivência catártica**: intensificação das cargas até ***reviver a agonia***.

A ***catarse*** é a liberação de emoções, sensações e pensamentos que foram contidos, reprimidos, num determinado momento passado. A *catarse* ocorre no nível emocional, intelectual e somático.

A **compreensão** diz respeito à *catarse* intelectual. Ocorre normalmente após a *catarse* emocional.

5. **Conclusão**: fase em que ocorre a:
   - ***Retomada da situação inicial***, na qual se volta ao problema escolhido para o trabalho, com a finalidade de verificar se todas as cargas detectadas foram liberadas, ou se alguma não foi devidamente trabalhada;
   - ***Redecisão***, na qual o paciente, avaliando todas as opções que tem às mãos, poderá tomar decisões diferentes das que escolheu no passado; e
   - ***Retomada da solução e aplicação no presente***, na qual o paciente avalia como a sua redecisão será útil no presente e alterará a sua rotina diária, ou o seu padrão de vida. O *comando básico* que TenDam usa nesta fase é: "*Reviva toda sessão e encontre tudo o que for significativo para sua vida presente.*"
6. **Saída**: consiste em trazer o paciente para o presente, desligando-o da revivência. *Comando básico* de TenDam para a saída: "*Volte como quiser e no seu próprio ritmo.*"
7. **Avaliação**: com o paciente de volta ao aqui e agora, procede-se a uma ***nova entrevista***, que visa resgatar, do trabalho, a liberdade adquirida pela compreensão e introdução na vivência atual de novos padrões de comportamento.

TenDam (1988) salienta que todo esse processo adotado na regressão é ***simétrico***.

Durante o processo regressivo, há a necessidade de ocorrer a *catarse*, com a liberação dos pensamentos, imagens, emoções e somatizações. Pode-se levar o paciente a experiências de vidas passadas por meio de qualquer um dos pontos de indução.

O ser humano, segundo TenDam (1988), deseja a *catarse*, porque quer sentir paz nas emoções, ou ter emoções liberadas. Liberar-se das cargas quer dizer *limpar* e *consertar* o corpo etérico. Ter paz no corpo, ou ter o corpo liberado. Paz no pensamento, entendimento, compreensão, que nada mais é do que paz na mente.

O homem, para ter paz nas emoções, nos pensamentos e ter o corpo liberado, precisa dissolver as cargas, que são ***energias não-digeridas***. As cargas são problemas etéricos e não fazem parte da alma livre do homem. São ***nós*** e é necessário que esses sejam desfeitos para que a alma consiga ser livre, já que alma livre permite ao homem ter paz e sentir a liberdade. As técnicas regressivas permitem desfazer esses ***nós***.

Uma regressão se constitui numa série de imagens. Podem ocorrer também percepções objetivas. A regressão é completa quando se consegue desgastar todas as cargas (emocionais, somáticas, imaginativas e cognitivas) do passado. As cargas somáticas e emocionais são desgastadas através da vivência; as cargas imaginativas, através da visualização dos episódios passados e as cargas cognitivas, através da compreensão.

## 2.4. PONTES

Termo utilizado por Netherton (1986), que significa a conexão entre o presente e o passado.

Quando o paciente exprime uma emoção atual, por exemplo: medo, o psicoterapeuta faz a ***ponte*** com a emoção medo, que foi sentida em um momento de uma vida passada. O mesmo se dá para pensamentos, imagens e somatizações. Qualquer uma das ***pontes*** pode levar ao passado.

São quatro, de acordo com TenDam (1989), os pontos de indução que podem ser utilizados para se fazer a ponte com o passado:

Pensamentos ....................................V (Ponte Verbal)
Imagens (percepção em geral) ..........I (Ponte Imaginativa)
Emoções ...........................................E (Ponte Emocional)
Soma.................................................S (Ponte Somática)

### Ponte verbal (V):

De acordo com TenDam (1989) o psicoterapeuta utiliza os pensamentos atuais do paciente para ter acesso a memórias passadas. O paciente pode fazer uso de uma frase generalizante logo no início da sessão; por exemplo: "Tudo é nada." Nesse caso, o psicoterapeuta começa a mobilização por este pensamento, que é chamado por Netherton de palavra ou frase-chave. Outras vezes o paciente pode utilizar as frases repetitivas ou deslocadas. Como conta TenDam, um paciente marcou uma consulta e quando ele abriu a porta lhe disse: "Veja ao que cheguei!" Segundo o autor, quando o psicoterapeuta ***experiencia*** muitas vezes esse procedimento, vai perceber um "cheiro", isto é, uma frase repetida, deslocada ou muito emocional. Às vezes isso ocorre com o uso de "eu", "seu" ou de generalizações. Com essas frases-"chave", estabelece-se a *ponte*.

TenDam descreve um caso em que o paciente disse: "Estou me tornando cada vez mais prático", e quando pediu para o paciente repetir cinco vezes essa frase, imediatamente ele contraiu todo o corpo. Neste caso, a entrada pela ponte verbal provocou uma somatização forte que liberou uma emoção forte, acompanhada de imagens e pensamentos.

**Ponte imaginativa (I):**

Esta é utilizada quando o psicoterapeuta, de acordo com TenDam (1989), querendo provocar uma emoção, recorre às lembranças do paciente, por exemplo, um paciente que apresenta o mais corriqueiro medo de cachorros. O psicoterapeuta diz-lhe: "Lembre-se da última vez em que teve medo de cachorro." Inicia-se então o processo regressivo pela lembrança.

As imaginações arquetípicas são outro recurso para ser usado como entrada. Por exemplo: "Você está num lugar muito alto. Lá embaixo tem um caminho, uma estrada. É impossível ver o que existe lá, daqui do alto. Você vai descer, seguir esse caminho e vai encontrar uma pessoa, a primeira pessoa que você encontrar determinará o momento em que você estará em uma vida anterior." O psicoterapeuta, nesse exemplo, usa a imagem como entrada para a regressão. Esse recurso, segundo TenDam (1989), dá resultado somente com algumas pessoas. É possível provocar também uma viagem imaginária a uma vida anterior; isso é utilização da imaginação, que é igual à fantasia, ou seja, imagens criadas na lembrança.

**Ponte somática (S):**

O psicoterapeuta utiliza qualquer sensação que está sendo expressa pelo paciente: dor, paralisia, frio, tensão, opressão, etc. Determina-se a ponte somática ao se perguntar e observar o que ocorre no corpo.

**Ponte emocional (E):**

O psicoterapeuta utiliza qualquer sentimento que está sendo expresso pelo paciente. Medo, raiva, alegria, tristeza, afeto, ódio, etc. Pergunta-se: "Você pode sentir isso?"

No exemplo, quando a pessoa diz: "Tenho ódio de meu pai e me culpo por isso", o psicoterapeuta pergunta: "Você pode sentir esse ódio?" O paciente: "Sim." Psicoterapeuta: "OK!"... prosseguirá pedindo que localize esse ódio no corpo; poderá senti-lo como frio, formigamento, dor no estômago, etc. Isto é SOMA. O psicoterapeuta prossegue: "Você sente ódio de seu pai, com grande constrangimento no peito, você tem as mãos frias... Agora você vai voltar à primeira vez em que sentiu esse ódio, esse constrangimento, e sentiu as mãos frias. Eu vou contar de 5 a 1 e você vai estar lá." Quando o psicoterapeuta dispõe de (E) e (S), quase sempre ocorre a regressão. Muitas vezes, quando se tem (E), é possível localizar a emoção no corpo.

A indução é feita pelas quatro pontes, porém o início, conforme aponta TenDam (1989), pode ser através de qualquer uma delas. Exemplo: medo de cachorro. O psicoterapeuta diz: "Lembre-se da última vez em que teve medo de cachorro", especifique se é de um cachorro grande, médio ou pequeno. Se esse medo é mais constante de dia ou de noite. Esse é o que se refere à ponte imaginativa.

Numa regressão, se o paciente não tem (E), o psicoterapeuta passa a investigar a existência de S perguntando: "Você sente alguma coisa no seu corpo?" Paciente (P): "Meus joelhos estão frios." Terapeuta (T): "Sente mais alguma coisa?" (P): "Não." (T): "Concentre-se nos seus joelhos frios. Você é uma pessoa que tem os joelhos frios aqui (o psicoterapeuta associa a idéia de joelhos, que é uma parte, a uma pessoa como um todo). Como você se sente? Qual a emoção?" (P): "Sinto-me inseguro." Agora o psicoterapeuta tem (S) mais rico. Continua a perguntar: "Sente mais alguma emoção?" (P): "Um pouco de medo." (T): "OK! Você vai voltar..."

Aqui o psicoterapeuta tem duas possibilidades: na primeira tem-se (S) > (E), então se dirige ao paciente da seguinte forma: "Você vai voltar à primeira vez em que se sentiu inseguro ou teve medo." Na segunda deve começar pela (E) ancorado no que é presente: "Sinta a insegurança...", "Sinta o medo..."

Existem outras possibilidades a serem avaliadas, porém o caminho mais simples é sempre (S)>(E)>(I)>(V). (E)+(S) é sempre suficiente. Usa-se, se necessário, (I) para provocar (E) e depois (S). Caso não consiga (I), o psicoterapeuta deve ir para (V) e usar (V) para provocar (I) e depois (E)+(S), ou ir diretamente para (E)+(S).

Quando o psicoterapeuta não puder usar (E), usa-se (I). Por exemplo: "Imagine que você está numa situação em que seus joelhos estão frios. Venta: você está de calças curtas... Imagine que você está de pé, e o vento é forte." É possível aumentar, enriquecer a imagem: "Como você se sente? Qual a sua emoção?" O (P): "Abandonado." Partindo do abandono, chega-se a emoções mais específicas.

Com pessoas que têm dificuldade para sentir emoções, TenDam (1989) sugere ao psicoterapeuta que pergunte: "E esse abandono?... Sentindo isso, como você se vê?" (P): "Triste... bravo." Agora se tem (I), (E) e (S); caberia orientar a condução da regressão formalmente. Esta é, às vezes, conduzida naturalmente para a situação do passado.

TenDam (1989) orienta o psicoterapeuta a não perguntar ao paciente: "O que você pode enxergar ou ver?", e sim: "O que você sente? Qual a emoção?" Isso porque, quando se tem a emoção, liga-se facilmente com (S), o que torna mais forte o processo de entrada nas situações traumáticas. Se não houver (E), não haverá (S). Deve-se começar com (I), depois (E) e a seguir (S). Às vezes de (I) vai para (S) e depois para (E). Isso não interfere no presente.

Afirma TenDam (1989) que conhece técnicas muito eficientes para provocar pontos de indução com (E) e (S), mas que prefere optar por escutar e acompanhar o paciente. No caso de o paciente dizer: "Não sei escolher a minha vida", tem-se um tema vago, um chavão; a pessoa não pode entender nem sentir isso. Dessa forma, TenDam (1989) afirma que não se pode resolver e deve-se perguntar então: "O que você sente agora? Qual emoção você sente?"

Quando se tem um contrato fixo, TenDam (1989) afirma que é permitido formular uma pergunta mais aberta, que induz à somatização: "O que acontece com seu corpo agora?"

Conforme o autor (TenDam, 1989), existem pessoas do tipo intelectual, mais superficiais, ou que suprimem as emoções, porém apresentam somatizações. Sendo assim, o psicoterapeuta pode ter acesso às emoções pelas somatizações apresentadas pelo paciente.

A ponte mais flexível de todas, segundo TenDam (1989), é a ponte verbal; a ponte mais específica é a somática. No caso de se trabalhar com a ponte verbal, o psicoterapeuta pede para o paciente repetir cinco vezes, com atenção crescente à frase já destacada.

Pode ocorrer que a pessoa durante o processo regressivo diga: "Tudo ficou preto, vazio." A palavra *preto* é importante no contexto de *vazio*. O psicoterapeuta pode intervir: "Entre nesse preto... atravesse esse vazio... O que você sente quando está nesse preto... vazio... atravessando?" Paciente: "A sensação é de estar caindo... caindo sem fim..."

Em experiências com pessoas nesse contexto de problema, no qual há uma frase do tipo "cair no buraco, há explosões", TenDam (1989) diz que fica difícil conseguir um tema, porque normalmente eles não se encontram no local, e sugere ao psicoterapeuta que, nesse caso, conduza assim: "Estou caindo num buraco... diga a frase cinco vezes." O paciente: "Tudo é escuro... choro..." Aí aparece a emoção. No tema: "Os meus amigos me abandonam..." o psicoterapeuta não dirá: "Você vai repetir oito vezes", mas dirá "Você vai repetir essa frase até, ter (I), (S) ou (E).

Para TenDam (1989), a boa regressão deve ter quatro níveis: intelectual, emocional, imaginativo, somático. Tudo deve chegar no somático. Somatizar significa que foram tocados aspectos ligados ao perispírito[24]. Além

24. Perispírito é uma substância vaporosa que envolve o espírito, segundo Kardec em *O livro dos Espíritos*. Lake, São Paulo, 1982.

disso, de acordo com o autor, a intuição está presente o tempo todo no trabalho, e pode provocar o surgimento de qualquer ponte, já que uma intuição não verbalizada traz em si um pensamento não verbalizado.

## 2.5. PAPÉIS

TenDam (1988) confirma Netherton (1986) ao dizer que em uma sessão regressiva pode-se encontrar o paciente desempenhando os papéis de perseguidor (ou algoz), vítima e observador.

O **Perseguidor** é aquele que causa vítimas; aquele que inflige castigos, maldade e/ou maus-tratos ao outro.

A **Vítima** é o que recebe maus-tratos e castigos infligidos por outros. É a figura que sofre, tanto no nível emocional, quanto nos níveis mental e físico.

O **Observador** é aquele que assiste ao desempenho de um perseguidor e o sofrimento da vítima, sem tomar partido, ou sem participar ativamente da trama desenvolvida pelos protagonistas da história.

É comum o observador aparecer como vítima em uma vida e, em outra, como perseguidor. As palavras que o observador comumente usa são: "Não pude fazer nada", "Não tinha nada a ver comigo."

Para o autor (TenDam, 1988), é necessário que o paciente identifique no trabalho regressivo os diversos papéis que desempenhou, para que consiga entender o seu processo como um todo. Um paciente que só regride para vidas nas quais foi sempre vítima deve identificar um momento inicial que foi perseguidor ou mesmo observador, já que com certeza está aí o motivo de ter sido vítima por tantas vidas consecutivas.

## 2.6. RESISTÊNCIA

Segundo TenDam (1988), muitas vezes o psicoterapeuta, frente a uma resistência, tem a impressão de que entrou por um ângulo que aparenta ser um caminho errado, porém, se existe um vínculo de confiança entre paciente e psicoterapeuta, quando o psicoterapeuta cria um clima propício à concentração e à atenção, é possível que a resistência seja o caminho certo.

A resistência pode ocorrer por vários motivos; porém, o que se descobre é sempre um grande medo, por parte do paciente, de entrar profundamente em seu problema, ou uma presença obsessiva, estranha ou conflito entre subpersonalidades. Ser resistente não é apenas uma opção por parte do paciente. Trata-se, quase sempre, de esta ter sido a única opção de sobrevivência encontrada por ele, em um determinado momento da sua vida, como forma de se manter com vida, ou seja, conseguir viver diante de um sentimento de dor, sofrimento, medo, etc., que julgava insuportável. O paciente não achou melhor saída para aliviar o seu sofrimento. Ser resistente, seja de que forma for, foi a melhor saída que encontrou.

TenDam ratifica Netherton (1986) quanto a acreditar que, para os casos de resistência, a terapia convencional é indicada em primeiro lugar, uma vez que acredita ser muito custoso e cansativo, tanto para o paciente quanto para o psicoterapeuta, colocá-lo diretamente num trabalho regressivo.

Para TenDam (1988), existem várias formas de resistência; dentre elas se destacam: o bloqueio, a barreira e o jogo do poder.

O **bloqueio** é um ***convite*** para o trabalho do psicoterapeuta. É apenas um impedimento transitório, no qual se percebe o inconsciente atuando. É uma barreira que parece impedir a revisualização ou revivência de determinado fato, ou um conjunto de situações. Não somente rever, assim como sentir algo que aconteceu numa situação passada, em tempos mais remotos. Um exemplo freqüente é o caso do paciente que, instado a "rever" uma situação qualquer, responde: "Não vejo nada." Isto significa que o inconsciente bloqueia a tomada de consciência, porque certamente há muito tempo ele construiu uma muralha de defesa, ou então existiu outrora uma dificuldade real que o impediu de entrar em contato com a realidade daquela vida, e não viu o que estava acontecendo. No caso, poderia voltar a viver uma vida, quando experienciou a cegueira, por exemplo.

TenDam (1988) concorda com Netherton (1986) que a intervenção terapêutica mais adequada no caso de bloqueio é usar este como forma de indução. No caso do exemplo acima, quando o paciente diz: "Não vejo nada", o psicoterapeuta intervém perguntando: "O que impede que você veja?", ou "Se alguma coisa impedisse a sua visão, o que seria?"

O bloqueio pode ter sido causado por problemas com pais que se sentem culpados ou devido a frases ditas pelos médicos. O psicoterapeuta pode intervir da seguinte forma: "Imagine que tem alguém... tem algum detalhe que você não viu... Se existir algo que você não viu, agora você vai ver. O que você vê?" Uma intervenção mais complexa do psicoterapeuta seria: "Pare a cena agora. Como num filme... Pare a cena e congele a imagem. Escureça tudo ao redor; você só vê a cena; observe e esteja atento à cena congelada; você vai ver um detalhe, alguém que você não observou antes. O que você vê?"

A **barreira** é uma ***porta fechada,*** é uma resistência a relaxar e a centrar-se, a entrar em regressão. Barreiras são bloqueios que se estendem além do conteúdo até a própria indução. Quando o psicoterapeuta inicia o trabalho terapêutico, muitas vezes a própria indução reestimula os bloqueios, fazendo com que venham à tona postulados auto-referentes, os quais levam o paciente a evitar ou não aprofundar o processo regressivo. Experiências de morte que estão muito na superfície podem gerar barreiras. É o caso do paciente que sente dor no peito e que traz em sua memória subconsciente uma morte por enfarte; a indução feita pela carga somática — dor no peito — pode reavivar o episódio de morte, e o paciente, em vez de entrar na revivência, se afasta.

Para se trabalhar as barreiras, TenDam (1988) orienta o psicoterapeuta para que atravesse os bloqueios, aprofunde o transe, faça relaxamento, enfim, o psicoterapeuta precisa trabalhar melhor a confiança que o paciente deposita nele enquanto um profissional.

O **jogo do poder** é uma ***resistência muito grande***. TenDam utiliza aqui o conceito de jogo de poder da AT (Steiner, 1984).

No caso de um paciente que inicia um tratamento e no meio do processo deseja mudar de contrato, TenDam (1988) diz que o psicoterapeuta deve parar, analisar e rever todo o tratamento ministrado, desde a primeira sessão. Se o paciente estava num ponto satisfatório de atenção, a ocorrência do jogo de poder é um indício para o psicoterapeuta de que a sua resistência é muito grande.

O jogo do poder ocorre quando o paciente se coloca em posição de desafio diante do psicoterapeuta. É como se dissesse assim: "Vamos ver quem é mais forte: a minha resistência ou a sua habilidade."

Segundo TenDam (1988), a pessoa resistente está "impedida" de se tocar e uma pessoa que não pode tocar a si mesma não terá condições de participar de sessões catárticas. A *catarse* é fundamental nas sessões de TR. Então, se o paciente está "impedido" de se tocar deverá tratar o seu ego, fortalecendo-o, já que isso lhe proporcionará identidade, permitindo-lhe vencer o medo.

Para TenDam (1988), o paciente, neste caso, necessita de um processo terapêutico convencional, a fim de que trabalhe as suas inseguranças. O autor diz que o paciente escolhe como quer atuar; assim, ser *muito* resistente é uma escolha dele. Do ponto de vista terapêutico e psicológico, essa "desonestidade" poderá ter uma explicação, uma justificativa passível de ser aceita ou mais bem compreendida. No entanto, o psicoterapeuta terá sido levado a entrar no jogo e, portanto, não será correto se ele continuar atendendo o paciente em TR. O psicoterapeuta deverá explicar à pessoa que aquela não é uma alternativa adequada de terapia para o seu caso. Com o devido cuidado, deverá terminar esse contrato com o paciente, para que ele possa sair de seu consultório em condições de continuar o seu caminho, sem novos impedimentos, na busca da solução de seus problemas.

## 2.7. REPERCUSSÕES CÁRMICAS

Cada vida não integrada repercute em problemas para o indivíduo numa vida futura.

TenDam (1988), em sua forma de trabalho terapêutico, está interessado em voltar à origem das repercussões de experiências não assimiladas pelo indivíduo.

Ele divide as repercussões cármicas em: **Traumas, Pseudo-obsessões; Obsessão;** ***Hangover*****; Postulado de caráter** e **Alienações.**

## 2.7.1. Trauma

De acordo com TenDam (1988), os traumas podem ser simples ou complexos. Um trauma é algo bem definido, tem cargas emocionais bem definidas. Traumas, literalmente, são feridas. Iguais a uma ferida física: sempre bem localizada. Também as feridas psicológicas são e devem ser precisamente localizadas. As dores no trauma são agudas e os sentimentos, intensos. Alcançar, reviver e liberar o período traumático é o objetivo da regressão. Uma regressão traumática acontece quando se atravessa o momento traumático, o qual se deve reviver para fazer a limpeza.

O trauma tem um início, um meio e um fim. Muitas vezes, o fim é a morte. O importante é atravessar os períodos, para que haja o alívio das cargas. Por exemplo, TenDam (1988) orienta que, no caso de o trauma se iniciar com uma situação de abandono, o psicoterapeuta deve dizer ao paciente: "Vá para o momento em que teve a maior sensação de abandono. Sinta esse abandono..." Entretanto, no sentimento de abandono (abandono é um sentimento) surgem as cargas que estão ligadas à situação traumática. Nesse exemplo, o paciente identifica medo, dor e frio.

O psicoterapeuta deve trabalhar uma carga de cada vez, começando com a de maior intensidade. No medo, o comando básico, segundo TenDam (1988), deve ser: "Atravesse."

No exemplo dado, o psicoterapeuta continua: "Quando começa o medo? Vá para o momento em que começa o medo... Quando foi?" Depois: "Sinta o medo... Vá para o momento no qual sentiu maior medo... Quando foi?" "Atravesse." "Deixe o medo passar... até não ter nenhum medo"; ou "Vá para o fim do medo." Depois, trabalha-se a dor. Para isso, o psicoterapeuta deve dizer: "Vá para o momento em que começa a dor. Quando foi?... Sinta a dor... Vá para o momento de maior dor... Sinta toda a dor... Atravesse toda a dor... Deixe passar toda a dor, até não ter nenhuma dor. Vá para o momento no qual sentiu maior dor. Sinta a dor... Atravesse...!"

O tipo de carga e o episódio são bem definidos. Têm início, meio e fim.

Os comandos terapêuticos devem conter instruções para que o paciente localize essas três fases, ou seja, quando começou, o momento de maior intensidade e quando terminou. O trauma sempre começa e termina.

Quando uma das cargas não tem como ponto final o momento da morte, é recomendável, segundo TenDam (1988), identificar o último momento em que o paciente experiencia a carga referida. É o caso da sensação de frio e o paciente respondeu: "Eu sempre fico com frio, até mesmo aqui." Às vezes a pessoa tem frio, sente-se friorenta, ou com pés e mãos gelados. Outras vezes, a sensação acompanha com mais intensidade o momento da morte, quando em situação de regressão.

### a) Trauma simples:

De acordo com TenDam (1988), quando o trauma é simples, consegue-se limpá-lo em uma única sessão. Os traumas simples são mais fáceis de serem resolvidos, permitindo uma *catarse* completa. O paciente permanece consciente durante os acontecimentos, retomando como se fossem uma experiência original. Quando o paciente toca a situação original, segundo TenDam (1988), isso significa que vai resolver, que está pronto para resolver, mas esse processo absorve e libera muita energia. Por isso, a entrada no trauma deve ser correta, para não se gastar energia excessiva.

O diagnóstico do trauma, segundo TenDam (1997a), é feito através dos sintomas de que o paciente se queixa:

***Emoções:*** desespero, repugnância, aversão, inveja, medo, mágoa, culpa, ódio, impotência, ciúme, solidão, fúria, rancor, repulsa, vergonha, tristeza, raiva.

***Sensações físicas:*** frio, cãibra, desconforto, exaustão, imundície, calor, fome, dor, paralisia, mau cheiro, sede, cansaço profundo, fortes cefaléias, "nó" na garganta, pontadas ou cãibras perto do coração, pressão no peito, cãibra no estômago, dores abdominais, fortes tensões musculares, "punhaladas", espasmos, pontos frios ou quentes claramente localizados, tremores, mudanças involuntárias de posturas, choques, transpiração repentina, tonturas, náuseas, pruridos.

*Observação: As somatizações ligadas a traumas são localizadas e de grande intensidade.*

***Mentais:*** perda de consciência, alucinação, assassinato como experiência de outras vidas, drogas, transe fora do corpo, ausência da capacidade de discernimento (como em crianças), cegueira, paralisia, anestesia, desesperança, desejo ardente, culpa, sensualidade, vergonha, fascinação, descontrole, hipnose, incompreensão, insensatez, mesmerização, perplexidade, etc.

***Situações que podem gerar traumas:*** abandono, acidente, asfixia, assalto, ataque, ser queimado, afogamento, execução, fogo, humilhação, aprisionamento, injúria, inquisição, perda, assassinato, mutilação, operação, perseguição, estupro, passar fome, ridicularização, suicídio, terror, tortura.

*Carga típica do trauma*: desespero.

Para o tratamento do trauma simples, TenDam (1988) afirma que o psicoterapeuta deve:

1. Identificar a situação traumática de forma global.

Finalidade: psicoterapeuta e paciente compreendem qual o tipo de problema.

2. Entrar no episódio traumático e atravessar levemente a situação traumática ou começar com o momento antes do episódio traumático.

Finalidade: relacionar as cargas emocionais e somáticas e classificá-las em ordem decrescente quanto à intensidade.

*Observação: pode ocorrer que, no momento do contrato, só foram levantadas as cargas emocionais de culpa e as somáticas de dor de cabeça. No decorrer da sessão, o psicoterapeuta pode ir levantando outras cargas que aparecerem e, posteriormente, ir ordenando-as conforme a sua intensidade.*

3. Identificar o momento exato quando a primeira carga relacionada começa, quando é mais intensa e quando termina. Ir para o momento mais intenso é a maneira mais eficiente de se atravessar a agonia. Passar pela experiência de morte.

Finalidade: o paciente percebe que a carga teve um início e um final. Exemplo: para medo: "Quando começou?", "Quando foi?", "Vá para o momento em que você sentiu maior medo", "Quando foi?"

4. Proceder à limpeza.

Instruções do psicoterapeuta: "Atravesse o medo", "Atravesse todo o medo", "Deixe atravessar o medo, até não ter mais nenhum medo."

Finalidade: esgotar a carga.

5. Repetir os passos (3) e (4) para todas as demais cargas relacionadas.
6. Continuar obedecendo à seqüência de uma sessão regressiva normal (Compreensão e Redecisão).

*Observação: trabalhar com cargas emocionais e, posteriormente, com cargas somáticas promove maior catarse. Salvo quando a pessoa é muito tensa ou tem muitas somatizações; assim, é indicado começar pelas cargas somáticas.*

Segundo TenDam (1988), o trabalho regressivo exige outros passos além dos descritos acima, quando entra uma carga intelectual como falta de consciência, ser hipnotizado, ser confuso mentalmente, drogado, fanatismo religioso. Para casos nos quais o conflito é muito forte, é necessário que se utilize a técnica de dissociação.

Quando as cargas têm duas tendências opostas, o paciente não sai da situação: permanece num círculo vicioso. Há muita confusão intelectual. A pessoa fica congelada nesse conflito, nessa ambivalência emocional. Por exemplo: a pessoa hoje é uma "vencedora" na vida. Bem-sucedida em tudo o que faz, mas, de tempos em tempos, sente tristeza e medo. Em uma vida passada, sofreu um trauma que gerou muita tristeza e medo. Na vida presente, fica com raiva de sentir-se medrosa e triste; e não se sente fraca. Pela vida que tem, considera-se forte. Existe o medo de se aprofundar em seu trabalho terapêutico regressivo e constatar que é fraca. Fica, portanto, num conflito muito grande e acaba por não sair do lugar.

Traumas ligados a preconceito ou fanatismo religioso são os mais difíceis de serem trabalhados. TenDam (1988) observa que é muito mais traumático quando a pessoa foi o perseguidor e não a vítima, porque o sentimento que ela carrega associado ao trauma é de culpa. Muitas vezes a religião foi usada como meio de exploração. A pessoa sente culpa pelos atos que cometeu; ela acredita na religião que tem e não permite questioná-la quanto aos seus rituais. Nesses casos, TenDam (1988) orienta os psicoterapeutas a ajudarem o paciente a liberar suas culpas.

**b) Trauma contaminado ou complexo:**

Ocorre quando o trauma vem acompanhado de postulados de caráter (que serão abordados na seqüência).

## 2.7.2. Hangover

Literalmente, *hangover* significa ***ressaca*** ou ***sobra*** e, segundo TenDam (1988), é um fenômeno que explica por que, apesar de um tratamento aparentemente adequado, a cura não é atingida. O *hangover* provém de vidas anteriores nas quais se repetem longas fases de monotonia, desesperança, falta de solução para os problemas e, muitas vezes, não existe morte trágica. Pode ocorrer no início um trauma, mas depois a vida se desenrola em *hangover*.

As somatizações do *hangover* podem ocorrer devido a uma longa fase de prisão, solidão e vida vazia. Por isso o paciente se queixa, por exemplo, de eterno cansaço, da monotonia da vida, de desinteresse por tudo, de desânimo perene ou de ter um cônjuge desagradável do qual não se libera; sente-se ***vítima*** e não entrevê possibilidade de comportar-se de forma diferente. Predominam atitudes crônicas tais como passividade, decepção, timidez, tédio, dores crônicas e frustração generalizada. A vida sendo completamente desinteressante deixa de ter sentido.

TenDam (1988) define *hangover* como sendo "o resultado de um período longo de sofrimento, sem ter perspectiva de morte". Quando se trabalha em regressão com um caso desses, verifica-se que não existe *catarse* e, sim, um alívio muito superficial. Não ocorre uma solução final nem total.

O trauma impregna a aura num lugar específico e o *hangover* encobre a aura como uma neblina.

Ao reviver o *hangover* gasta-se muita energia sem se obter a descarga dessa energia, por longo tempo presa na impotência e no sofrimento.

*Hangovers* são como pesadas hipotecas. TenDam (1988) relata que muitos holandeses passaram por fases sem esperança (possíveis criadoras de *hangovers*) durante a invasão alemã na última guerra, mesmo sem ter sofrido.

Um caso típico de *hangover*, de acordo com TenDam (1988), foi o de uma moça que, em uma vida, perdeu os pais, que foram trucidados (primeiro trauma); em seguida, foi vendida como escrava (segundo trauma); teve um filho e com ele amargou a escravidão sem esperança até o fim de seus dias (outros traumas). Num *hangover*, muitas vezes a pessoa pode apresentar a emoção do medo. Porém, essa emoção raramente torna-se específica.

Casos de pessoas que trazem em si padrões morais muito fortes, como um estrito senso de dever, pessoas cancerosas, cardíacas, todas essas manifestações de tendências crônicas são *hangovers;* às vezes, pode tratar-se de outros postulados, que serão vistos mais adiante. TenDam (1988) acredita que não existe câncer provocado por traumas.

As situações de *hangover* mais comuns, segundo TenDam (1997a), são: abandono, submissão, vazio, exaustão, força, severidade, aprisionamento, isolamento, solidão, monotonia, mentalidade estreita, pressão, rejeição, repressão, escravidão.

O diagnóstico do *hangover,* segundo TenDam (1997a), é feito através dos seguintes sintomas de que o paciente se queixa:

***Cargas intelectuais:*** impaciência, impotência, imbecilidade, ambivalência, dúvida, falta de confiança nas pessoas, cinismo, ignorância, incapacidade, incompreensão, insegurança, suspeita.

***Somatizações:*** rigidez, sensação de peso, frio, depressão com apatia, desconforto, deformidade, feiúra, fraqueza, sentimentos de cansaço e exaustão, sentimentos vagos de frio, sensação de entorpecimento, de vazio, mudanças lentas na postura, movimentos lentos com a cabeça, expressões faciais de repulsa.

***Cargas emocionais:*** fastio, tédio, depressão, desapontamento, insatisfação, indiferença, irritação, apatia, melancolia, obstinação, passividade, rebeldia, repulsa, timidez, infelicidade, vacuidade.

O tratamento do *hangover*, conforme TenDam (1988), consiste em identificar o ***momento de escolha***, ou seja, a vida primeira na qual o paciente decidiu ser vítima. É necessário que o paciente deixe de lado a idéia de ser vítima, pois só assim ele pode sair definitivamente desse estado.

Pacientes com *hangover* submetidos a um processo convencional regressivo, como já foi mencionado, assimilam mas não resolvem seus problemas, pois não atingem a *catarse*, só algum alívio superficial. Quando regridem, vão a vidas anteriores nas quais reencontram os mesmo sintomas e o mesmo pesar. É fundamental voltar àquela vida na qual teriam tido a ***possibilidade de escolha***, deixando de ser vítimas, ou mesmo que tenham atingido a decisão não puderam realizá-la por razões externas a elas. TenDam (1988) conta um caso de uma jovem que em determinada vida foi escrava. Quando pensou em se rebelar, raptaram seu filho, e ela teve então de se submeter sem reagir. Ela, todavia, poderia ter escolhido deixar o papel de vítima em nível mental.

O psicoterapeuta, orienta TenDam (1988), deve levar o paciente ao momento em que ele ***escolheu ser vítima pela primeira vez***, para quebrar a decisão e sair definitivamente desse estado.

No tratamento do trauma, deve-se "atravessar a agonia não terminada", de maneira mais ou menos rápida, e isso é impossível no *hangover*, conforme nos aponta TenDam (1988). O longo período em que a pessoa foi vítima acaba por fazê-la tomar decisões tais como: "Não tenho escolhas", "Não sou responsável...", transformando-as em conceitos fixos e imutáveis.

A *catarse* só é possível quando se toca o primeiro momento de escolha. TenDam (1988) afirma que na vida sempre existem chances de se evitar as situações não favoráveis. Conta o caso de uma mulher que tinha uma vida difícil e monótona com o marido que não amava; os interesses deles eram externos ao lar; ela, sempre infeliz, apenas suportava a rotina. Num dado momento, entrou em desespero e decidiu se matar; então encontrou um estrangeiro, pelo qual se apaixonou, e após certo tempo fugiu com ele, vivendo em adultério, mas com amor. A vida teve brilho e excitação até o dia que ele decidiu abandoná-la. Ela teve, então, uma "explosão" emocional e se suicidou, sua vida terminou com um trauma, mas precedido por um longo tempo de *hangover*, seguido por sua vez de um período de ambivalência. O problema dessa mulher é que, pensando na vida que levou, ela se posicionava como vítima, sem ver saída. Seu discurso interior era: "Durante 18 anos, sempre cumpri meu dever... Não fiz nada de errado... e depois novamente não deu certo."

Mesmo que em terapia se resolva o problema do trauma, fica o *hangover*. Deve-se, segundo TenDam (1988), então demonstrar que houve um momento de escolha e que a pessoa não soube aproveitar.

Quando o paciente não consegue encontrar o momento da oportunidade de escolha, TenDam (1988) utiliza os seguintes comandos: "Vamos para a morte... Agora vá a um ponto alto do qual você possa ter uma vista panorâmica de toda a sua vida. Agora identifique o momento de escolha." Às vezes, o momento de escolha pode surgir antes do nascimento, por exemplo: na vida intra-uterina. Momento de escolha poderá ser inclusive um ato em que a pessoa tenha a oportunidade de aprender, pelo aspecto negativo, mas opõe resistência a essa chance.

TenDam (1988) aponta que a repetição, por mais de duas vezes, de determinada posição negativa pode não ser um *hangover*, mas uma obsessão passiva, em que outras almas foram atraídas pela carga não resolvida do paciente.

Para o tratamento de *hangover*, TenDam (1988) sugere ao psicoterapeuta:

1. Proceder a algumas regressões.

Finalidade: ter idéia do tipo de vida e cargas; por exemplo: cansaço, monotonia, fome, frio.

2. Identificar: (exemplo: cansaço)
   — primeiro: momento em que se percebe cansado;
   — segundo: momento em que esse cansaço foi mais forte;
   — terceiro e último: momento de cansaço geralmente não é o momento de morte.

*Observação: se o psicoterapeuta utiliza, num caso de hangover, as técnicas convencionais regressivas, terá como resultado sessões longas, monótonas e cansativas.*

3. Identificar o momento da escolha.

Se o paciente não consegue, o psicoterapeuta pede que "vá para a morte" e, depois, para "um lugar panorâmico".

4. Continuar o trabalho terapêutico para atingir as fases de compreensão e redecisão.

## 2.7.3. Pseudo-obsessão

TenDam (1988) define pseudo-obsessão como sendo uma idéia fixa, um sentimento e/ou preocupação constante imposta à pessoa por uma parte do seu passado. No caso a pessoa é obsidiada pela personalidade que foi sua numa vida passada. Mendes (sd) a denomina como personalidade subconsciente. A pessoa do passado não conseguiu no momento de morte ser liberada, então ela não consegue integrar-se numa personalidade maior ou no eu superior. Quando a pessoa reencarna, traz consigo uma parte sua do passado "presa" dentro de seu corpo, o que lhe causa muitos problemas. Fora do corpo cria impressões, assume uma forma que fica presa ao perispírito da pessoa.

Segundo TenDam (1988) a morte é uma grande *catarse* natural. Quando o processo da morte é completo, a pessoa é liberada, ao passo que, se esse processo for incompleto, a pessoa reencarna sem ser liberada e, nesta vida, não se integra com a sua alma. Por isso TenDam (1988) aponta que é necessário ir para o pós-morte e "renovar", ou seja, fazer de novo e fazer bem. O tratamento da personalidade que não foi "digerida" permite a harmonização e a integração.

Em pseudo-obsessão existe, muitas vezes, o complicador ***culpa***. O caso caminha de forma vagarosa porque existe um sentimento de culpa.

As causas comuns para pseudo-obsessão são: imbecilidade, morrer ainda criança e grande culpa. A imbecilidade pode ser de livre escolha da pessoa ou não; sendo de livre escolha, a morte se compara a sair de uma "concha". Quando a imbecilidade não foi uma livre escolha, haverá grande probabilidade de que se desenvolva uma pseudo-obsessão.

O tratamento para pseudo-obsessão é feito por meio da **dissociação**. Existem várias técnicas utilizadas para a dissociação, a saber:

a. **Imagem de filme:** consiste em tirar a pessoa da revivência pela qual está passando e deixar que ela veja o que sucede como se assistisse a um filme. Essa técnica é indicada quando se deseja um *insight* ou quando a pessoa sente um grande medo.

b. **Visão de pássaro:** consiste em pedir à pessoa que observe a situação vivida com uma certa distância. Essa técnica é utilizada quando a pessoa não consegue mais observar nem compreender a situação revivida, ou quando emoções fortes interrompem a vivência.

   Exemplos de comandos do psicoterapeuta:

   > *"(...) tome distância. Veja isso de cima, como se olhasse como um pássaro." "Tome distância, até a medida em que você possa lidar com a mágoa e o medo; tome distância. Você paira sobre a cena e agora percebe o que está acontecendo. Você permanece envolvido no que acontece, mas o medo e a mágoa estão agora num nível que você pode lidar" (TenDam, 1990).*

c. **Intervenção do eu superior:** consiste em pedir à pessoa para ir a "um ponto de visão geral"; nele, ela se encontrará com uma parte de si mesma que poderá aconselhá-la ou orientá-la sobre a dificuldade que atravessa nesse momento de vida, ou saberá explicar o porquê de vidas tão difíceis e sofridas. Com esse tipo de intervenção, a pessoa pode ter mais *insights* do que aconteceu e saber o porquê das dificuldades. TenDam (1990) explica que este não é um método para se usar a todo o momento, pois a subpersonalidade que aparece pode ter problemas, por exemplo, pode não ter tido uma boa morte; assim, não está integrada. Essa técnica é recomendada quando a pessoa fica estagnada em algum lugar.

   Segundo TenDam (1990), não é necessário que o psicoterapeuta evoque o eu superior, pois ele já se apresenta naturalmente após uma *catarse* bem-feita, ou de forma natural, quando necessário.

d. **Símbolos e linguagem simbólica:** técnica usada quando a regressão parece estar transcorrendo de uma forma pesada, difícil. O psicoterapeuta leva o paciente a atravessar a revivência de uma forma *semidissociada*, sugerindo, por exemplo: "Imagine que você está diante de um espelho e sua imagem mostra-lhe o que aconteceu"; ou, no trabalho com crianças: "Imagine que você tem um animal de estimação. Imagine que seu animal de estimação experienciou tudo o que você experienciou", ou então, "Imagine que você tem um irmão gêmeo (ou irmã). Imagine que seu irmão gêmeo experienciou tudo o que você experienciou." Com essa técnica, a revivência é amenizada em suas cargas e a própria pessoa pode, depois, revivenciar diretamente a situação de vida passada.

e. **Exploração da aura:** técnica desenvolvida por TenDam (1988), que consiste em explorar o campo áurico e recolher elementos ou objetos que pertençam a uma experiência de vida passada da pessoa, e utilizá-los como forma de indução para a regressão.

f. **Estados do ego:** técnica desenvolvida por TenDam (1988), sendo uma variante da técnica estados de ego Edelstien (TenDam, 1997a, p. 162). A técnica consiste na identificação de todas as partes, pertencentes ao paciente, que têm relação com o problema eleito para o trabalho psicoterápico. Feita a identificação das partes, que podem ou não ser integradas enquanto potencialidades do paciente, o psicoterapeuta promove um diálogo entre elas e o paciente visando a resolução das pendências e dificuldades.

## 2.7.4. Obsessão

A obsessão ocorre quando o indivíduo está obsidiado por uma personalidade estranha, chamada por TenDam (1988) de presença, e por Mendes (1987), personalidade intrusa, que pode ser desencarnada ou encarnada.

O obsessor pode estar obsidiando o indivíduo de forma intencional — no caso, trata-se de relações cármicas — ou de forma acidental. Em ambos os casos, o obsessor age de forma a impor uma idéia fixa, um sentimento e/ou preocupação constante no indivíduo. É um obsessor que influencia e interfere na vida da pessoa. Está ligada ao perispírito da pessoa. Pode estar na aura da pessoa (apego), no organismo (obsessão verdadeira) ou "ser" a pessoa (possessão).

Para TenDam (1988), o diagnóstico de obsessão é difícil, pois ela gera vários sintomas, desde confusão até pensamentos suicidas. Por isso a intensidade na queixa de sintomatologia física não é decisiva para se alegar tratar-se de uma obsessão. Segundo ele, a diferença entre obsessão e pseudo-obsessão está no processo de limpeza, que se diferencia em cada um. A pseudo-obsessão conduz a uma série de fobias e neuroses, enquanto a obsessão passiva causa uma série de sintomas no paciente.

Para Fiore (*in* TenDam, 1997), pode estar ocorrendo um processo obsessivo quando existir um elemento ilógico na regressão, e para Lucas (*in*

TenDam, 1997), quando o paciente exibe uma grande perda de energia, fadiga crônica e problemas físicos generalizados. TenDam (1988) já acredita que ocorre a obsessão quando o paciente ouve vozes, vê faces ou pessoas, há troca súbita de personalidade, ocorrem crises epilépticas ou força extrema, sintomas catatônicos e, quando na área mental, ocorre repentina compreensão e xenoglossia.

O tratamento para a obsessão proposto por TenDam (1988) consiste em:

1. pedir ao paciente que estabeleça um contato com os olhos do obsessor;
2. perguntar ao paciente o que os olhos expressam;

   Finalidade: levantamento das cargas básicas;

3. pedir ao paciente que pergunte ao obsessor quando ele entrou;
4. pedir ao paciente que pergunte ao obsessor por que entrou em sua vida.

## 2.7.5. Postulado de caráter

TenDam (1988) define caráter como sendo: "O total de hábitos no pensar, sentir e fazer, com o qual o indivíduo se identifica e que forma parte de sua auto-imagem." Postulados são opiniões registradas, atitudes persistentes, compromissos que as pessoas fazem com elas mesmas.

Postulados de caráter são: "(...) representações verbais de elementos de nosso caráter", "os postulados de caráter que encontramos na terapia são generalizações fixas que proporcionam uma segurança aparente e portanto um caráter aparente". Esses endurecimentos se mostram como sentenças freqüentemente muito expressivas: "Estou encurralado", "Sinto-me desamparado na vida", "As pessoas me assustam", (...) "são representações verbais de elementos do nosso caráter" (TenDam, 1988).

TenDam (1997b) afirma que o caráter emocional do indivíduo depende do padrão de resposta que ele tem à frustração, à ambivalência e ao conflito. Em face da frustração, o indivíduo apresenta duas reações básicas: a autopiedade e a agressão.

São postulados de caráter, quando nas frustrações ocorrem programas de autopiedade e de agressão; e em situações de ambivalência ocorrem os programas de escolhas (TenDam, 1997b).

Comparando-se com uma casa, a neurose é a casa e os postulados de caráter são os blocos dessa construção. TenDam (1988) diz que um programa é neurótico se ele funciona contra a vontade da pessoa. Para o autor, megalomania, preocupação com o poder e autopiedade são alguns exemplos de postulados de caráter.

As sensações indicadoras de postulados de caráter são: "Estou encurralado", "Sinto-me desamparado na vida", "As pessoas me assustam". Numa frase como "Nunca mais quero passar por isso", está registrada uma decisão, um compromisso da pessoa com ela mesma.

Os postulados, afirma TenDam (1988), causam resistências, impedindo que o indivíduo revivencie situações que lhe trariam alívio. Um postulado permanece "indigesto" não por uma carga emocional esmagadora da experiência, mas porque o indivíduo fez um compromisso com ele mesmo; ele fixou certa reação, dele mesmo, criou um programa e acabou por "robotizar" uma parte que pertence a ele mesmo.

O diagnóstico do postulado de caráter, de acordo com TenDam (1988), pode ser feito através de sentenças tais como: "Não pertenço a lugar algum; as pessoas têm inveja de mim; estou completamente sozinho; todos eles podem ir para o inferno; não confio em ninguém; isso sempre acontece comigo; não posso fazer nada, é assim que eu sou; quero ser deixado em paz; ninguém me ama; eles me deixam louco; estou sempre na 'minha'; eu simplesmente amo as pessoas; fico de boca calada." "Sempre", "nunca", "ninguém", "todos", quase sempre são chaves de *hangovers* ou de postulados de caráter.

Conforme TenDam (1988), 30% do tratamento são feitos com um trabalho de terapia comum. Sessões regressivas são muito difíceis de serem realizadas com pacientes que apresentam postulados de caráter. Nas sessões, nada muda porque existe uma gravação do tipo "eu não quero mudar", e então em todas as vidas acontece sempre a mesma coisa; sempre ser raptado, sempre ser abandonado, sempre braveza. Ele diz que, às vezes, mesmo descobrindo o momento cármico, não necessariamente se consegue que a pessoa mude, porque essa mudança só a pessoa pode fazer. Aconselha que sejam seguidos os seguintes passos no tratamento do postulado de caráter:

1. Proceder a algumas regressões para levantar os padrões de comportamento adotados pelo paciente, registrando cargas como: falta de confiança, punição, penitência, vingança, desonra, submissão;
2. Trabalhar com a pessoa até se chegar a um momento de decisão ou de conclusão, nem sempre de um trauma; geralmente, trata-se de um momento cármico, quando o padrão de comportamento foi adotado conscientemente, ou por meio de um impulso emocional.

   *Observações:*

   - *No caso de ser um impulso emocional, o psicoterapeuta deve conduzir o processo normal de regressão, deixando ocorrer a catarse e fases posteriores. Nesse caso, a terapia é realizada no nível emocional;*
   - *No caso de a decisão ter sido consciente, o psicoterapeuta conduz o processo no sentido de que o paciente possa compreender e aceitar sua forma de proceder naquele passado; deve averiguar a que extensão esse padrão de comportamento foi generalizado e checar se o paciente deseja mudar esse padrão adotado. Nesse caso, a terapia é realizada no nível racional* (TenDam, 1988).

3. Se o postulado permanecer estagnado, o psicoterapeuta deve investigar vidas nas quais o paciente desempenhou um papel de observador; a seguir, uma vida livre de dor e, posteriormente, uma vida em que foi feliz;
4. Usar a técnica de inversão quando se tratar de postulados que foram registrados por outros, ou postulados negativos que o paciente tenha dos outros. A técnica consiste na inversão de frases ditas pelo paciente, por exemplo: "As pessoas são estúpidas e desumanas", inverte-se por: "Sou inteligente e humano." "Sou só uma mulher estúpida", inverte-se por: "Sou uma mulher, portanto percebo e compreendo muito." Quando essa técnica é aplicada, geralmente a pessoa retorna ao momento exato no qual fixou o padrão de conduta que adota.

### 2.7.6. Alienação

Conforme TenDam (1988), alienação é a sensação geral, experienciada pelo paciente, de "não estar em casa", sentir-se um "forasteiro" ou um "estranho". O sintoma pode surgir quando a pessoa se encontra ainda no útero, sentindo-se insegura e desprotegida; outras vezes, o paciente sente-se como se estivesse perdido neste planeta.

No caso de alienação, o tratamento indicado é a técnica *homing*, que consiste em conduzir o paciente a um mundo no qual ele se sinta em casa e ligar esse sentimento de lar ao aqui e agora. Se a técnica não for eficiente para a resolução da problemática, o psicoterapeuta deve procurar *hangover* e postulados.

## 2.8. ESQUEMA COMPLETO DA TÉCNICA DE TENDAM PARA TRAUMAS

Nome da técnica: TÉCNICA BÁSICA PARA TRAUMAS (QUEIXAS CLARAS).
Modalidade: Terapia da catarse
Elaborada por: *Godoy, 1995*

*Passos na condução de uma sessão completa: (Usa as pontes como indução hipnótica.)*

I. ENTRADA — FOCO

*Objetivo:*
— Escolha de um tema a ser abordado na sessão.
*Comandos do terapeuta:*
— *O que você quer trabalhar?*

## II. ACESSO

*Objetivos:*

— Estabelecimento do contrato de trabalho do dia.

— Levantamento das cargas: arrolar todas as cargas somáticas/emocionais/verbais e imaginativas.

*Comandos do terapeuta:*

— *O que você sente quando... (repete queixa)? — O que você sente no corpo quando... (repete queixa)? Quais os pensamentos que lhe vêm à mente quando... (repete queixa)?*

— *Quais as imagens que lhe vêm à mente quando...(repete a queixa)?*

Obs.: Verificar se todas as cargas arroladas pertencem à queixa/situação e pertencem à pessoa. Perguntar:

1. A (carga x) pertence à... ( queixa apresentada)?
   Sim: passa para a carga seguinte.
   Não: o que é mais importante trabalhar agora, esta carga ou as relacionadas à queixa? (Prossegue mediante a escolha do paciente.)
2. Estas cargas pertencem à mesma situação?
   Sim: passa para o próximo passo.
   Não: separa as cargas que não pertençam à situação apresentada como queixa e pergunta ao paciente o que é mais importante de se trabalhar naquele momento. (Prossegue mediante a escolha do paciente.)
3. Estas cargas pertencem a você?
   Sim: passa para o próximo passo.
   Não: o que você deve fazer com esta carga? Paciente opta e terapeuta segue.
4. Relacionar cargas por ordem de intensidade: da maior intensidade para a menor.
   *Comandos: Qual carga você sente agora com maior intensidade? A próxima?* E assim sucessivamente.
5. Você pode sentir (repete todas as cargas arroladas) agora?
   Sim: passa para o próximo passo.
   Não: vá para o último momento que sentiu... (como Netherton)

## III. INDUÇÃO — PONTE

*Objetivo:* Fazer a conexão com o incidente original.

Obs.: Usar a ponte mais usual para o paciente. Verbal/emocional/imaginativa e somática.

*Comandos do terapeuta:*

— *Feche seus olhos. Você está... (repete a queixa)... sente... pensa... seu corpo... Deixe-se sentir de forma mais intensa... Sentindo x/y/z... (repete carga) vá para a primeira vez que você sentiu (repetir queixa)... com as cargas...(repetir todas as cargas).*

## IV. CATARSE

*Objetivo:*

— Promover a *catarse*: física, emocional e intelectual.

*Comandos do terapeuta:*
— *Vá para o momento em que sentiu... (repetir o nome da primeira carga) de maneira mais intensa. Sinta...(ex.: o medo)... Deixe-se sentir... (ex.: o ciúmes)... Deixe vir... (ex.: a tristeza)... Atravesse...(ex.: a dor, a morte).*
Observação: e assim sucessivamente esgotando, liberando, revivenciando cada uma das cargas no momento em que elas foram mais intensas. (Ter por base os passos de Netherton — MT-M-PM-CGN-N.)
Catarse intelectual: perceber as decisões em cada momento e promover a redecisão. Trabalho com as cargas verbais.
Obs.: sempre levar para o fim de qualquer dor, trauma e morte, para que o paciente saiba que a dor, o trauma, acabaram e que aquela vida acabou.

## V. CONCLUSÃO

*Objetivo:*
— Verificar as decisões, conclusões e plano de vida como um todo.
— Promover o entendimento (Netherton).
*Comandos do terapeuta: Quais as decisões que você tomou? O que concluiu desta vida? Como estas decisões interferem em sua vida presente? O que você percebeu frente a esta revivência? Quais as conclusões que você pode obter a partir desta revivência? Quais os ensinamentos contidos naquela vida para você? O que aprendeu? Como o que aprendeu agora redecidindo e tendo um novo entendimento pode auxiliar ou mudar sua vida hoje? Etc.*

## VI. SAÍDA

*Objetivo:* verificar se as cargas foram totalmente liberadas.
*Comandos do terapeuta:*
— *Vá para o momento da primeira carga e atravesse o momento novamente. Ainda pode sentir a carga? Com a mesma intensidade? Ocorreu alguma alteração? Aparece algum aspecto ou detalhe que anteriormente foi desconsiderado?*
Obs.: Checar se todas as cargas foram liberadas e se não foi deixado algum ponto sem ser trabalhado — Agora que você está se sentindo bem..., tendo concluído que..., etc., volte ao seu modo, no seu tempo, ao aqui e agora. Quando estiver bem e totalmente aqui abra os olhos.

## VII. AVALIAÇÃO

*Objetivo:* avaliação de todo o trabalho realizado no dia com levantamento de impressões, orientação.
— Terapia de apoio.

***Quadro 4: Esquema didático da técnica de TenDam para traumas.***

# 3. ROGER J. WOOLGER

*Latuf e Turco*

## 3.1. HISTÓRICO

Roger J. Woolger formou-se, na década de 60, em Psicologia Behaviorista e Analítica na Universidade de Oxford, graduou-se na Universidade de Londres em Religiões Comparadas — hinduísmo e misticismo cristão — e meditação. Completou seu treinamento como analista junguiano pelo Instituto Jung de Zurique, em 1975, e no ano seguinte foi lecionar em Vermont, EUA. Atualmente trabalha e reside em Woodstock, Nova York. Apresenta seminários em diversos países da Europa e Américas; faz parte do quadro de psicoterapeutas da IARRT (The International Association for Regression Research and Therapies, Inc.). Em sua prática psicoterápica, Woolger integrou os conceitos da terapia junguiana, regressiva, ericksoniana, gestalt-terapia, psicodrama, trabalho de renascimento, trabalho com a respiração e corpo de Reich, e consciência vipassana.

Seu interesse pela terapia regressiva foi devido a uma problemática pessoal. Ele relata que, durante um retiro budista vipassana, viu uma cena desagradável na Idade Média, na qual se percebeu como um soldado extremamente brutal durante a Cruzada Albigense, no sul da França. Ele via corpos, fogueiras, matanças. Pesquisou e identificou cenas de um livro sobre um massacre no sudoeste da França, quando a Igreja matou 2.000 pessoas. Trabalhou essa cena com imaginação ativa, mas não aconteciam transformações; eram sensações físicas muito fortes e sempre inalteradas. Percebeu que era uma personalidade sombria envolvendo todo o seu sadismo e tendências bestiais e, como junguiano, sabia que ela não poderia ser exorcizada. Ele reconheceu essa escuridão em si. Mais tarde, tentou com um grupo de amigos várias técnicas regressivas e leu toda a literatura disponível.

## 3.2. TEORIA

Woolger (1994, pp. 191, 193) diz que o objetivo de se conhecer uma vida passada é apenas um meio de favorecer a catarse emocional, a autocompreensão e a cura, e não um fim em si mesmo. Não se diz concordante com nenhuma doutrina sobre a reencarnação, seja ela religiosa, espiritualista ou metafísica, pois considera a TR como uma terapia holística, já que o trabalho ocorre nos planos físico, mental e espiritual. Admite que o indivíduo possui um corpo mental, emocional e etérico.

Segundo Woolger (1994), o corpo mental é o mais sutil e nele estão fixados os pensamentos conscientes ou inconscientes que influenciam radicalmente o padrão de vida e a auto-imagem do indivíduo, e é o local no qual estão os resíduos negativos de vida passada relacionados a conceitos, os quais podem ou não afetar o físico, mas, se chegarem a afetar, o fazem com muita intensidade. O corpo emocional, ou astral, se localiza de 2 a 4 polegadas do corpo físico, e nele estão os resíduos emocionais de eventos passados. É mais denso que o corpo mental e pode ser afetado fortemente pelos pensamentos negativos deste, e suas cargas afetam negativamente a energia etérica. Já o corpo etérico ou bioplasmático — *chi* (chinês), *prana* (yoga) e energia orgone (Reich) — é o mais denso de todos; nele se localizam os resíduos de traumas físicos em acidentes, cirurgias e vida passada.

O inconsciente, para Woolger (1996a), gera um sentimento que cria uma tensão. Se essa tensão se mostra constante em uma parte do corpo, gera uma doença. Em função disso, ele sugere a catarse experimental, por considerar que é no corpo que a violência física e emocional é mais vividamente experienciada. Afirma que estruturas físicas rígidas são resultantes de traumas físicos, emoções profundamente reprimidas e, basicamente, a negação inconsciente de vida.

Por ser um psicoterapeuta junguiano, Woolger utiliza conceitos como arquétipo, *anima, animus*, sombra, *self* e individuação, e prefere as explicações psicológicas e metafísicas do hinduísmo e do budismo como *karma* e *samskara*. Refere que esses conceitos e termos oferecem melhores explicações para os fenômenos psicológicos que ocorrem em uma sessão psicoterápica do que termos psicológicos como projeções, fantasias, sugestões. Define *karma* como resíduos de ações passadas e *samskara* como um plano de vida passada do complexo (Woolger, 1994, p. 95), e complementa Jung ao dizer que o "complexo surge onde experimentamos uma derrota em qualquer vida".

Ele entende como complexo *cármico* o elo entre a psicologia oriental e ocidental, aquilo que fica entre o arquétipo e o complexo. É como se cada homem nascesse com uma certa questão inacabada da *humanidade em geral*, e que fosse da sua responsabilidade pessoal e *cármica* completá-la, de uma forma ou de outra. Refere que os complexos importantes que estruturam as interações pessoais do indivíduo já estão formulados na hora do seu nascimento, ou mesmo antes dele e, quando esse indivíduo descobre o fato, torna-se o verdadeiro condutor de seu próprio destino, deixando de ficar amarrado à compulsão inconsciente do *samskara* (Woolger, 1996).

Woolger (1994) apresenta, a partir de estudo de casos, um resumo dos seis diferentes aspectos ou planos multidimensionais que fazem parte de qualquer complexo. Propõe imaginarmos o complexo sob a forma de uma roda formada por seis pétalas da flor de lótus, sobrepostas umas às outras, para simbolizar o modo como todos os aspectos se espelham ou se ligam entre si:

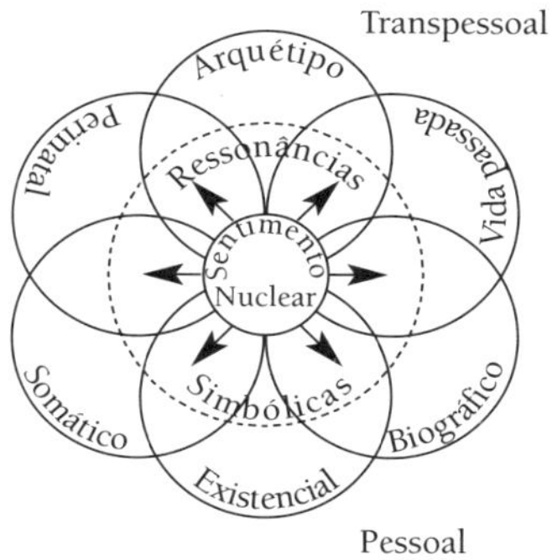


*Figura 2: Complexo*[25].

O nível existencial, biográfico e somático pertence ao inconsciente pessoal; o nível perinatal, vida passada e arquétipo pertencem ao inconsciente transpessoal, e o plano arquetípico contém o significado do sentido simbólico e espiritual mais amplo da vida. Ressonância simbólica seriam os aspectos diferentes do complexo que compartilham a mesma qualidade emocional.

Woolger (1996a) salienta que para o psicoterapeuta a verdade é a verdade psíquica; aquilo que é real para o paciente, e que este deve tratar as imagens *como se fossem reais*.

O inconsciente, para Woolger (1994), é simultâneo e atemporal, leva o paciente aonde ele precisa ir e tem poder curativo. Nele todas as lembranças, inclusive as de vida passada, estão perpetuamente presentes. Só libera recordações de vida passada quando o indivíduo se encontra pronto para enfrentá-las e pode assim integrá-las em sua estrutura de personalidade consciente. Ele acredita que cada um tem seus *guardiães do portal*, os quais são imagens de seu próprio medo, e eles estão ali para impedir sua entrada em reinos para os quais não está preparado. Esses guardiães têm a função de impedir o indivíduo de ir fundo e rápido demais, permitindo a ele que caminhe de acordo com o seu próprio ritmo.

Woolger acredita em múltiplas personalidades. O paciente se identifica com heróis, vilões, etc., o que lhe permite ativar o seu próprio elenco de

25. Figura extraída do livro de Woolger: *As várias vidas da alma: um psicoterapeuta junguiano descobre as vidas passadas*. São Paulo: Cultrix, 1994, p. 81.

personagens, para assim poder compreendê-las e integrá-las no seu contexto presente de vida:

> "(...) *Vivenciar o outro em nós é o primeiro passo à reflexão psicológica genuína e ao conhecimento, obtido por nós mesmos, de que, na nossa consciência mais profunda e mais abrangente, somos seres múltiplos, que temos muitas personalidades dentro de nós. Elas se revelam complexas e sofisticadas quanto a personalidades do ego*" (Woolger, 1994, p. 34).

Quando o indivíduo lê um romance ou assiste a um filme, pode se identificar com as personagens e vivenciar emoções fortes. Essa identificação, segundo Woolger (1994), serviu como fantasia compensatória da angústia e perda, vivenciadas numa recordação genuína de vida passada, que não veio à consciência por ser dolorosa demais. Histórias de personagens ilustres também podem amplificar e trazer à tona conflitos emocionais adormecidos no inconsciente.

Woolger (1994, p. 70) salienta que o que deve importar para o psicoterapeuta "não é a verdade literal da história, mas sim sua verdade psicológica". O psicoterapeuta deve buscar o medo, o trauma mais profundo e arcaico da história superficialmente deslocada, deve exercitar a capacidade de ouvir as "histórias que estão por trás ou por baixo da história apresentada" (Woolger, 1994, p. 68).

A probabilidade de cura para Woolger (1994) depende da capacidade que o psicoterapeuta tenha para guiar o paciente até a história crucial ou fundamental de vida passada. Quando atingida logo, a cura será rápida. Ele diz que o processo de cura envolve a liberação e a desidentificação com os *samskaras* físicos, transmitidos ao corpo presente. Quando o conteúdo emocional está associado, há necessidade de maior liberação terapêutica. Esse conteúdo deve vir à tona, ser expresso e liberado. Para que ocorra essa liberação, o paciente pode sentir a necessidade de pronunciar palavras nunca ditas, imaginar projetos nunca terminados e reimaginar familiares que nunca mais verá, no caso de pessoas próximas que tiveram mortes trágicas ou separações prematuras.

Para o autor, o indivíduo carrega em sua mente inconsciente os *samskaras* de vida passada, de ambos os sexos. Concorda com Jung sobre o fato de que a mulher, quando apresenta um *animus* forte e sem complicações, pode encarar e enfrentar o mundo competitivo e agressivo com prazer, energia, flexibilidade, humor e orgulho; mas no caso de apresentar um *animus* envergonhado de si ou culpado, encontra dificuldades na vida para se afirmar ou acaba por atrair inconscientemente "catástrofes e ataques como que para provar sua falta de valor ou incapacidade de afirmar-se" (Woolger, 1994, p. 133).

Para Woolger (1994, p. 157), o momento do nascimento e o momento da morte são fundamentais na TR. No nascimento é detonado um grande e complexo leque de fatores inconscientes; pode-se dizer que a criança está revivendo mortes horrendas e histórias arquetípicas de perigo mortal que se encontram no repertório do inconsciente. A mãe é a grande mãe arquetípica universal, que tem seu aspecto dual (morte em vida e de vida na morte). A consciência fetal reflete diretamente o estado emocional da mãe durante a gravidez. Ele concorda com Netherton (1986) quanto ao fato de que o feto vê, ouve, experiencia e sente e, na falta de um ego para discriminar, deixa de distinguir seus próprios sentimentos e idéias. Sua consciência observa e registra tudo imparcialmente; portanto, a consciência da mãe durante a gravidez reativa os moldes psíquicos ou *samskaras* previamente estabelecidos na psique da criança pelas vidas passadas. Para o autor, parece haver um enorme magnetismo psíquico atraindo a matéria-prima *cármica* de uma nova personalidade em potencial para um ventre que irá lembrá-la do trabalho que tem pela frente.

## A grande roda da existência: O circuito do renascimento:

Depois de um estudo meticuloso de "O Livro Tibetano dos Mortos", que considera como um extraordinário manual psicoespiritual, Woolger (1994) chegou a uma versão simplificada sobre como o nascimento, a morte e o Além se relacionam entre si. Afirma que o quadro tibetano baseia-se numa autêntica metafísica, que se concentra com grande precisão no próprio processo de nascimento e renascimento.

1. **Experiência de morte**: consciência no mais alto grau de intensidade, com os pensamentos e sentimentos imprimindo-se profundamente.

2. **Momento da morte**: consciência ampliada podendo levar à liberação de fixações *cármicas*.

3. **Visão pós-morte:** rápidas visões ligadas, de uma ou de outra forma, à vida que acabou de ser vivida.

4. **Gravidade *cármica***: magnetismo psíquico no interior do complexo *cármico*, que opera pela ressonância simbólica nos resíduos *samskaras* de uma ou de outra forma.

5. **Concepção:** visão dos pais.

6. **Útero**: lenta descida até ser encarnado, ruminação profunda, detonação e reativação de *samskaras*.

7. **Momento do nascimento**: transição mais intensa, samskaras não resolvidos.

8. **Recém-nascido**: a luta de vida e morte acabou; o molde *cármico* é reativado e reencenado no inconsciente. As pessoas que ajudam o parto, bem como os pais, podem criar condições ideais, reafirmando poderosamente os antigos moldes e traumas.

Woolger define o **reino intermediário**, ou bardo, como "uma região entre vidas", "um reino ou estado intermediário, um estado psíquico de alteração ou intensificação de consciência" (Woolger, 1994, p. 170).

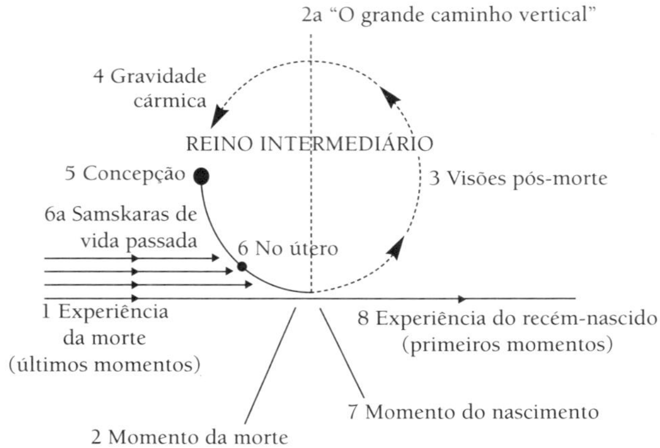


***Figura 3: O circuito do renascimento***[26].

Para Woolger (1994, p. 178), a morte é a "sede ou ponto de acumulação de todos os pensamentos, sentimentos ou sensações negativas de uma determinada vida passada", e vivenciar a morte proporciona uma espécie de morte catártica do ego em virtude da intensa identificação do indivíduo com a personalidade secundária ou com o outro "eu" que estava dominando seus pensamentos e atitudes de forma inconsciente. Considera o momento da morte como sendo muito importante, pois é nele que a maioria dos *samskaras* são impressos por cenas de violência ou de mortes infelizes. Ele afirma que boa parte do trabalho psicoterápico está, inicialmente, relacionado com a limpeza ou a catarse dessas antigas feridas psíquicas e que ele sempre leva o paciente para o momento da morte e um pouco além, para a sensação de consumação. Ele chega a fazer intervenções terapêuticas, criando diálogos pós-morte (psicodrama), na tentativa de uma avaliação de si mesmo no contexto daquela vida, dá sugestões para facilitar o processo de desligamento desses pensamentos carmicamente carregados e favorece uma catarse emocional e física para aliviar os sintomas físicos associados a emoções bloqueadas.

Woolger (1994, p. 180) afirma que a morte imprime com "exagerada intensidade os últimos pensamentos, sentimentos e sensações do veículo

---

26. Figura extraída do livro de Woolger: *As várias vidas da alma: um psicoterapeuta junguiano descobre as vidas passadas*. São Paulo: Cultrix, 1994, p. 170.

(alma, espírito, corpo sutil) que é transmitido para uma vida futura e muitas vezes reativado durante o nascimento", e que:

> *"(...) o mais poderoso karma pode ser criado ou abandonado no próprio momento da morte pelo poder dos pensamentos cristalizados repetidas vezes na hora da morte. Dos 95% que flutuam e dos 2,5% que são reabsorvidos para a Terra, a maioria, 80%, logo se vê de volta em outra vida passada ou nesta reencarnação."*

Em sua experiência, ele diz que é comum ver "uma personalidade desencarnada, de branco, irradiando amor e sabedoria" (Woolger, 1994, p. 182), que, em geral, visões com mestres só aparecem depois que muitas vidas dolorosas foram elaboradas. Acredita ser parte de um estágio de integração, que surge quando uma grande parte do carma está prestes a se solucionar. As semelhanças impressionantes dessas experiências, de morte e transição, o levaram a supor que seriam situações arquetípicas, impressas no inconsciente coletivo do indivíduo.

## 3.3. TERAPIA

De acordo com Woolger (1994), a terapia regressiva é muito mais eficaz que a regressão à vida passada, pois a regressão é a descrição da investigação da mente inconsciente de qualquer material de vida passada, quando o indivíduo revive um incidente que a mente inconsciente esqueceu. Para o autor, deve-se procurar, em vidas passadas, fatos que apresentem aflições traumáticas e emocionais para promover a liberação *catártica*, a reconstrução de velhos padrões (*samskaras*) e *insights* conscientes dentro das lições daquela vida.

Na TR, conforme Woolger (1996a), não são interessantes os detalhes de pesquisa e sim as tensões dramáticas, os pensamentos e sentimentos do indivíduo. Prefere dizer que sua técnica é uma espécie de imaginação ativa ou psicodrama, e não hipnose.

Woolger (1994, p. 25) elaborou uma correlação das situações de vida passada para os problemas que os pacientes exibiam como queixa de terapia.

Em sua experiência psicoterápica, pacientes que se queixavam de insegurança e medo de abandono, quando na regressão, foram para vidas nas quais sofreram abandono literal quando crianças, separação durante uma crise ou guerra, orfandade, venda como escravos, abandono e morte em épocas de fome, etc.

Pacientes com depressão e falta de energia regrediram a situações em que haviam perdido um ente querido ou um dos pais, luto inacabado, lembranças suicidas, massacre, deportação, desespero por guerra, etc.

Para fobias ou medos irracionais, ele correlacionou essas vidas com situações de morte por fogo, água, sufocamento, animais, desastres naturais, etc.

Quanto a abusos e problemas sexuais (frigidez, impotência, infecções genitais), seus pacientes regrediram a vidas em que foram vítimas de estupro, abuso, tortura e incesto. No que se refere a problemas de comportamento sadomasoquista, deparou com vidas com torturas e perda da consciência, sendo que, às vezes, essas torturas foram sexuais. Ele levanta a hipótese de que sofrimento e cólera, expressos pelos pacientes, parecem perpetuar ódio e desejo de vingança.

Pacientes com culpa e complexos de mártir se viram em vidas em que haviam matado entes queridos ou haviam sido responsáveis por mortes.

Na insegurança material e desordens alimentares, os pacientes se defrontaram com uma seqüência de vidas nas quais morreram de fome, passaram colapso econômico, pobreza, anorexia, bulimia ou obesidade. Já na indisposição física crônica, se apresentaram envolvidos com mortes ou ferimentos traumáticos. Verificou que queixas como dores de cabeça poderiam ser em decorrência de opções mentais intoleráveis. Dores de garganta poderiam ser ocasionadas por denúncias verbais ou pensamentos não expressos, e úlceras expressavam memórias de terror.

Os acidentes, a violência, a brutalidade física refletiam vidas com os pacientes se percebendo em antigas batalhas, em buscas não realizadas pelo poder, e o amor pela aventura cerceado. Quanto ao que chamou de guerras familiares, verificou situações em que o paciente esteve envolvido em coisas como traição, abuso do poder, injustiça, rivalidade — complexo de Édipo. Dificuldades matrimoniais foram geradas por uma constelação diferente de disputa pelo poder, diferenças de classe social e dificuldades sexuais.

### 3.3.1. Estrutura da terapia

Para Woolger (1994), a TR é um dos instrumentos mais eficazes à disposição do psicoterapeuta; portanto, só psicoterapeutas podem conduzir essa técnica. Ela é um processo acelerado porque possui um alto *grau de condensação*, isto é, são elaboradas na sessão várias questões contemporâneas, infantis, somáticas e de vida passada. Num primeiro momento, ela é experimental, com o paciente sentindo, vivenciando o fato e só depois interpretativa, quando ele entende e interpreta todo material espontaneamente.

Woolger (1994) realiza um registro detalhado da biografia do paciente desde o seu nascimento, incluindo doenças e perturbações emocionais. A sessão tem duas horas de duração e é dividida em três estágios: 1. Entrevista; 2. Trabalho intensivo; e 3. Reflexão e recuperação, com o processamento do material coletado.

Para elaborar terapeuticamente as questões mais importantes, Woolger (1994) utiliza de 5 a 10 sessões intensivas de 2 horas. É comum começar com o que está ocorrendo no presente, depois na infância, para depois ir à vida passada, mas diz que não há ordem fixa: a seqüência de imagens depende da ressonância simbólica e da associação de imagens.

### 3.3.2. Estágios da terapia

No primeiro estágio, ocorre a identificação dramática, depois a desidentificação (morte). No segundo estágio, ocorre uma relação dinâmica entre as personagens de vida passada, que são energias vivas, a serem equilibradas umas com as outras e com o ego.

Woolger relata que existe um processo constante de inversão de um tipo de personalidade em seu oposto, ciclos que oscilam "movimentos entre opostos", e que, ao se deparar com essa constante inversão, uma tensão psíquica se instala na consciência do indivíduo. O desafio é chegar à reconciliação e ao significado dessas personalidades polarizadas com seus resíduos *cármicos*, aparentemente irrevogáveis, deixados por ações passadas. Afirma que o problema das oscilações dos opostos estabelece o mais vicioso dos círculos quando visto carmicamente. O autor concorda com Jung quando este diz que o contato com a parte mais escura da sombra é uma experiência profunda e salutar, pois o indivíduo sempre se transforma naquilo que mais combate, e, somente quando este consegue acolher a multiplicidade de seres que existem dentro dele, principalmente as partes desagradáveis, é que ele pode se tornar verdadeiramente integrado e humano.

Para Woolger (1994), o processo psicoterápico de vida passada envolve um trabalho duro para se atingir a individuação, mantendo a consciência da vida passada, ou as subpersonalidades opostas da psique e reconciliando-as.

### 3.3.3. Duração da terapia

Woolger (1994, pp. 195 a 200) divide a terapia regressiva em dois tipos: a de "curto prazo e a de longo prazo".

A de ***curto prazo*** se mantém no nível realista-catártico, vivenciando as histórias "como se" fossem reais, liberando os sofrimentos e emoções que a ele estão associados.

A de ***longo prazo*** lembra o caminho junguiano de individuação, de assimilação gradual, reflexiva e penosa de todos os complexos e personalidades secundárias. Exige um período maior de tempo e se divide em 3 estágios, que são:

1. **O realista-catártico:** *Montanhas são montanhas e águas são águas*. Esse estágio corresponde à terapia regressiva de curto prazo. Nesse momento da terapia, tudo procede sem julgamento ou interpretação. O paciente revive e experiencia, sem entrar em contato com as razões que geraram os incidentes.
2. **O simbólico-arquétipo:** *Montanhas não são montanhas e águas não são águas*. O paciente se identifica com a personalidade passada e se desidentifica dela. Ocorre um afastamento do *samskara*, e se busca o significado em lugar da catarse, metáforas em lugar do realismo, e a sombra é integrada. Woolger afirma que, se o indivíduo viver esse estágio, acaba por se tornar mais tolerante, piedoso, solidário e empático.
3. **O integral-místico:** *Montanhas voltam a ser montanhas e águas voltam a ser águas*. Nesse estágio, todas as vidas passadas estão presentes no *self* e todos os papéis são conhecidos como aspectos deste. Bem e mal deixam de ser absolutos.

### 3.3.4. Limitações da terapia

Segundo Woolger, a TR não funciona para todos, já que, às vezes, as pessoas estão tão profundamente identificadas com um complexo, que não estão dispostas a abrir mão dele, nesta ou em outra vida. Nesse caso, ocorre o que Jung chama de inflação negativa do ego.

Woolger tem dúvida em trabalhar com esquizofrênicos, pela tendência de eles serem seduzidos por subpersonalidades. O ego deve governar nesta vida e ser árbitro da realidade atual, por isso, um ego forte é essencial para integrar e equilibrar os outros "eus" do nosso inconsciente. Ele acredita que a origem das dificuldades enfrentadas por estes pode estar relacionada com traumas de seus nascimentos. Eles podem nunca ter entrado completamente neste mundo, sendo almas encarnadas de maneira imprópria.

O autor afirma que a TR também não funciona com pessoas psicologicamente sadias, pois nesse caso pode ocorrer a inflação do ego, uma vez que é ele quem procura se beneficiar do processo e não a personalidade como um todo.

### 3.3.5. Regras para o psicoterapeuta

Woolger (1994) elaborou algumas regras para o psicoterapeuta trabalhar com pacientes com queixas somáticas, doenças recorrentes ou acidentes. São elas:

1. Ao coletar a história do caso, ter sempre a certeza de que o paciente contou todas suas doenças físicas, acidentes ou enfraquecimentos, surdez, necessidade de óculos, pressão alta, etc. Logo após, o psicoterapeuta deve perguntar por alguma transformação emocional ocorrida pouco tempo antes, ou em torno desses períodos de vida.
2. Enquanto o paciente estiver descrevendo um problema ou sintoma particular no presente, o psicoterapeuta deve pedir ao mesmo que descreva o que está experienciando no seu corpo.
3. Durante a regressão, o psicoterapeuta deve assegurar-se de que o paciente reportou tudo o que se passou da história, de dentro do seu corpo e não de algum ponto de referência fora dele.
4. Durante a sessão, o psicoterapeuta deve anotar todos os movimentos físicos, tremores, contorções, respiração apressada, etc., de seu paciente, especialmente quando um trauma está sendo revivido, mas pouca emoção está sendo liberada.
5. O psicoterapeuta deve encorajar as partes do corpo que estão reagindo com a história para se expressarem por si mesmas fisicamente, verbalmente, ou de ambos os modos.
6. Quando se tratar de uma dor específica ou de um problema orgânico, o psicoterapeuta deve deixar o paciente se concentrar na dor ou na área com problemas, pensando consciente e diretamente dentro do centro, e permitir que imagens e sentimentos venham à tona espontaneamente.

## 3.4. TÉCNICA

Woolger (1994, p. 67) raramente usa uma técnica específica de indução. Para ele, o paciente chega facilmente ao estado alterado apenas prestando cuidadosa atenção às palavras e imagens interiores depois de fechar os olhos. O psicoterapeuta deve dirigir tudo ativamente e ajudar a reelaborar as histórias, imagens e idéias fixas que surgem do inconsciente em estados de transe. Ele diz que é necessário interpretar corretamente o corpo e suas várias dores e disfunções, uma vez que ele armazena alguns dos complexos mais residuais ou mais profundamente enterrados.

Para Woolger, o corpo é o livro da nossa vida psíquica, e a indução corporal pode se dar massageando áreas e chamando a atenção para imagens que surjam.

### 3.4.1. Seqüência da técnica

Para o trabalho psicoterápico regressivo, Woolger adota a seguinte seqüência:

| Catarse + Reconciliação do complexo + Processo de integração junguiana |
|---|

I. Catarse: estratégias básicas para a liberação dos padrões ligados ao corpo.
II. Reconciliação do complexo: reconstrução e resolução dos padrões cármicos e cura dos dramas de vida passada não resolvidos no mundo espiritual, tradicionalmente chamado de "bardo", no budismo tibetano.
III. Integração junguiana: integração das subpersonalidades na psique total.

### 3.4.2. Esquema didático da técnica

Nome da técnica: TÉCNICA REGRESSIVA — WOOLGER
Modalidade: Terapia da catarse
Envolve: Reconciliação dos complexos/Processo de integração junguiana
Esquema elaborado por: Godoy (1996a) — ratificado pelo autor em 1996.

***Passos na condução de uma sessão completa:*** *a sintomatologia apresentada na queixa é usada como indução hipnótica, priorizando emoção e corpo.*

I. QUEIXA

*Objetivos:*
— Levantamento da queixa listando os temas que ressaltam nela: as frases ditas e as emoções relatadas.
— Listar todas as reações demonstradas pelo paciente enquanto ele relata a queixa.
— Questionar sobre reações físicas, emocionais e pensamentos enquanto relata a queixa.
*Comandos do psicoterapeuta:*
— *O que você deseja trabalhar nesta sessão?*
— *O que você sente, pensa? O que você sente quando me diz...? O que você pensa quando está me falando sobre...?*
— *O que você sente no seu corpo? Sinta (x). Repita (x). Intensifique (x) — (como Netherton).*
*Técnicas utilizadas:*
— Repetição das palavras-chave, frases; intensificação dos sintomas; psicodrama; pressão física, etc.

## II. CATARSE (MOMENTO TRAUMÁTICO)

***Objetivo:***
— Liberação dos padrões ligados ao corpo: sensações, emoções, etc.
— Identificação do momento traumático.
— Identificação dos padrões dissociados e quebrados.
— Liberação do trauma.
***Técnicas utilizadas:*** idem I.

## III. MORTE

***Objetivo:***
— Saber que aquela vida acabou.
— liberar o corpo físico dos padrões.
— Entrar no "Bardo".
***Comandos do psicoterapeuta:***
— *Tome consciência de que o fogo acabou. Você não estará naquele corpo nunca mais. Você não sentirá mais aquela dificuldade em respirar. Este corpo pode se sentir livre.*
*Observações: os sentimentos não expressos estão presentes na parte etérica sutil, diretamente associada com o trauma; portanto, é melhor que o psicoterapeuta se assegure disso com perguntas como:*
— *Há ainda em sua pélvis mais alguma raiva contra aquele homem que abusou de você? Tome consciência das suas costas e veja se ainda sente alguma coisa sobre o espancamento. (A palavra "sente" é usada ambiguamente para sensações e sentimentos.)*
— *Você ainda carrega algum medo no seu pescoço proveniente da execução?*

## IV. "BARDO" — RECONCILIAÇÃO

***Objetivo:***
— Promover o encontro com negócios inacabados de vidas passadas: opositores; inimigos; desafetos; mágoas; ressentimentos; subpersonalidades conflitantes, etc.
***Comandos do psicoterapeuta:***
— *Veja o comandante que enviou você para o terror do massacre. Diga a ele o quanto você ainda está com raiva.*
— *Agora, ache as imagens da mulher e das crianças que morreram por sua negligencia. Está pronto para lhes pedir perdão? Se elas perdoarem você, você está pronto a se perdoar?*
— *Você nunca mais viu os seus pais depois que os nazistas os separaram de você. Vá e os ache no mundo espiritual.*
***Técnica utilizada:*** dissociativa — psicodrama.

## V. "BARDO" — REVISÃO

***Objetivo:*** realizar uma retrospectiva da vida após a morte.
***Comandos do psicoterapeuta:***
— *Olhando essa vida como um todo, qual foi o ensinamento aprendido por você? O que você precisou aprender ou vivenciar naquela vida?*

— *Em qual ponto as coisas começaram a dar errado? Que sentido teve desempenhar aquele papel naquela vida? Você poderia ter feito algo diferente? O quê?*
*Técnica utilizada:* Dissociação.

VI. "BARDO" — INTEGRAÇÃO

*Objetivo:* integrar as experiências na vida presente.
*Comandos do psicoterapeuta:*
— *Há alguém daquela vida passada que se assemelhe a alguém desta vida? Como esses padrões foram descartados nesta vida?*
— *Quais as conexões que você vê entre a mulher tímida e a guerreira mãe nazista que há em você? (Comparando polaridades em duas diferentes vidas.)*
— *Como você ainda tem tudo isto hoje no seu pescoço? (Consciência simbólica.)*

VII. FECHAMENTO

*Objetivo:*
— Tomar consciência de todo o processo.

***Quadro 5: Esquema didático da técnica de Woolger.***

## 4. TÉCNICA REGRESSIVA SIMPLIFICADA DE HERMINIA PRADO GODOY

*Godoy*

Desenvolvi a técnica regressiva simplificada em 1998. É uma técnica, como o nome diz, que *simplifica* as técnicas dos autores de TR e tem como principal objetivo otimizar e acelerar o processo psicoterápico. Isso se consegue quando se aborda diretamente o núcleo do problema investigado, utilizando-se para isto as cargas de maior intensidade, sem ter necessidade de localizá-lo em uma vida passada.

A tese primeira da TR é a de que *não vamos a passado algum, não levamos o paciente a um passado, o passado está no presente, repercute no presente.* Adotando essa tese da TR e seguindo literalmente o que Netherton (1986) recomenda, ou seja, "o psicoterapeuta deve ficar com o que o paciente diz, em primeiro lugar", resolvi proceder à regressão com o primeiro episódio que o paciente trazia para a sessão e nele realizar todo o trabalho de desligamento dos núcleos problemáticos ou, como os denominei, núcleos distrópicos (NDs)[27]. Verifiquei que, agindo dessa forma, o tempo que se gas-

27. Núcleo distrópico: vide Glossário.

ta em cada intervenção regressiva diminuiu sobremaneira — e sem nenhuma necessidade de levar o paciente a qualquer estado hipnótico leve ou hipnoidal. Verifiquei também que, consciente e em perfeito estado de vigília, o paciente pode ter acesso às memórias passadas, desta e de outras vidas; basta que ele aumente sua freqüência vibracional; isso evita que o paciente entre em um estado de diminuição da freqüência vibracional, que é o que ocorre com as técnicas passivas da hipnose. A partir desta observação, passei a levantar a hipótese de que as técnicas hipnóticas ativas elevam o padrão vibracional do paciente causando o estado de descoincidência, necessário ao acesso das memórias passadas.

A técnica simplificada regressiva parte do pressuposto de que a grande maioria das pessoas obedece a um *script* (Berne, 1985), que inicialmente é funcional e que devido a um acontecimento marcante, que pode ou não ser um trauma, passa a ser disfuncional, ou seja, impede o caminhar evolutivo.

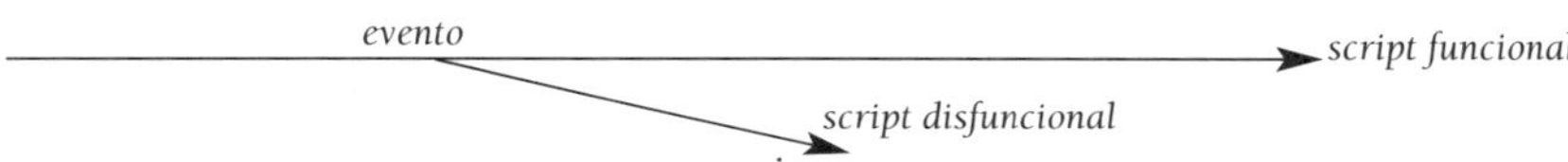


*Figura 4: Linha existencial.*

Considerando que a TR procura encontrar os ND(s) (Godoy, 1999a) para serem trabalhados, é importante entender como eles se desenvolvem.

Uma situação que é entendida como estímulo (S) provoca uma resposta (R) ocasionando uma conseqüência (C). Essa conseqüência (C) serve como estímulo (S) para uma nova resposta (R) gerando uma nova conseqüência (C), e assim pode prosseguir sucessivamente, gerando uma cadeia auto-reforçadora:

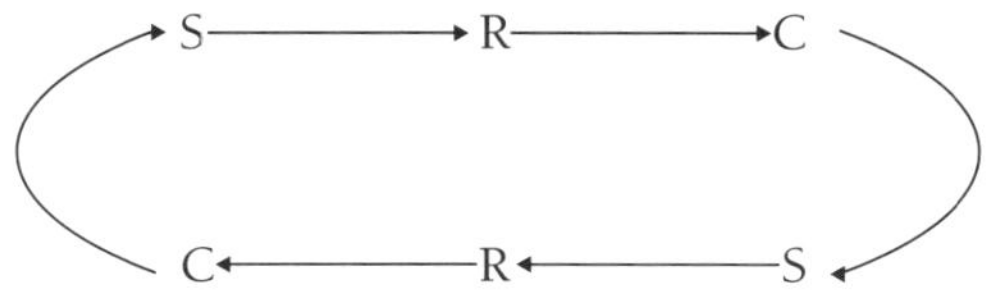


*Figura 5: Cadeia auto-reforçadora.*

O indivíduo pode chegar a uma conclusão sobre um evento que lhe foi marcante (S), e com base nessa conclusão pode decidir por agir frente ao ambiente ou a si próprio, de uma maneira negativa ou positiva (R). Esta ação acaba por gerar uma conseqüência (C) que pode levar a uma nova conclusão ou reestimular a conclusão original. A esta cadeia auto-reforçadora de conclusões, decisões e ações, corresponde o que denominei ***encadeamento***:

Evento marcante →CONCLUSÃO → DECISÃO → AÇÃO → REAÇÃO → NOVA CONCLUSÃO ou AUTO-REFORÇO → DECISÃO →......

*Figura 6: Encadeamento.*

Esse encadeamento pode ser funcional ou disfuncional, pode repercutir de forma negativa na vida futura e pode, inclusive, conter o caminho evolutivo ou impedir sua evolução. Se o encadeamento é disfuncional, apresenta uma crença central e uma série de crenças intermediárias. Beck (1997) define crença central como sendo os entendimentos fundamentais e profundos, dos quais nem mesmo a própria pessoa possui consciência, considerando-as como verdades absolutas. Existem também as crenças intermediárias, que são consideradas como as atitudes, regras e suposições que as pessoas têm de si mesmas, de outras pessoas e do mundo que as rodeia.

O sentido da terapia cognitiva é identificar as crenças disfuncionais e no contexto da Terapia da Regressão os encadeamentos disfuncionais, ou ND(s).

O indivíduo pode, no decorrer de sua existência, ter vários ND(s) que o afastam mais do seu *script* funcional. Considerando que o indivíduo tem várias existências, pode em alguma delas tirar conclusões errôneas ou falsas, as quais nas vidas subseqüentes se transformam em decisões que podem dificultar a construção de um *script* funcional.

Partindo do pressuposto de que existe um *imprint* do ND na existência atual do indivíduo, pode-se, então, trabalhar qualquer situação na sua vida presente, que contenha qualquer dos elementos existentes no encadeamento disfuncional. É justamente esse o trabalho que a técnica regressiva simplificada se propõe fazer.

Na técnica regressiva simplificada, é importante a catarse intelectual, para que se alcance claramente o sistema de crenças disfuncionais.

Nessa técnica não é necessário ir para uma vida passada.

**Seqüência completa na aplicação da técnica:** (Registrado na Biblioteca Nacional: 207.453/Livro:360/folha:113 em 09/09/2000)

## A. Mecanismo da terapia

I. Proceder a uma avaliação psicológica: anamnese e levantamento da(s) queixa(s).
II. Fazer o diagnóstico: evento marcante, contenção ou impedimento existencial.
III. Elaborar o contrato de terapia.
IV. Elaborar um plano de tratamento.

## B. Mecanismo da sessão

I. Com base no contrato de terapia estabelecer o contrato da sessão.
II. Estabelecer o foco da sessão.
III. Levantar as cargas do foco eleito.
IV. Eleger as cargas mais intensas.
V. Intensificar as cargas eleitas e dar comando ao inconsciente: "Vá para o momento mais relevante no qual — repetir todas as cargas intensificadas — e que tenha permissão de trabalhar hoje."
VI. Eleger para o trabalho a primeira situação ou memória passada eleita em primeiro lugar pelo paciente, fixar esta cena como o núcleo do trauma (ND).
VII. Trabalhar os encadeamentos nas fases: predição do trauma — trauma — constatação do trauma (vide Netherton).

**Objetivos:**

- Identificar os encadeamentos disfuncionais realizados pelo paciente (decisões/conclusões/ações).
- Reescrever a situação em seu encadeamento funcional.

### Caso a situação eleita pertença ao presente, proceder da seguinte forma:

VIII. Conscientização: identificação de como esse encadeamento disfuncional repercutia negativamente em seu presente.
IX. Reprogramação: verificar como o novo encadeamento poderá repercutir de maneira positiva em sua vida presente.

### Caso a situação eleita pertença a uma vida passada, proceder da seguinte forma:

X. Verificar a qual momento ela pertence: Momento traumático? Morte? Pós-morte? ou CGN?

→ MT → MORTE → PÓS-MORTE → CGN

XI. Localizado o momento, dar continuidade à sessão nos termos clássicos a uma regressão à vida passada, tendo em mente que:

| ETAPAS | MT | M | PM | CGN |
|---|---|---|---|---|
| Modelo Clássico de TR | Traumas<br>Decisões | Traumas<br>Conclusão de vida | Plano de vida | Traumas *Imprints* e/ou Porta de entrada |
| Godoy | Evento importante<br>Conclusão<br>Decisão<br>(situações relevantes/ MT) | Evento importante<br>Conclusão<br>Decisão de vida | Conclusão<br>Decisão para uma nova vida | Evento importante<br>Conclusão<br>Decisão para vida |
| Catarse | Física/emocional/ mental/energética | F/E/M/En | F/E/M/En | F/E/M/En |

***Tabela 1: Etapas da técnica regressiva.***

CAPÍTULO III

# Vida intra-uterina e TR

*Perez*

As investigações e pesquisas acerca da vida intra-uterina são recentes dentro do campo da psicologia. Até há bem pouco tempo, para a maioria das escolas psicológicas, o período fetal e do nascimento eram abordados somente em sua dimensão biofísica, ficando a dimensão psicológica do ser humano circunscrita às experiências a partir do nascimento. Dentro desse contexto de estudo, podemos dizer que a TR vem contribuir para redimensionar e ampliar a visão e a compreensão dessa etapa da vida humana.

Historicamente, o primeiro estudioso a se interessar de uma forma mais séria pela vivência do nascimento e sua possível influência no desenvolvimento da personalidade foi o psiquiatra Otto Rank, que, em 1923, publicou o livro *O Trauma do Nascimento*. Nessa obra, descrevia a luta que representava para o bebê a sua passagem pelo canal uterino e comentava que, mais tarde, toda uma gama de impressões inconscientes se agregariam às lembranças da luta para nascer.

Entretanto, é na década de 60 que um número maior de psiquiatras e psicólogos começou a abordar, em profundidade, a dimensão psicológica da vida dentro do útero. Entre eles, podemos destacar Arthur Janov, com sua terapia do grito primal, Leonardo Orr, criador da técnica do renascimento, e Stanislav Grof, que desenvolveu estudos considerados revolucionários no campo da vida intra-uterina e da consciência humana.

# 1. STANISLAV GROF

Stanislav Grof é psiquiatra, psicoterapeuta, pesquisador e participante do movimento da psicologia transpessoal. A partir de três décadas de investigação da psique, numa abordagem de ampliação de consciência, propôs uma nova visão de psiquismo humano que acrescenta, às descobertas de Freud e Jung, os domínios perinatais e transpessoais do inconsciente do homem. Criou, assim, uma nova cartografia da psique que incluiu, além dos níveis conhecidos pela ciência tradicional (chamados por ele de níveis biográfico-rememorativos), os níveis que focalizam as experiências de nascimento e morte (domínios perinatais) e os níveis que expandem os limites do ego e ultrapassam as fronteiras de tempo e espaço conhecidos (domínios transpessoais).

Grof (1987) iniciou suas pesquisas sobre os estados de consciência com as experiências psicodélicas induzidas pela droga LSD, o que lhe ocasionou a pressão de duras críticas. Posteriormente, substituiu o uso do LSD por uma técnica que desenvolveu, juntamente com sua esposa, Christina, chamada de *Técnica de integração holonômica ou terapia holográfica.* Nela é feita uma indução a experiências semelhantes às experiências psicodélicas, através da combinação de respiração controlada, música selecionada e trabalho corporal (massagem e pressão).

Através de suas pesquisas, Grof demonstrou que os domínios da mente inconsciente podem ser ativados até propiciar uma revivência de material biográfico plena de emoções e sensações físicas. Nesses processos de revivência, observou que as memórias importantes e todo o material biográfico das pessoas participantes dos trabalhos experienciais não afloravam de forma separada, mas em nítidas "constelações dinâmicas", que ele denominou de "Sistemas COEX ou Sistemas de Experiência Condensada".

> *"Um Sistema COEX é uma constelação dinâmica de memórias (e material de fantasias a elas associado) de diferentes períodos da vida do indivíduo, que tem como denominador comum forte carga emocional da mesma qualidade, intensa sensação física do mesmo tipo, ou a partilha de alguns outros elementos importantes"* (Grof, 1987, p.70).

Verificou, também, que o sistema de experiência condensada não opera somente no nível inconsciente do domínio biográfico, mas em todos os níveis do psiquismo, incluindo os domínios perinatais e transpessoais. Nesse sentido, constatou que grande parte dos sistemas COEX mantém uma ligação dinâmica com aspectos específicos do processo de nascimento e se associam às experiências transpessoais. Assim, uma constelação dinâmica de memórias e fantasias pode conter experiências de diversos momentos de vida individual, experiências do período relativo ao nascimento biológico e conteúdos do campo transpessoal como memórias de vidas passadas, identificação com animais e impressões ligadas a temas da mitologia.

Grof (1987) observou, além disso, que, à medida que havia um aprofundamento do trabalho experiencial, o conteúdo psíquico relativo à dor emocional e física podia se intensificar muito e ser interpretado como ato de morrer. Por sua vez, o contato com experiências que trazem referências de desconforto, dor e morte tende a se ligar profundamente com o processo de nascimento biológico, fazendo com que o trauma do nascimento se configure como sendo um importante ponto nuclear do domínio perinatal do psiquismo.

Baseado nessas conexões citadas, Grof (1987) passou a utilizar os estágios do parto biológico para esboçar um modelo conceitual que descrevesse a dinâmica do inconsciente no nível perinatal. Constatou que havia quatro padrões experienciais típicos de nascimento e morte que tinham uma profunda correspondência com os estágios clínicos do processo biológico do nascimento e passou, então, a postular a existência de quatro matrizes dinâmicas hipotéticas que seriam orientadoras do processo relacionado com o nível perinatal, às quais deu o nome de Matrizes Perinatais Básicas (MPB).

Ao pesquisar as matrizes, Grof (1987) desenvolveu um dos estudos mais completos sobre as experiências condensadas da proximidade do parto e nascimento, que serão resumidos a seguir:

MPB I — vida intra-uterina. Tem como característica básica uma unidade simbiótica entre feto e mãe, na qual pode haver tanto memórias agradáveis quanto desagradáveis. Os aspectos positivos da MPB I estão ligados à sensação de integração ao cosmo, como consciência do oceano ou do espaço interestelar, a sentimentos de tranqüilidade, paz, satisfação e a belas imagens da natureza. Já os aspectos negativos da MPB I associam-se às perturbações da vida emocional da mãe e a imagens e experiências de perigo envolvendo natureza contaminada, poluição ou demônios.

MPB II — forma como o parto desperta sofrimento físico e psicológico ao feto. Tem início com os primeiros sintomas do parto e traz a experiência de *engolfamento cósmico*, com sensações de pressão, ansiedade intensificada e perigo iminente. É também característica a impressão de uma espiral tridimensional ou funil sugando a pessoa em direção ao seu centro, ou a sensação de estar sendo "engolido" ou "atacado" por seres monstruosos. Associa-se a esses conteúdos psíquicos um simbolismo de "inferno" e sensações de solidão, falta de esperança, sentimentos de angústia, inferioridade e culpa. São atraídos também COEXs, com lembranças de cenas de violência e agressão, nas quais a pessoa se sente vítima de forças destrutivas que colocam em risco sua sobrevivência ou integridade física.

MPB III — descrição do parto propriamente dito, trazendo a passagem pelo canal de nascimento. Representa a intensificação do sofrimento da MPB II e, à medida que o feto vai sendo comprimido e expelido para fora, vai despertando impressões de luta pela sobrevivência. Há também nesse estágio a presença de estímulo sexual, episódios ligados a figuras demoníacas e todo um simbolismo de luta de morte-renascimento, de "êxtase vulcânico", forças violentas da natureza, cenas violentas de guerra ou revoluções. Como temas arquetípicos aparecem imagens do julgamento final, proezas de super-heróis e batalhas mitológicas. Quanto aos sistemas COEX, afloram memórias de experiências sensuais e sexuais intensas, lutas, combates e aventuras.

MPB IV — descompressão que se segue ao momento exato do nascimento, com as sensações de alívio e relaxamento. A criança nasce, vê pela primeira vez a luz e separa-se da mãe. O simbolismo presente é a experiência morte-renascimento, pois representa o término e a resolução da luta para nascer. Há o despertar de sensações de libertação e prazer de viver. Pode haver também, paradoxalmente, sentimentos de sensação de perigo iminente ou de aniquilação, antecedendo a libertação. São atraídos aqui COEX de memórias de sucesso, término de situações perigosas e sobrevivência a acidentes ou doenças.

Assim, ao descrever essas quatro matrizes, Grof (1987) demonstra que, embora exista uma profunda conexão entre o processo de parto e os processos perinatais, o domínio perinatal do inconsciente transcende os aspectos biológicos, assumindo também dimensões psicológicas, filosóficas e espirituais.

Depois das contribuições de Grof, passam a se destacar também como pesquisadores dentro da área de vida intra-uterina a psicóloga Helen Wambach e o psiquiatra Thomas Verny, que escreveu o brilhante livro: *A vida secreta de uma criança antes de nascer.*

## 2. HELEN WAMBACH

Helen Wambach (1988) desenvolveu pesquisas com regressão hipnótica e ampliou extensamente a compreensão de como as pessoas se preparam para uma nova vida na dimensão intrafísica, como experienciam a sua ligação com novos corpos e como vivenciam o momento do seu nascimento.

A autora (Wambach,1988), durante o trabalho regressivo, investigou junto aos 750 sujeitos de sua pesquisa as seguintes questões:

- Se a decisão de nascer foi da própria pessoa ou não;
- Se houve ajuda de alguém no processo de decisão; se houve alguma forma de aconselhamento;
- Quais foram os sentimentos da pessoa diante da perspectiva de uma nova existência;
- Se a pessoa em questão havia se relacionado, em outras vidas, com seus atuais pais, e quais foram os tipos de relacionamentos;
- Se havia alguma razão especial para a escolha de nascer na segunda metade do século XX;
- Se houve escolha do sexo no novo corpo e qual o motivo da escolha;
- Qual o objetivo traçado para esta nova existência;
- Qual a ligação da pessoa com o feto em formação; se se sentia dentro ou fora dele, se entrava e saía, e em que momento sentia sua consciência integrada ao feto;
- Se a pessoa tinha percepção dos pensamentos e sentimentos de sua mãe no momento anterior ao nascimento;
- E quais sentimentos surgiam durante o processo de nascimento.

Em relação aos dados estatísticos da pesquisa, Wambach (1988) descobriu que 81% dos participantes disseram que eles próprios tomaram a decisão de renascer. Dentre eles, 67% apresentaram alguma forma de hesitação, 28% haviam feito um planejamento cuidadoso para o renascimento e 3% realizaram a decisão de forma apressada e contra os conselhos provindos de alguém da dimensão extrafísica. Já 19% de sua amostragem de sujeitos responderam que não tinham lembranças de nenhuma decisão ou apresentaram resistência e insegurança.

Em relação à escolha de nascer, houve relatos de existência de muitas formas de aconselhamento e, às vezes, a presença de mais de um conselheiro.

Quanto à perspectiva de nascer, 68% afirmaram que estavam resistentes e com alguma tensão ou hesitação, e 26% alimentavam uma perspectiva mais otimista.

No que se refere à investigação dos objetivos da nova vida, Wambach (1988) chegou a uma percentagem de respostas que indicaram que 27% dos sujeitos tinham como meta crescer espiritualmente e também ajudar outras pessoas a crescer; 25% disseram que tinham como objetivo ter novas experiências para ampliar experiências anteriores ou para corrigi-las; 18% desejavam aprender a se relacionar com os outros e aprender a amar; 18% visavam transformar relacionamentos de vidas anteriores e 12% apresentaram razões diversas.

Com relação à escolha da época de renascer, o dado estatístico que mais chamou a atenção foi que 51% das pessoas decidiram nascer na segunda metade do século XX por acreditar que essa época continha um grande potencial facilitador do amadurecimento espiritual do ser humano. As outras respostas foram variadas.

Quanto à escolha do sexo, constatou-se na amostragem que 76% das pessoas tiveram participação na escolha do sexo, e 24% não tiveram escolha ou não deram importância a isso. Os motivos das escolhas foram diversos e incluíram alguma necessidade ligada ao plano de vida a desenvolver.

No que diz respeito ao relacionamento com os pais atuais, Wambach (1988) verificou que 87% dos participantes da pesquisa responderam que já conheciam seus pais, parentes e amigos de alguma vida anterior e que tais relacionamentos anteriores eram de estilos variados. Ela constatou também que as pessoas que planejam sua vida, em geral escolhem seus pais, e aquelas que são obrigadas a renascer não identificam o motivo, nem a forma com que se vinculam a seus pais.

A análise referente ao momento de ligação da alma com o feto teve respostas variadas. A pesquisa apontou que 11% das pessoas ligaram-se ao feto no momento da concepção ou em algum outro momento dos primeiros seis meses gestacionais; 12% ligaram-se ao feto ao final do sexto mês; 39% tiveram a ligação estabelecida nos últimos três meses; 33% ligaram-se ao feto pouco antes do nascimento e 5% uniram-se a ele imediatamente após o nascimento.

Quanto às impressões de se estar dentro ou fora do feto, numa linha de investigação similar, Wambach (1988) descobriu que 11% dos participantes das regressões sentiram-se dentro do feto, 70% sentiram-se fora dele e 19% experienciaram estar em alguns momentos dentro e, em outros, fora do feto.

Por outro lado, quando se investigaram as percepções das atitudes e sentimentos maternos, 86% dos participantes responderam que tinham consciência dos pensamentos, emoções e sentimentos de sua mãe.

Sobre as impressões do momento do nascimento, foi constatado que a criança que nasce choca-se com algumas circunstâncias do ambiente e das pessoas que a recebem. Verificaram-se queixas, principalmente em relação à forte luminosidade do ambiente em que nascem, ao frio, a barulhos, ao fato de ser tratado de forma indiferente e de não se ter contato físico e emocional com a mãe.

Com as contribuições da pesquisa clínica de Wambach, as concepções da psicologia pré-natal são grandemente aprofundadas, pois permitem concluir, entre outras coisas, que o recém-nascido é um ser humano maduro, com experiências prévias, percebedor da realidade que o rodeia, possuidor de uma bagagem de conhecimentos e de um projeto de vida delineado antes desta atual vida física.

Paralelamente a esses estudos, vão surgindo inúmeras contribuições da prática de regressões terapêuticas de psicoterapeutas de TR como Netherton, Woolger e TenDam, que passam a enriquecer muito a psicologia pré-natal.

## 3. MORRIS NETHERTON

Morris Netherton conseguiu, através da prática de regressões terapêuticas, recolher um riquíssimo material informativo acerca do período pré-natal e do nascimento. O autor oferece um sentido especial à vida no útero quando diz que o feto tem capacidade de percepção inconsciente e que o período pré-natal é o único período prolongado, em que a mente inconsciente trabalha sozinha com inteira independência do consciente. Sem a análise, interpretação e filtro do consciente, o feto grava tudo o que acontece ao seu redor indiscriminadamente, assim como registra pensamentos, emoções e palavras da mãe ou dirigidos a ela como se se referissem a ele próprio. Esses acontecimentos da vida da mãe podem acionar a memória inconsciente de vidas pregressas que atuarão, depois, no transcorrer de sua vida presente, moldando, inclusive, padrões comportamentais.

Sobre o relacionamento do feto com a mãe, Netherton (1997) ainda faz referência a quatro fases distintas e relevantes do período gestacional:

1ª — Momento da concepção;
2ª — Período de tempo quando a mãe começa a suspeitar da gravidez;
3ª — Momento da confirmação da gravidez;
4ª — Período gestacional subseqüente.

Devido à simbiose psíquica que ocorre entre o embrião-feto e a mãe, fazendo com que haja uma conexão de identidade mãe-filho, cada uma das fases citadas produz efeitos sobre a criança que está por nascer. Cada um desses eventos, com seus matizes ideativos e emocionais podem acionar memórias de vidas passadas, determinando padrões de comportamentos da vida atual com repercussões no transcorrer da existência.

Aprofundando ainda esse referencial, Netherton (1986) explica que a alma entra no corpo no momento da concepção e possui uma relativa liberdade de entrar e sair do feto que se está formando. Entretanto, enquanto a alma pode desfrutar de certa autonomia para se deslocar fora do corpo físico, a mente inconsciente do embrião-feto permanece registrando tudo como se fosse um gravador e é justamente nesse período gestacional, bem como no nascimento, que ocorrem os *imprints* de traumas de vidas passadas, que são gravados por algum estímulo semelhante no presente. Dessa forma, compreende-se que é durante a gravidez e no momento do nascimento que a pessoa recebe todo o sistema de vidas passadas que irá influenciá-la na vida presente.

Nesse sentido, vai ocorrendo uma seleção de problemas de vidas passadas que irão influenciar a vida atual. Assim, o conceito de *imprints* indica que na gestação e parto, determinados problemas e quantidades de vidas passadas são gravados na mente inconsciente para serem despertados num dado momento do ciclo de vida da pessoa, quando ela tiver reunido condições para solucionar os problemas pendentes de seu passado mais remoto. Esses *imprints* são reestimulados por algum estímulo semelhante no presente. A este momento Netherton (1986) denominou de *porta de entrada*.

Netherton (1986) também ampliou os conhecimentos sobre a experiência do nascimento dizendo que o ato de nascer constitui um trauma que muito afeta a vida, pois pode reestimular traumas de vidas passadas ou reforçar traumas já reestimulados na fase pré-natal, além de funcionar como experiência ligada à resistência ao *stress*. A pessoa vai lidar com o *stress* em sua vida da mesma forma que lidou com o seu nascimento. Partos tranqüilos originam forte resistência e partos difíceis ocasionam alta sensibilidade ao *stress*.

Ele conclui, além disso, que a forma como a pessoa morre na outra vida determina a forma como ela nasce numa vida seguinte.

Para Netherton (1995), o nascimento é uma experiência ameaçadora, assustadora e ao mesmo tempo bonita e maravilhosa, e constitui a primeira experiência completa que o bebê tem quando vem para a nova vida. É o primeiro momento que pertence só a ele e o envolve numa experiência cinestésica, verbal e emocional. Quando o bebê passa pelo nascimento, depois que o cordão umbilical foi cortado e ele sobreviveu à experiência dolorosa, tudo o que se passou naqueles momentos torna-se a fórmula de sua sobrevivência. Se a criança estiver preparada, segura, ela vai aprender que a dor vai ocorrer, vai ser intensa, mas, com sua segurança interna, a dor vem, passa e termina. Neste aspecto, a criança adquire um aprendizado de como enfrentar bem crises futuras. Entretanto, o contrário também pode ocorrer e, em vez de uma experiência bem-sucedida de aprendizado, vão emergir, durante o nascimento, padrões negativos de sobrevivência, conceito este que pode ser correlacionado com o conceito de *script* de Berne (1988).

Quanto a esses padrões negativos de sobrevivência, Netherton (1995) diz que eles se formam na experiência do nascimento, quando os elementos atuais da experiência presente se interligam com a reestimulação de experiências de morte de vidas passadas. Explica que, na primeira fase do trabalho de parto, ou seja, no início das contrações uterinas, quando o bebê é "empurrado" por entre os ossos da bacia da mãe e se inicia o movimento para que ele saia do útero e a mãe não tem dilatação suficiente para que ocorra algum movimento real, é a fase em que aparece a emoção do medo e a conseqüente ligação com as emoções de morte de vida passada. É nessa fase que o bebê sente emoções muito fortes, sente que está sendo forçado a fazer algo que não consegue fazer, e todos esses aspectos emocionais reativam a vivência de morte anterior. Trata-se da mesma pressão para sair do corpo na morte. A seqüência dos eventos nascimento/morte é então invertida, e fica estabelecida, assim, a conexão morte/nascimento.

Depois dessa fase, quando começa a haver a dilatação do colo do útero, a pélvis começa a se abrir e a cabeça do bebê pode passar no canal do parto, a criança começa sentir que ela pode sair e experienciar a sobrevivência à morte passada. À medida que o bebê vai passando pelo canal do parto e sai para o mundo, começando a respirar por si mesmo, o que ele está vendo, sentindo e percebendo é o que vai ficar como padrão de sobrevivência para ele. Quando essa criança começar a crescer e ficar independente, esse padrão inconsciente se repetirá durante toda a sua vida, de forma a se confirmar, a não ser que a pessoa desenvolva um trabalho interior para quebrar a repetição das mensagens inconscientes negativas. Exemplos de padrões negativos citados por Netherton (1995) são: "Eu sei que eu estou vivo enquanto eu me sentir morto", "Eu sei que eu estou vivo enquanto eu sentir que há algo errado comigo", "Eu sei que estou vivo enquanto eu estou lutando". São padrões negativos como esses que estarão na base de qualquer problema psicológico futuro de um bebê.

Quanto aos tipos de partos, Netherton (1995) diz que o parto normal é importante porque possibilita a massagem do corpo da criança através do canal vaginal. Esta massagem ativa os chacras do bebê e estimula a respiração, fazendo com que o seu próprio sistema de energia comece a entrar em funcionamento. Ele ressalta que é necessário observar o momento do corte do cordão umbilical, que deve ser feito depois que o bebê estiver respirando. Se o médico cortar antes do início da respiração do bebê, ele o asfixia e provoca-lhe o primeiro ataque de pânico, podendo também ocasionar problemas como asma e sinusite.

Quanto ao parto cesáreo, Netherton (1995) afirma que ele deve ser feito antes que o bebê entre no canal do parto, para, assim, não mudar a direção do bebê e imprimir mensagens negativas de reversão do processo de vida, por se começar algo numa dada direção e depois ter de mudar. Expressa também que o parto cesáreo pode provocar nos bebês dificuldades futuras quanto a concluir coisas, criando a tendência de se adiar tarefas, decisões e esperar que alguém mais conclua seus afazeres. A confusão pode ser a conseqüência quando a pessoa tem de pensar por si mesma e resolver sozinha. Sobre esse tipo de parto, recomenda, também, que o bebê seja entregue a alguém que possa massageá-lo, como a mãe ou o pai, que deve massagear cada um dos chacras, favorecendo a ativação do próprio sistema de energia da criança.

Com relação ao uso de fórceps no parto, Netherton (1995) adverte que pode provocar esclerose múltipla, paralisia cerebral, problemas de incapacidade física, dislexia e problemas respiratórios. Quando é feito em circunstâncias em que a cabeça do bebê ainda não está no canal do parto, isso pode originar enxaquecas, raiva ao ter de se fazer algo para o qual não se está preparado, e pode ocasionar também comprometimento da audição e da arcada dentária.

Netherton ressalta, além disso, que o uso de medicamentos durante o trabalho de parto traz para o bebê sensação de dormência, insensibilidade, ou uma confusão profunda, fazendo com que a mente inconsciente vá para outro tempo e lugar, impedindo assim a criança de terminar a experiência, criando elementos para o surgimento de padrões negativos de sobrevivência como: "Eu posso avançar na minha vida desde que eu sinta confusão, dormência"; "Eu sei que eu estou vivo contando que não esteja aqui", esses padrões podem estar na base de problemas psíquicos como depressão e psicoses.

## 4. HANS WOLFGANG TENDAM

Segundo Hans Wolfgang TenDam (1993, p. 167), a gravidez e o parto, de uma perspectiva reencarnatória, não constituem apenas processos biológicos, mas representam a "chegada misteriosa de um convidado desconhecido", e esse ser que chega traz consigo um padrão de reencarnação que pode estar associado a três estilos básicos de populações:

"1. *População I: evolução geral: nenhum plano individual de vida, intermissões indiretas e curtas, uma nova vida nas proximidades da antiga, em tempo e lugar.*
2. *População II: desenvolvimento pessoal; um planejamento de vida pessoal com metas de desenvolvimento pessoais e relações cármicas pessoais, alguma retrospectiva, algum aconselhamento e uma certa previsão na intermissão, consciência da intermissão, ligações com outras pessoas.*
3. *População III: contribuição pessoal para desenvolvimentos maiores, aprendizagens pessoais e objetivos de trabalho; deliberação conscien-*

> *te na intermissão, às vezes orientação para encarnados, uma nova vida com ligações afetivas, livre escolha de reencarnação"* (TenDam, 1997a, p. 56).

Além desses padrões gerais que regem uma reencarnação, TenDam (1997a) diz que a pessoa que está para nascer pode escolher, dentre todas as suas personalidades passadas, uma personalidade prévia para ser a raiz, o centro da nova personalidade a ser formada. Tal personalidade-raiz refere-se à personalidade de uma vida passada que terá maior influência na vida presente.

Quando não há planejamento de vida, a personalidade-raiz é a personalidade da vida imediatamente anterior ou a última personalidade do sexo que se terá. Por outro lado, quando há planejamento de vida, escolhe-se uma personalidade passada específica para ser a personalidade-raiz, trazendo consigo seus talentos especiais, como também seus traumas e postulados, atuando como matriz para outras personalidades secundárias.

O critério de escolha dessas personalidades secundárias se dá de acordo com os talentos especiais de que são dotadas e que serão úteis na nova vida a começar, devido a contatos que elas tiveram com pessoas pertencentes agora à nova rede de relacionamentos, ou devido ao fato de serem portadoras de sentimentos gerais ainda não digeridos, bem como de conteúdos traumáticos de que a pessoa deseja se livrar ou que leva involuntariamente consigo mesma. Dessa forma, o desenvolvimento da nova personalidade seguiria todo um plano de vida bem delineado.

Por esse prisma, TenDam (1997a) afirma que pode haver um processo de seleção e escolha do que vai entrar em termos de bagagem interna para a nova vida. Não se transportam todos os traumas de vidas passadas para a vida que se inicia. O que irá impregnar o novo momento dependerá da escolha e da reestimulação durante a gravidez e nascimento.

Outro aspecto importante que TenDam (1997a) traz acerca da vida intra-uterina é que, na fase pré-natal, o corpo psíquico (ou astral) do ser que reencarna não entra imediatamente no embrião-feto. Para TenDam (1997a, p. 68):

> *"A maioria das almas somente entra no embrião se ele tiver no mínimo seis meses. Freqüentemente está ligada desde antes, mas fica fora da mãe e talvez de vez em quando entre no embrião. Embora somente entremos no sétimo mês, o fazemos assim como as fitas cassete em funcionamento: uma fita etérica a partir da concepção e uma fita física a partir, mais ou menos, do quarto mês."*

Desenvolvendo sua explicação, TenDam afirma que existem no ser reencarnante três registros de experiências:

1. Registro etérico, que começa com uma especialização do corpo etérico da mãe;
2. Registro físico do embrião, que depende do crescimento do sistema nervoso;
3. Registro do corpo físico que registra como ser humano encarnado.

O ser pode estar fora do embrião durante a gestação, enquanto a fita etérica e a fita física do embrião permanecem funcionando. A partir do momento em que há a entrada definitiva da alma no corpo físico é que os três registros se conectam.

Durante a conexão dos registros, ocorre uma revitalização do corpo etérico da pessoa "com as cargas etéricas e os buracos das vidas passadas (carma) e com as conseqüências etéricas das vidas passadas" (darma) (TenDam 1997a, p. 68).

Quanto ao nascimento propriamente dito, TenDam (1997a) comenta que as conclusões de regressões permitem admitir que a experiência de nascer não é sempre tão dolorosa e traumática para a criança quanto usualmente se acredita. O nascimento pode ser bem traumático, mas não necessariamente, e há um número significativo de crianças a quem ele é agradável.

Ressalta TenDam (1997a), além disso, que a criança ao nascer está consciente do que se passa ao seu redor, do como se dá o seu parto e de como ela é recebida. Sendo uma consciência humana completa, percebe a distância entre o seu próprio adulto com sua consciência telepática, e o seu corpo físico frágil e desprotegido. Disso resulta a importância de receber o recém-nascido respeitando sua consciência telepática assim como reconhecendo-o como ser humano maduro, por isso é importante acolhê-lo, aceitando simultaneamente sua impotência física e maturidade mental.

TenDam (1993) afirma também que a capacidade de percepção telepática e a consciência adulta do recém-nascido vão se desvanecendo pouco a pouco após o nascimento, ao passo que vai sendo desenvolvida uma nova autoconsciência pertencente à presente encarnação. Por volta do terceiro ano, a criança começa, então, com sua nova autoconsciência, a lembrar-se de si mesma, passando a crescer o foco de responsabilidade pela sua nova vida.

## 5. ROGER J. WOOLGER

Para Roger J. Woolger (1994), a fase da vida intra-uterina pode ser considerada como um dos momentos mais importantes no plano total de formação da personalidade, uma vez que essa fase constitui um lugar intermediário, entre vidas, em que o feto, além de estar sendo um observador acrítico de tudo o que acontece ao seu redor e um gravador do que a mãe pensa, sente e faz, estaria também envolvido numa forma de ruminação profunda acerca de questões inacabadas, ainda não resolvidas, de vidas passadas. Formam-se, então, dois cursos de consciência: o curso de consciência da vida passada e o curso atual no útero. Os padrões aqui não seriam estabelecidos, mas sim conduzidos, repetindo-se muitas vezes no inconsciente profundo e estimulados pelos pensamentos, sentimentos e ações da mãe.

Quando os dois cursos de consciência se fundem, começa a se formar a matriz da personalidade que aparecerá depois. Nesse sentido, Woolger explicita que nenhum dos *scripts* seguidos no útero é casual ou procedente da mãe, mas, sim, foram todos adquiridos em vidas passadas, e a consciência materna durante a gravidez é, apenas, uma ocasião na qual serão acionados; daí a conexão de um profundo sincronismo do motivo de uma alma específica estar com uma mãe em específico, para possibilitar espelhamento das disposições psíquicas preexistentes no inconsciente do nascituro (*samskaras*).

Woolger (1994) afirma que a criança que chega é trazida para determinados pais por meio do fenômeno de ressonância cármica: os pais podem ser os que a criança teve antes, podem ser filhos de vidas passadas ou podem ser ninguém encontrado anteriormente, mas que possuem características internas ou experiências e circunstâncias de vida que ofereçam oportunidades de aprendizado para o reencarnante. Assim, a alma que está por vir, ou protopersonalidade, é atraída por pais que irão contribuir para espelhar durante a gravidez e o parto suas questões cármicas inacabadas.

As ruminações de vidas passadas em torno das questões cármicas pendentes são, conforme o autor (Woolger, 1994), em grande parte do período gestacional, acarretadas principalmente pelos eventos na consciência e na vida da mãe, e não por acontecimentos físicos da gravidez propriamente dita, a não ser quando surgem complicações, problemas de dieta, acidentes ou violência. As sensações físicas serão, entretanto, importantes nos últimos estágios da gravidez, em que a compressão que ocorre, bem como as contrações do trabalho de parto, fazem com que se deflagrem na consciência do feto memórias de vidas passadas cada vez mais violentas, e também experiências arquetípicas e visionárias.

Ao exemplificar as ruminações inconscientes, Woolger (1994) faz uma correlação entre os achados de sua experiência profissional e a dinâmica das Matrizes Perinatais de Grof. Assinala que as histórias de vidas passadas ligadas às experiências da criança no útero (MPB I) relacionam-se muitas vezes com situações de abandono, rejeição, falta de apoio, questões refletidas, em geral, na reação ambivalente da mãe à gravidez. Pode trazer também sentimentos de perigo, medo de incompetência ou doença. Em presença de brigas de casais, violência sexual ou pais ausentes, acionam-se histórias passadas de violência, abuso ou negligência em mãos masculinas, o que determina sementes para futuros sentimentos de desconfiança em relacionamentos.

Nas MPB II e MPB III (momento de contrações e parto), contudo, Woolger (1994) afirma que podem ser estimulados muitos conteúdos de vidas passadas referentes a sofrimento físico, tortura, privação e doença, bem como a visões arquetípicas de morte e renascimento. Na MPB IV (fase imediata ao parto) podem ser estimulados traumas de vidas passadas ligados à separação; isto pode propiciar dificuldades na ligação emocional do ser que nasce. Percebe uma relação entre morte pela fome em vidas passadas e problemas digestivos do bebê, tais como cólicas ou alergia ao leite materno. Por outro lado, nessa fase podem surgir também no recém-nascido momentos de consciência amplificada e reconhecimento profundo da mãe, do pai e do motivo de estar reencarnando.

Especificamente em relação ao trauma do nascimento, Woolger (1994, pp. 165-172) afirma que este "constitui um lembrete preciso e condensadíssimo dos resíduos cármicos de mortes anteriores" e "é a experiência mais essencial e psiquicamente concentrada de todo o ciclo" de vida e morte. Afirma também que "sempre que há um trauma grave na luta para nascer, a forma do trauma em geral revela-se um espelho simbólico exato e fiel das experiências acumuladas de mortes em vidas passadas". Ele cita, entre outros, os seguintes padrões de espelhamento:

- Parto com fórceps e relação com lembranças de ser morto por um golpe na cabeça.
- Parto prematuro e ligação com morte prematura numa vida passada.
- Asfixia com muco, espelhando morte por afogamento, estrangulamento, sufocação e experiência de ter sido enterrado vivo.
- Corte de cesariana, evocando morte violenta, retaliação ou corte com espadas e facas, bem como sacrifício de crianças.
- Trabalho de parto prolongado, trazendo lembranças de mortes traumáticas lentas.
- Período prolongado em incubadoras, acionando no inconsciente história de encarceramento ou tortura.

Assim sendo, para Woolger (1994, p. 172), o momento de nascimento se manifesta como sendo "a transição mais intensa" das "ruminações atemporais" do período "intra-uterino para a plena existência encarnada".

Observando o conjunto destes dados extraídos do trabalho de terapeutas da TR, percebe-se a grande importância do período de vida intra-uterina na formação da personalidade humana. Os achados da TR, de acordo com Barsottini (*in* Pincherle, 1990), fazem também com que se modifique a generalização presente em algumas teorias psicológicas de que o embrião-feto desfrutaria de um estado satisfatório e pleno, responsável por levar o ser humano, diante de situações difíceis, a ter a fantasia de retorno ao útero materno. De acordo com as vivências regressivas, mediante as interações mãe/filho, podem existir fetos que possuam experiências intra-uterinas felizes e satisfatórias, tornando o útero um lugar agradável ou, ao contrário, experiências infelizes, despertando o desejo de querer sair o mais rápido possível, de nascer logo.

Quanto à experiência do nascimento, a TR também evidencia que o nascer constitui uma experiência carregada de emoções e sensações físicas, que pode ser bastante traumática e dolorosa ou não. É importante também evidenciar que, na abordagem da TR, os estágios de vida intra-uterina e nascimento são trabalhados vivencialmente, buscando-se a obtenção de associações e a produção de catarses e *insights* que possam levar a novas redecisões e reprogramações de vida. Assim sendo, os registros negativos das vivências uterinas e do nascimento teriam suas cargas emocionais, ideativas e energéticas liberadas, os conteúdos inconscientes compreendidos e integrados na totalidade do ser, favorecendo o surgimento de formas mais saudáveis de a pessoa relacionar-se consigo mesma e com o seu processo de viver.

CAPÍTULO IV

# Modelos psicológicos e TR

Consideramos que a TR é uma conquista, da Psicologia e para ela, pois resgata, amplia, aprofunda, complementa, ratifica e integra conceitos e técnicas adotados pelas diversas abordagens psicológicas.

Resgata o uso de recursos hipnóticos e o conceito de catarse que foram utilizados por Freud no início de sua carreira. Utiliza o conceito de complexo e individuação de Jung. Da psicossíntese ratifica as hipóteses da existência da alma e sua evolução. Amplia e aprofunda os conceitos bernianos ao buscar, por meio de suas técnicas, as decisões do *script* em situações traumáticas vivenciadas, pelo ser, em outras existências.

Com a utilização dos conceitos e das técnicas da terapia cognitiva, consegue-se, em TR, identificar mais facilmente as crenças disfuncionais ou palavras-chave (Netherton, 1997), chegar ao núcleo do complexo (Jung), promover a catarse e realizar a reprogramação do *script* de vida, o qual exige a construção de crenças que sejam funcionais.

As técnicas do psicodrama, da bioenergética e da gestalt-terapia são utilizadas pela TR na realização da indução para regressão, no trabalho catártico e no processo de reprogramação do paciente.

Assim como a terapia existencial, a TR considera o homem um ser responsável, um ser de possibilidades, pois é um ser aberto ao mundo e às suas possibilidades de escolhas, e acredita que o processo psicoterápico não pode alterar o passado, mas pode alterar o significado que este possui para a pessoa (Picino, 1996)[28].

---

28. PICINO, Josefina Daniel. Curso de psicoterapia existencial. Material apostilado, não publicado. S. Paulo, 1996.

A TR concorda com a terapia rogeriana à medida que acredita que "os indivíduos possuem dentro de si vastos recursos para a autocompreensão e para a modificação de seus autoconceitos, de suas atitudes e de seu comportamento autônomo" (Rogers, 1983, p. 38): assim, o psicoterapeuta desempenha um papel de facilitador na liberação das capacidades que o paciente possui e que estão em estado latente. Diferencia-se da transpessoal, no sentido de que não se vale diretamente dos conceitos e técnicas da filosofia oriental.

Neste capítulo, faremos uma análise mais detalhada de algumas importantes abordagens psicológicas que influenciaram a construção do corpo teórico e técnico da TR. Acreditamos que todos os modelos psicológicos criados até o presente momento possuem o mesmo objetivo, o de prestar auxílio ao ser humano para que consiga ter mais conhecimento de si próprio, do outro e do mundo que o cerca, conseguindo com isso desenvolver uma melhor qualidade de vida. Vivemos um momento histórico em que a humanidade padece em conseqüência de ter vivido um reducionismo secular.

Todas as ciências estão se reformulando, buscando somar forças para construir um mundo mais justo, cooperativo e humano. Por que não podemos fazer o mesmo na psicologia? Por que não somarmos todas as conquistas de estudiosos na área para que consigamos devolver ao ser humano sua auto-estima, autoconfiança, harmonia, equilíbrio? É hora de darmos um basta ao sectarismo, às vaidades e pensarmos que a psicologia é uma só e que tem uma grande responsabilidade em devolver ao ser humano a sua saúde mental, emocional e — por que não? — a espiritual.

A TR vem propondo uma síntese na compreensão do ser humano e apenas se distingue das demais psicoterapias, como bem expressa o IBRT (1995, p. 2), à medida que:

> *"(...) desafia conceitos até então vigentes e se mostra disponível a explorar, com os pacientes, a possibilidade de que a origem de seus problemas esteja em vidas passadas, reais ou simbólicas."*

## 1. PSICANÁLISE

*Beneduzzi e Luedi*

Sigmund Freud (1856—1939) formou-se em medicina em 1881. De 1876 a 1882, trabalhou com pesquisa no laboratório de neurofisiologia de sua escola e, em seguida, sob orientação de Meyernet, trabalhou como assistente clínico em um hospital. Em 1885, após ter sido nomeado conferencista de neuropatologia, foi estudar com Charcot em Salpêtrière, Paris, acompanhando-o em parte de suas investigações sobre a histeria e seu respectivo tratamento. Voltou a Viena em 1886, lá se fixando, mas a exposição do que havia aprendido com Charcot não foi bem recebida por seus colegas, o que o levou a se afastar de suas atividades acadêmicas, passando a se dedicar à clínica e à prática da hipnose. Para aprofundar seus conhecimentos, foi para Nancy estudar com Liebeault e Bernheim, mestres do hipnotismo da época.

Freud (1976b) conta que aprendeu com Josef Breuer, renomado médico de família em Viena, a fazer uso da hipnose, indo além da sugestão hipnótica, isto é, fazendo perguntas aos pacientes sobre a origem de seus sintomas, que, em vigília, pouco ou nada sabiam explicar. Breuer, entre 1880 e 1882, havia tratado de maneira peculiar um caso de histeria, que lhe permitiu entrar na causa e significado do sintoma histérico (caso Anna O.). Levava a paciente a uma hipnose profunda e fazia-a contar o que lhe perturbava a mente. Usou este método tanto para os sintomas depressivos quanto para os distúrbios físicos e inibições; verificou que seus sintomas eram reminiscências ou resíduos de situações de fortes emoções, chamadas de traumáticas. Quando a paciente recordava esse tipo de situação e era levada a concluí-la com livre expressão da emoção (que originariamente fora suprimida), verificou-se que o sintoma era eliminado. Freud então começou a usar esse método com seus próprios pacientes, obtendo os mesmos resultados.

Em 1895, Freud e Breuer publicaram o livro *Estudos sobre a Histeria* (1974), no qual descreveram tais casos clínicos e discorreram sobre a teoria que formularam. Esta enfatizava a origem e significado dos sintomas histéricos, dando maior importância à vida emocional e à distinção entre atos mentais inconscientes e conscientes. Introduziu-se um fator dinâmico, em função da suposição de que o sintoma surgia pelo represamento de um afeto, e um fator econômico, considerando o mesmo sintoma como o produto da transformação (conversão) de certa quantidade de energia, que não foi ab-reagida originalmente.

Breuer denominou o método utilizado de *catártico*, tendo como finalidade terapêutica o deslocamento do afeto que mantém o sintoma para seu caminho originário, a fim de obter a descarga e ser liberado (ab-reação).

Algumas citações ilustram os aspectos gerais de semelhança e coincidência de conceitos entre essa época pré-psicanalítica e a TR.

Breuer e Freud afirmam que:

> *"(...) A desproporção entre a duração de muitos anos do sintoma histérico e a ocorrência isolada que o provocou é o que estamos invariavelmente habituados a encontrar em neuroses traumáticas. Com grande freqüên-*

*cia, é algum fato da infância que estabelece um sintoma mais ou menos grave que persiste durante os anos que se seguem"* (Freud, 1974, p. 44).

Desde essa época, considerava-se que fatos ocorridos no passado do indivíduo e não assimilados adequadamente, repercutiam no seu presente, muitas vezes de forma tão intensa, que provocavam sintomas muito prejudiciais e duradouros. Ainda que parcialmente, já que naqueles dias a primeira infância era o passado mais remoto que se admitia em termos de responsabilidade traumática, a TR encontra aqui uma fundamentação para o conceito de repercussão cármica de TenDam (1988). Como assinalam Netherton e Fiore, a TR vem expandir o conceito de passado, em termos de responsabilidade e acessibilidade.

*"A idéia de 'desligar' um paciente de seus temores, fazendo com que ele os revivencie, não é nova. A terapêutica freudiana sempre procurou levar pacientes a tentarem desvelar seus traumas ocultos desde o início da vida...(...) Em verdade, o único aspecto 'não-ortodoxo' do meu método é a distância que pretendo retroceder para encontrar esse trauma: às raízes da existência do homem"* (Netherton, 1997, pp. 23 e 24).

*"(...) vi-me fortemente atraída pelas obras de Freud. Nada podia me desviar da firme convicção de que a forma de ajudar as pessoas era trazer à tona as motivações escondidas profundamente nos recessos da mente"* (Fiore, s/d, p. 10).

*"Quando comecei a usar hipnose (...) pedia a meus pacientes que perscrutassem o passado, revelando fatos de sua fase de crescimento que causavam os sintomas presentes — o que resultava na eliminação dos sintomas. (...) Pouco a pouco, comecei a regredir a tempos mais remotos, descobrindo que problemas emocionais podiam decorrer daqueles meses supostamente protegidos dentro do ventre materno. Hoje estou convencida de que muitos problemas têm suas raízes mais cedo ainda — em vidas passadas"* (Fiore, s/d, p. 12).

Para Breuer e Freud:

*"(...) Em neuroses traumáticas a causa atuante da doença não é o dano físico insignificante, mas a emoção do susto — o trauma psíquico. De maneira análoga, nossas pesquisas revelam, para muitos, se não para a maioria dos sintomas histéricos, causas desencadeantes que somente podem ser descritas como traumas psíquicos. Qualquer experiência que possa evocar emoções aflitivas — tais como as de susto, ansiedade, ver-*

> *gonha ou dor física — pode atuar como trauma dessa natureza; e se isso de fato acontece, depende, naturalmente, da suscetibilidade da pessoa afetada (...) não é rara a ocorrência, em vez de um trauma principal isolado, de vários traumas parciais, que formam um grupo de causas desencadeantes*" (Freud, 1974, p. 46).

Aqui, os autores salientam a importância do trauma psíquico, ou seja, da emoção vinculada ao episódio traumático concreto e sua relação com a suscetibilidade do sujeito. Freud, posteriormente, reduziu a importância do acontecimento concreto, por exemplo, na teoria da *cena* (depois *fantasia) de sedução por um adulto* (*in* Laplanche, 1998, p. 469). A TR pode aqui se fundamentar para responder à crítica de que as recordações de possíveis experiências de vidas passadas são produtos da imaginação do paciente. Sendo imaginação ou vivências concretas, o importante para o desencadeamento (e conseqüente terapêutica) dos sintomas são as emoções vinculadas às mesmas, os traumas psíquicos. A TR trabalha com eles. Ressalta-se o fato de que, em geral, em vez de um trauma principal isolado, vários traumas parciais, ou eventos a eles associados, formam um grupo de fatores desencadeantes do sintoma. Encontra-se neste ponto a possível base do conceito freudiano de *sobredeterminação* das formações do inconsciente (Laplanche, 1998, p. 487). Godoy (1997b) elabora os conceitos de núcleos distrópicos, evento marcante e encadeamento disfuncional, que parecem estar em concordância com esta visão.

Breuer e Freud afirmam que:

> "*(...) cada sintoma histérico individual desaparecia imediata e permanentemente quando conseguíamos evocar, nitidamente, a lembrança do fato que o provocou e despertar a emoção que o acompanhava, e quando o paciente havia descrito aquele fato com os maiores detalhes possíveis e traduzira a emoção em palavras. A lembrança sem emoção quase invariavelmente não produz nenhum resultado*" (Freud, 1974, p. 47).

A TR retoma esse ponto de vista, pois Netherton (1997, p. 46) em seu método enfatiza a "revivência da situação traumática" em sessão, como forma da liberação das emoções nela envolvidas e seu conseqüente desligamento.

Breuer e Freud (Freud, 1974, p. 47) afirmam que: "O processo psíquico que originalmente ocorreu deve ser levado de volta ao seu *status nascendi* e então receber expressão verbal." A TR, como o nome diz, resgata tal afirmação quando propõe mecanismos de regressão propriamente dita ao(s) evento(s) traumático(s) para atingir uma catarse completa, ou seja, física, emocional e também intelectual.

Também conforme os autores acima citados: "(...) os histéricos sofrem principalmente de reminiscências" (Freud, 1974, p. 48). A TR estende o sofrimento por reminiscências para além da histeria, pois admite como princípio que "todo ser humano no presente é o somatório de experiências vividas no passado e esse registro, que cada ser traz em si impresso, repercute de forma saudável e/ou patológica no seu presente" (Godoy, 1990a).

A psicanálise propriamente dita inicia-se com o surgimento da técnica da associação livre:

> *"(...) O tratamento catártico deu excelentes resultados terapêuticos, mas verificou-se que não eram permanentes e que não eram independentes da relação pessoal entre o paciente e o médico. Freud, que depois prosseguiu com essas investigações sozinho, fez uma alteração na técnica das mesmas, substituindo a hipnose pelo método da associação livre. Ele inventou o termo 'psicanálise', que, no curso do tempo veio a ter dois significados: (1) um método específico de tratar as perturbações nervosas e (2) a ciência dos processos mentais inconscientes, que também é apropriadamente descrita como 'psicologia profunda'"* (Freud, 1976b, p. 302).

Essa transição, desde o uso da hipnose até a associação livre como é entendida hoje, deu-se de maneira gradual. Por não conseguir induzir todos os pacientes ao transe hipnótico profundo, Freud começa a procurar uma nova forma para chegar à catarse e, inspirando-se em Bernheim, utiliza o *método de concentração e de pressão*. Neste, pedia ao paciente que se deitasse, fechasse os olhos e se concentrasse, insistindo firmemente que ele sabia o que havia provocado seu problema e que contasse suas lembranças.

Nessa ocasião, Freud começou a deparar-se com o aparecimento de idéias de *defesa* e *resistência;* por isso, em alguns casos, fazia uma pressão com os dedos na testa do paciente, assegurando que ele teria uma recordação em forma de cena ou de idéias e, em seguida, perguntava, *O que você viu?, O que lhe ocorreu?* Portanto, de lembranças advindas apenas por associações de idéias intermediárias, chegou-se ao método da associação livre de idéias, tendo como resquício da hipnose apenas o uso do divã (Freud, 1974).

O método da associação livre, segundo Laplanche (1998, p. 38), consiste em o paciente "(...) exprimir indiscriminadamente todos os pensamentos que ocorrem ao espírito, quer a partir de um elemento dado (palavra, número, imagem de um sonho, qualquer representação), quer de forma espontânea". Refere o autor que sua contrapartida para o psicanalista é o modo como deve escutar o paciente, ou seja, com atenção (uniformemente) flutuante, suspendendo as motivações da atenção, deixando funcionar o mais livremente possível sua própria atividade inconsciente, facilitando, dessa forma, uma comunicação de inconsciente para inconsciente entre analista e analisado.

A partir deste novo *modus operandi,* fica instituída a psicanálise que, de terapêutica dos distúrbios neuróticos, foi se ampliando, englobando a compreensão e interpretação de fenômenos da vida cotidiana normal (tais como parapraxias, atos fortuitos e sonhos), até chegar a ser considerada uma ciência dos processos mentais inconscientes.

Como tal, a psicanálise (Freud, 1976b) considera a vida psíquica segundo três pontos de vista, chamados de metapsicológicos: o topográfico, o dinâmico, o econômico.

O ponto de vista topográfico, ou tópico, supõe o aparelho psíquico dividido em instâncias inter-relacionadas. Na primeira tópica, o psiquismo é composto de três sistemas, o Inconsciente (Ics), o Pré-Consciente (PCs) e o Consciente (Cs). Na segunda tópica, a definitiva, o aparelho psíquico é composto de Id, Ego e Superego, sendo o Id totalmente inconsciente; o ego parte consciente, parte pré-consciente e parte inconsciente; e o superego parte pré-consciente e grande parte inconsciente.

O ponto de vista dinâmico se refere às pulsões e às suas vicissitudes. Pulsão é um conceito fronteiriço entre o somático e o psíquico; seria a representação psíquica do estímulo advindo do interior do organismo que, exercendo uma pressão sobre o aparelho psíquico, funciona como mola propulsora de trabalho. Primeiramente, foi considerado determinante o conflito entre as pulsões sexuais e as pulsões de autopreservação. Depois, passou-se a considerar que as pulsões de autopreservação também eram de natureza sexual; então, o conflito fundamental dava-se entre a libido do ego e a libido dos objetos. Mais tarde, considerando o fenômeno que denominou *compulsão à repetição,* Freud propôs a existência de duas classes de pulsões fundamentais, subjacentes a todas as outras: as pulsões de vida, ou *Eros,* que buscam por uma construção e evolução do organismo, e as pulsões destrutivas, ou de morte, que buscam levar o organismo a um estado anterior, inorgânico. A vida se constitui no conflito ou na interação dessas pulsões. A morte significa, para o sujeito, a vitória das pulsões destrutivas, enquanto a reprodução representa a vitória de Eros.

No que se refere ao desenvolvimento da sexualidade, Freud (1976a) considera que a pulsão sexual ou libido é constituída de pulsões componentes que gradualmente se unem em organizações definidas; suas fontes são os órgãos do corpo, especialmente certas zonas erógenas. Inicialmente, as pulsões componentes se esforçam para se satisfazerem de forma individual e independente umas das outras, mas, com o desenvolvimento da criança, vão se tornando mais convergentes e concentradas, culminando na chamada *primazia genital.*

A primeira fase da organização da libido é a *fase oral*, assim chamada em função da associação com a satisfação dos desejos iniciais de nutrição. Tem como objeto inicial o seio materno, do qual, posteriormente, torna-se independente, passando a ser auto-erótica, à medida que alguma parte do corpo da criança torna-se objeto (ex. chupar o polegar) para a sua satisfação. A ela se segue a *fase anal*, na qual a zona anal e a pulsão componente do sadismo exercem papel proeminente, havendo um contraste entre atividade e passividade, representado pelo controle da musculatura do ânus (expulsão e retenção das fezes). Em seguida, tem-se a *fase genital*, em que as pulsões componentes se organizam e convergem para a zona dos órgãos genitais. Essa evolução ocorre naturalmente, ressaltando-se que há uma convergência das pulsões parciais, e não uma eliminação delas, podendo acontecer *fixações* de parte da libido em fases anteriores do desenvolvimento. Portanto, de um inicial auto-erotismo, a sexualidade infantil evolui para uma posterior escolha de objeto.

Aproximadamente entre os dois e os cinco anos, enquanto acontece a convergência das pulsões sexuais, configura-se a escolha de um dos progenitores como objeto das mesmas, em conjunção com uma correspondente rivalidade com o outro. Em analogia à tragédia Édipo Rei, de Sófocles, este processo foi denominado por Freud *Complexo de Édipo*, que é de fundamental importância para o ser humano na determinação de suas escolhas objetais ao longo da vida. É uma organização central da personalidade humana, desde que todo ser humano origina-se de um pai e de uma mãe e não é possível escapar desse conflito envolvendo três personagens, cada um por sua vez exercendo um dos três papéis funcionais, que transcendem a determinação biológica (Kusnetzoff, 1982, p. 64). Ao final do quinto ano de idade, esse período inicial da sexualidade é sucedido por um *período de latência*, durante o qual os valores éticos culturais são internalizados. Na *puberdade* há uma reativação das pulsões sexuais e o conflito edipiano é revivido de forma inconsciente e modificada.

Do ponto de vista econômico, supõe-se que as representações psíquicas têm uma carga (catexia) de energia. O aparelho psíquico tem, como uma de suas funções, que impedir um represamento dessas energias, mantendo o mais baixo possível o volume total das excitações. Isto é regulado através do *princípio de prazer-desprazer,* no qual o prazer está relacionado com a redução da excitação e o desprazer, com o aumento da mesma. Com o desenvolvimento, o princípio de prazer original altera-se em contato com o mundo exterior, dando lugar ao *princípio da realidade*, no qual o aparelho psíquico aprende a adiar o prazer da satisfação imediata e a tolerar temporariamente um certo desprazer.

Freud (1976b) considera que a psicanálise baseia-se em três pedras angulares: o (1) reconhecimento da resistência e repressão, (2) da importância da pulsão sexual e (3) da transferência.

Há no psiquismo uma força chamada de repressão (recalque), que exerce função de censura, excluindo da consciência as pulsões que parecem perigosas ao ego ou aos seus padrões éticos. Tais pulsões permanecem reprimidas e, no curso do trabalho psicanalítico, ao tentar torná-las conscientes ao sujeito, depara-se com a manifestação da força repressiva, sob forma de resistência. Por razões culturais, a repressão mais intensa recai sobre as pulsões sexuais; por outro lado, também com elas é maior a incidência de falhas nesse mecanismo repressivo. Desse modo, os sintomas neuróticos são entendidos como satisfações indiretas e substitutivas das pulsões sexuais, originalmente reprimidas. A transferência refere-se a uma peculiaridade da relação psicanalítica, na qual o paciente desenvolve, para com seu analista, relações emocionais, tanto de caráter afetuoso quanto hostil, que são derivadas de suas relações com os pais (ou substitutos). A manifestação da transferência pode servir à resistência, ou seja, repete-se para não recordar ou não elaborar e pode servir ao trabalho analítico, já que é uma revivência de antigos conflitos, atualizados na própria relação analítica (neurose de transferência). Para Freud, é fazendo uso da transferência que o analista pode ajudar o paciente a superar as resistências internas e a se desfazer das repressões. Portanto, a interpretação da dinâmica transferencial é considerada uma tarefa técnica fundamental.

O conceito de contratransferência refere-se a como as atitudes, sentimentos e/ou núcleos conflituosos do paciente mobilizam o analista. O reconhecimento desta influência reflete-se na condução do trabalho analítico: tanto pode retardar seu progresso, se houver mobilização não reconhecida e não trabalhada, como propiciá-lo, quando os núcleos acionados forem percebidos e trabalhados em si próprio e no paciente. Por essa razão, para a psicanálise é imprescindível que o analista faça a sua própria análise.

A TR se assemelha à psicanálise na medida em que também considera que muitos conteúdos estão fora da consciência, no inconsciente; que a resistência é uma atitude psíquica que causa dificuldade ao paciente quanto a entrar em contato com conteúdos e imagens dolorosas, e ambas trabalham a partir de sonhos e atos falhos para atingir a origem dos conflitos psíquicos.

A transferência e a contratransferência não são trabalhadas na TR como na psicanálise, porém a TR admite e reconhece a sua existência no processo terapêutico, e quando elas ocorrem podem ser utilizadas como fortes indutores da regressão.

Além de conflitos sexuais, na TR, encontram-se com freqüência conflitos de outra ordem. A psicanálise atribui máxima importância à sexualidade, como fonte dos sintomas neuróticos, o que não ocorre com a TR, que busca a origem dos problemas atuais em vivências que podem ser de naturezas diversas.

Para a psicanálise, os sintomas são expressões disfarçadas dos desejos inconscientes; então, trabalha-se com o subjacente, enquanto fantasias e desejos não satisfeitos. Em TR, as causas para os sintomas apresentados encontram-se em situações do passado, trabalhadas como experiências reais.

Na psicanálise, o falar livremente traz à tona um conflito; na TR, o paciente escolhe um problema a ser trabalhado e, a partir desse foco, fala livremente até que surjam situações reais localizadas no seu passado.

Os sonhos são interpretados no processo psicanalítico, enquanto na TR são utilizados como forma de indução para a regressão.

Na psicanálise, o analista fala pouco, restringindo-se às interpretações e construções, enquanto na TR o psicoterapeuta não as utiliza. Em TR, busca-se a revivência visando à catarse e à compreensão do que ocorreu com o paciente; para tanto, o psicoterapeuta assume um papel mais ativo, interferindo no processo, dando suporte, proteção e apoio, estimulando a ligação corpo/emoção/mente.

O inconsciente, para a psicanálise, é o depositário de pulsões reprimidas a partir do nascimento. Em TR, esse conceito é ampliado; muitos conteúdos do inconsciente que emergem no processo regressivo vão além do nascimento, ou seja, são conteúdos de experiências de vida intra-uterina e outras vivências intrafísicas, nas quais situações traumáticas e mal resolvidas repercutem no presente, tornando-se responsáveis pelos problemas atuais.

## 2. PSICOLOGIA ANALÍTICA DE JUNG

*Latuf e Turco*

A terapia analítica foi desenvolvida por Carl Gustav Jung (1875—1961), formado em medicina pela Universidade da Basiléia em 1900. Optou pela psiquiatria através da leitura de um manual psiquiátrico de Krafft-Ebing. No mesmo ano foi trabalhar num hospital psiquiátrico em Zurique com Eugéne Bleuler. Em 1903 casou-se e foi estudar na França com Pierre Janet. Entre 1904 e 1905 abriu um laboratório experimental de psicologia, a pedido de Bleuler, quando estudou o trabalho de associação e descobriu os complexos, conceito importante para a TR.

A psicologia analítica (PA) recebeu esse nome a partir do rompimento com Freud, que se deu por volta de 1911, quando Jung escreveu o livro *Símbolos da transformação da libido*.

A divergência principal entre Jung e Freud se deu em relação ao material do inconsciente. Para Freud, o material do inconsciente seria estático, basicamente fruto da repressão e do instinto. Para Jung, o material do inconsciente deteria toda a nossa história, conhecimento e instintos, e seria dinâmico, pois não há nada definitivamente inconsciente.

Jung (1994, p. 6) coloca que a *psique* é como um "sistema *relativamente* fechado de energia" e, segundo Silveira (1981), o *quantum* que o indivíduo recebe permanece sempre o mesmo. Isso significa que a energia pode se transmutar num processo fechado, que essa troca gera trabalho que leva à busca do equilíbrio (homeostase) e, depois, ao renascimento. Assim, há um constante dinamismo psíquico, pois conteúdos abandonados (desinvestimento de energia) em um campo da *psique*, reaparecem em outro, sob outra forma. Portanto, há uma dinâmica interna, e nada é definitivamente inconsciente a todo esse processo feito pelo símbolo e que promove a transcendência. Esse posicionamento sobre a energia proporcionou uma visão mais profunda e amplificada da vida psíquica, mostrando que a teoria junguiana abriu um imenso campo à psicologia.

Para Jung (1985), a psicologia merece ser tratada também como uma ciência do espírito, pois o homem, em sua natureza intrínseca, está inserido na sua cultura como um ser biológico e espiritual. Podemos considerar que, no campo da psicologia, Jung foi o primeiro a tentar recuperar o direito de estudar o homem na sua trindade: o corpo, a mente e o espírito, que é também o objetivo da TR.

Todo o processo psicoterápico da psicologia junguiana visa à *individuação*. Este é o ponto de referência para se compreender a psicologia de Jung, é o eixo que dá sentido às suas conceituações. Jung (sd, p. 355) esclarece que usa a palavra individuação para designar "um processo através do qual um ser se torna um *individuum psicologico*, isto é, uma unidade autônoma e indivisível, uma totalidade". A TR também busca a possibilidade de o indivíduo viver um processo profundo de crescimento e amadurecimento.

A individuação é a realização de si mesmo (*self*), por meio da união dos opostos, do relacionamento e do confronto entre consciente e inconsciente. Com esse intercâmbio, o ser individuado atinge um nível de maturidade extraordinário, pois se diferencia a ponto de atingir os níveis mais profundos de si mesmo. A individuação traz uma visão sistêmica do indivíduo; ele consegue se ver por inteiro, ressignificando suas dificuldades, entendendo mais profundamente os *porquês* e o *como* da sua vida. A personalidade mais ampla, amadurecida e afetiva que surge é que o torna diferenciado, isto é, individuado. O processo de individuação (Silveira, 1981) é uma experiência subjetiva que sugere a intervenção ativa e criadora de alguma força suprapessoal.

Todo o crescimento buscado através da TR refere-se à evolução do ser na sua totalidade, na busca evolutiva para a realização *do si-mesmo*. A esse processo de busca de realização do si-mesmo, segundo Clarke (1993, p. 57), Jung deu o nome de *função transcendente*, que significa:

> *"(...) uma espécie de diálogo, levado a efeito mais por meio de imagens do que de palavras, no qual as funções consciente e inconsciente transcendem suas velhas posições de indiferença mútua, ou mesmo hostilidade e entram em sociedade. Seria o que Erich Neuman chamou de 'equilíbrio' do eixo ego/self, incluindo as polaridades consciente-inconsciente, persona-sombra, anima-animus, etc."*

A TR busca promover essa integração e reconhece, como a psicologia analítica (PA), que a mente inconsciente tem um poder curativo sobre a consciência, que ambos se complementam para formar o *self* ou a totalidade.

Baseado na descoberta de que existem fenômenos inconscientes que podem interferir na vida consciente, Jung desenvolveu sua visão de ***estrutura psíquica*** (Magalhães, 1984), e esta, para Jung (1985), divide-se em:

**a. Consciente pessoal:** que tem como seu centro o ego que, para Jung, é o centro das nossas atenções e desejos, o "cerne indispensável da consciência" (Jung, 1985, p. 7). O ego é criado a partir do *self*, mas este precisa do ego para se reconhecer.

A TR procura trabalhar com os conteúdos egóicos, vendo-os, muitas vezes, como programações rígidas de outras vidas, que não puderam ser resolvidas ou explicadas anteriormente e, por isso, continuam exercendo rígido controle sobre o presente.

Também pertence a esse sistema consciente a persona, descrita por Jung (sd, p. 357) como uma personalidade exterior. A persona é no indivíduo o que no teatro greco-romano era a máscara usada pelo ator para definir o papel que iria representar. É o "sistema de adaptação ou a maneira pela qual se dá a comunicação com o mundo", são papéis com os quais nos identificamos com o mundo.

Em várias situações, como podemos observar na TR, a pessoa assume *máscaras*, que podem estar vinculadas a processos obsessivos, presença de personalidade intrusa (PI), ou papéis rígidos vividos no passado.

**b. Inconsciente pessoal:** refere-se a tudo o que conhecemos, mas não pensamos num dado momento; tudo aquilo que já tivemos na consciência, mas esquecemos; tudo o que foi percebido pelos nossos sentidos e o nosso consciente não registrou; tudo o que sentimos, pensamos, desejamos e fazemos involuntariamente. Estão contidos aqui a sombra, *anima(us)* e os complexos.

Para a TR, os conteúdos guardados no inconsciente pessoal podem ser lembranças ainda não conscientes de traumas passados, repetidos vida após vida, de forma autodestrutiva, aparecendo como culpas, medos e desajustes de todas as espécies.

A **sombra** é a grande estrutura que representa o inconsciente pessoal, é o seu centro e contém o somatório de todos os elementos psíquicos pessoais e coletivos, a personalidade oculta, recalcada, inferior e carregada de culpabilidade; é o oposto daquilo que o indivíduo gostaria de ser. É constituída de desejos, memórias e experiências que o indivíduo rejeita; no entanto, "não é composta apenas de tendências moralmente irrepreensíveis, mas também de um certo número de boas qualidades, instintos normais, reações apropriadas, impulsos criadores, etc." (Jung, sd, 359-360).

Para a TR, esse pedaço negado do eu, composto por essas personalidades ocultas, recalcadas e cheias de culpas, pode ser o resultado de vivências traumáticas não resolvidas do passado, processos obsessivos, presença de personalidades subconscientes (PS), intrusas, etc. Há técnicas na TR que podem confrontar esses conteúdos sombrios, procurando trazê-los à luz da consciência, para compreendê-los e ressignificá-los.

O **complexo** é o material do inconsciente pessoal, o seu tecido conjuntivo. Contém, segundo Silveira (1981), agrupamentos de imagens, idéias, representações e percepções carregados de afetividade. Faz parte do crescimento normal do indivíduo e, por si só, não é patológico; porém, pode tornar-se patológico quando introjetamos nossas idéias. Quando isso acontece, interfere na vida consciente, produzindo perturbações e sintomas neuróticos.

A TR procura atingir o núcleo de um complexo, ou, usando a linguagem própria, o centro de um trauma profundo que interfere na vida do paciente, o envolve em situações contraditórias, perturba a sua memória e, muitas vezes, produz sintomas neuróticos intensos. Quando se toma consciência de um complexo, promove-se a transcendência.

A ***anima/animus*** é o que vincula, o canal de conexão, a passagem entre o mundo subjetivo e o objetivo, ou seja, entre o inconsciente pessoal e o inconsciente coletivo. Corresponde aos arquétipos de relacionamento, caminho por onde vai passar a individuação. A *anima* é "a personificação da natureza feminina no inconsciente do homem, enquanto que o *animus* é a personificação da natureza masculina no inconsciente da mulher" (Jung, sd, p. 351).

Para a TR, a bagagem das experiências com o outro sexo pode vir de memórias muito remotas trazidas de vidas passadas, na forma de personalidade subconsciente, personalidade-raiz.

**c. Inconsciente coletivo:** compõe-se de propriedades inconscientes herdadas, assim como os instintos e os impulsos. É a camada mais profunda da *psique*. É a soma acumulada de milhões de anos de condições psíquicas básicas. Jung (sd, p. 352) chamou esses padrões herdados de *arquétipos*, que "são imagens primordiais, motivos oriundos da mitologia, das lendas e dos contos, capazes de expressar, num retrato vivo, os comportamentos comuns da raça".

Para a TR, supõe-se que essa soma acumulada de condições psíquicas básicas poderia ser decorrente de experiências de várias vidas. Há necessidades, não comandadas por uma motivação atual, que podem ser resíduos de traumas profundos do passado. Todo ser humano, no presente, é o somatório de experiências vividas no passado (Godoy, 1990a). Os acontecimentos não desaparecem da memória, continuam guardados no inconsciente.

***Self*** para Jung (sd, 358) é:

> *"(...) o arquétipo central da ordem da totalidade do homem; (...) é o centro e também a circunferência completa que compreende, ao mesmo tempo, o consciente e o inconsciente: é o centro dessa totalidade, como o eu é o centro da consciência; (...) é também a meta de vida, pois é a expressão mais completa dessas combinações do destino que se chama indivíduo."*

Pode-se observar, nos autores da TR, a mesma busca do desenvolvimento do indivíduo na sua totalidade, a partir de um centro organizador maior das múltiplas dimensões do ser em busca da evolução para a perfeição.

Percebe-se que a TR pode facilitar todo o processo de condução do paciente na busca da sua individuação. Guardadas as devidas proporções, as diferenças de técnica e as peculiaridades das duas abordagens não apresentam divergências marcantes, que impossibilitem um psicoterapeuta junguiano de utilizar a TR em seu campo de trabalho, como fez, por exemplo, Woolger, psicoterapeuta junguiano, que harmonizou sua linha de trabalho com a TR, de forma que elas se completassem e enriquecessem a sua prática profissional.

Jung (*in* Samuels,1989) refere-se a personalidades múltiplas, aos nossos outros "eus" que precisam ascender à luz da consciência por meio da elaboração dos conflitos. Para a TR, há uma identificação profunda com personalidades secundárias, quando o indivíduo se recorda de uma vida passada ao elaborar seus conflitos, durante o processo terapêutico. A diferença é que, para a TR, essas personalidades podem ser resíduos de traumas passados, e, para a PA, seriam criações da *psique*. O importante para ambas é considerar todo o material vindo do inconsciente como verdadeiro. Tanto para Jung quanto para a TR, a verdade psíquica é sempre aquilo que é real para o paciente.

Para as duas vertentes, o material vindo do paciente, seja na forma de imagens simbólicas, seja na forma de vivências passadas, está relacionado com a sua problemática atual, com a sua história agora, com aquilo que o faz sofrer, com o que não está funcionando na sua vida. Ambas as vertentes concordam que o inconsciente traz sempre o necessário para o momento e que o psicoterapeuta deve seguir sempre o que a *psique* está tentando fazer para sair do conflito.

Quando Jung aborda a questão dos arquétipos, ele está abordando a bagagem da história da humanidade que trazemos conosco. Nesse sentido, esses mitos também são encontrados e encarados, na TR, como focos de traumas comuns a toda a humanidade. Por exemplo, quando é enfocado um núcleo de abandono na história pessoal de um indivíduo, pode encontrar similaridade entre sua história, revivida através da TR, e um conto de fada ou mito, como também pode reestruturar e reestimular os seus conteúdos, através, por exemplo, da trajetória de um herói. Os contos de fada, do mesmo modo que as vivências na TR, são representações de acontecimentos psíquicos.

Quando uma história é revivida em terapia, revive-se uma intensa carga energética que ficou presa no momento traumático. Ao se esgotar e liberar essa carga aparece a oportunidade da adoção de uma nova postura, um redirecionamento de energia, um reposicionamento de vida, como diz Jung (1985), um reencontro com o *self*.

O complexo patológico na visão junguiana é um nó energético que aparece quando se experimenta uma derrota na vida, conceito que Woolger (1994) com base na sua experiência em TR, complementa dizendo que esta derrota pode ser em qualquer vida. O importante é que a PA e a TR lidam com a consciência da distância que existe entre esse material traumático e a vida do indivíduo e, dessa forma, procuram conscientizar de que não é preciso mais reviver questões ligadas a antigos posicionamentos, não há necessidade da repetição desses conteúdos. Com isso, procura-se libertar o indivíduo da compulsão de ficar sempre repetindo vivências que já se foram no tempo. Nas duas vertentes, a ressignificação do material colhido na sessão pode enriquecer e facilitar o processo psicoterápico. Para Jung (sd ), assim como para a TR, o sentido da vida é atingir a plenitude do ser na sua totalidade.

Pode-se perceber com as análises efetuadas que a união dessas duas vertentes pode enriquecer o processo psicoterapêutico, proporcionando um aprofundamento indispensável e maior abrangência no objetivo comum de compreender o ser humano em toda a sua totalidade e plenitude. É essa a importância da TR dentro da PA.

## 3. PSICODRAMA

*Perez*

O Psicodrama é um método terapêutico criado por Jacob Levy Moreno, psiquiatra romeno, descendente de uma família judia proveniente da Península Ibérica, cujo nascimento se deu em 19 de maio de 1882 em Bucareste.

Moreno gostava de contar que começou a criar o psicodrama aos quatro anos de idade, quando brincava com outras crianças o jogo de "Deus com os anjos". Nessa brincadeira, distribuía os papéis de "anjos" entre seus companheiros e atribuía a si mesmo o papel de "Deus", subindo em cadeiras empilhadas numa mesa para de lá poder voar, fato que lhe ocasionou uma fratura no braço direito (Moreno, 1993, p. 51).

Posteriormente, em sua vida de adulto, enquanto estudante de Medicina em Viena no período de 1908 a 1914, continuou interessado em metafísica e em teatro. Costumava passear nos jardins públicos da cidade e reunir crianças em grupo, para contar e ouvir histórias e para realizar representações improvisadas. Orientou também seus estudos para a psicanálise, pedagogia, história do teatro e sociologia.

Entre 1913 e 1914, organizou grupos de discussão entre prostitutas de um bairro marginal de Viena, com o objetivo de desenvolver nessas pessoas o sentido de auto-aceitação.

Em 1917, concluiu seus estudos de doutorado em psiquiatria e, no ano de 1921, precisamente em 1º de abril, realizou sua primeira sessão oficial de psicodrama perante mil espectadores, num teatro dramático de Viena. Essa sessão psicodramática, segundo Moreno (1993), não foi bem-sucedida.

Depois do insucesso daquela sessão, Moreno dedica-se a trabalhar com grupos de teatro e organiza seu próprio "teatro de improvisação", em que os atores não tinham um roteiro definido e podiam improvisar durante a dramatização. Passou a chamar esse teatro de "teatro da espontaneidade". E, por meio do acompanhamento dos papéis desempenhados no palco por uma de suas atrizes, de nome "Bárbara", em comparação com os papéis desempenhados por ela em sua própria vida, Moreno vai descobrindo que podia modificar padrões comportamentais das pessoas por meio das encenações do teatro. Converte, assim, o "teatro da espontaneidade" num "teatro terapêutico" (Moreno, 1993, p. 53).

Em 1925, migra para os Estados Unidos, onde começa a estruturar uma teoria para o psicodrama, criando fundamentos mais científicos para suas idéias e observações.

No período de 1929 a 1931, Moreno cria um teatro improvisado em Nova York e abre uma clínica psiquiátrica em Beacon, passando a desenvolver também suas sessões psicodramáticas com os pacientes da clínica. Por essa ocasião, continua a aprofundar seus estudos e pesquisas em sociologia e principalmente em sociometria, que é a ciência das relações interpessoais. Cria também o conceito de *psicoterapia de grupo*.

Com o transcorrer dos anos, as bases teóricas e práticas fundamentais da sociometria e do psicodrama são lançadas e publicadas por meio de vários livros escritos por Moreno. Seu trabalho vai conquistando diversos espaços não só no campo da psicoterapia, mas também nos campos social, educacional e empresarial.

O ano de 1974 é marcado pela morte de Moreno, que deixa como legado uma extensa obra que proporciona inúmeras contribuições para a Psicologia, a Psiquiatria e a Sociologia.

A palavra "psicodrama" origina-se das palavras gregas "drama" e "psique". A palavra "drama" significa ação ou algo que se realiza e ação enquanto movimento consumado. Já o termo "psique" refere-se à alma ou espírito. Portanto, em sua origem etimológica, psicodrama refere-se a um "método que investiga a fundo a verdade da alma mediante a ação" (Bustos, 1982, p. 63).

O conceito de drama que norteia a teoria psicodramática assume o sentido de uma ação real e efetiva, envolvendo o significado de o homem agir fisicamente sobre seu ambiente que, por sua vez, está em constante interação com o indivíduo que atua (Soeiro, 1995).

Segundo Naffah Neto (1982, p. 55), essa noção de drama remonta à história do teatro grego, com seus Dramas e Tragédias, e representa "o movimento dos seres humanos no interior da constituição histórica que lhes é própria, movimento esse que é regido pelo anonimato e em que a ação humana acha-se expropriada e alienada de si mesma, como que representando uma grande peça de autor desconhecido". Nesse sentido, o autor define, também, psicodrama como sendo "o movimento por meio do qual uma psique rompe o seu estado de alienação, descobrindo-se como constituída pelo Drama e buscando, no interior desse Drama, a verdade histórica de sua constituição" (Naffah, 1982, p. 56).

Essa noção teórica de drama pode ser encontrada, dentro da TR, inserida na metodologia de Woolger (1994 e 1998), que trabalha com o conceito de *dramas da alma* e com a perspectiva de *vidas passadas como psicodrama*, ou seja, como uma forma de a psique resgatar sua verdade histórica conectando-se, dentro de si mesma, com personagens de outras eras, com suas histórias e ações. Woolger (1994) afirma que se identifica com a percepção curativa do teatro e da narrativa e que sua forma de tratar a TR é muito influenciada pelo psicodrama.

Além de ser marcado pela filosofia subjacente à concepção do teatro grego, o psicodrama moreniano foi também inspirado na metodologia fenomenológica e na corrente filosófica do existencialismo, segundo a qual a existência do homem no mundo somente se efetivava por meio da relação e da ação. Tais substratos filosóficos propiciaram ao psicodrama ser uma terapia ativa da relação Eu—Tu, uma psicoterapia dinâmica, dialética e dialógica, conforme bem expressa Petrilli (1994, p. 56).

No tocante à fundamentação filosófica e metodológica, pode-se dizer que a TR possui também embasamentos fenomenológicos e existenciais e também caracteriza-se por ser uma psicoterapia ativa, dinâmica e dialógica. Entretanto, enquanto o psicodrama é uma terapia centrada na relação Eu—Tu e na ação (drama), a TR possui um enfoque filosófico mais humanista e é uma terapia centrada na pessoa.

Quanto à visão do ser humano presente na teoria psicodramática, pode-se dizer que se refere a uma concepção do homem como um ser que possui recursos inatos de espontaneidade, criatividade e sensibilidade. Para Moreno (1993), o homem pode se tornar um co-criador do universo à medida que libera e desenvolve essas três características em si mesmo. Paralelamente, por intermédio do desenvolvimento da ação transformadora sobre o meio, o homem vai sendo capaz de resgatar seu potencial inato de criador.

A noção de espontaneidade e criatividade que permeia a visão moreniana do homem é um dos pontos fundamentais da teoria psicodramática. Moreno (1993, p. 132) define espontaneidade como sendo o próprio estado autônomo e livre do homem, "livre de influências exteriores e de qualquer influência interna que não possa controlar", sendo, ainda, a capacidade que um indivíduo possui de oferecer "resposta adequada a uma nova situação" ou oferecer "resposta original a uma situação antiga" (Moreno, 1974, p. 58).

Esse conceito de espontaneidade tem convergência com a TR, à medida que a metodologia do trabalho de regressão, após o desenvolvimento da fase de revivência do passado, tem como objetivo final a fase de transformação e reprogramação do modelo de vida da pessoa. Nessa fase do trabalho, o paciente será incentivado a realizar novas decisões de vida no sentido de dar respostas diferentes e originais a situações atuais semelhantes às situações passadas e de dar respostas adequadas a situações novas de vida; ou, nas palavras de Moreno, tomar redecisões que favoreçam o desabrochar de sua capacidade de expressão mais espontânea e criativa.

Porém, no tocante à contextualização do conceito de espontaneidade, as duas abordagens apresentam divergências. Para Moreno, o primeiro ato espontâneo do homem é o seu nascimento. De acordo com o autor, o homem nasce espontâneo e criativo e vai deixando de sê-lo à medida que os fatores do meio ambiente intervêm sobre ele, limitando-o e restringindo o desenvolvimento de sua espontaneidade. A TR admite esse princípio somente como uma das possibilidades do desenvolvimento humano. Para a TR o homem pode nascer com seu potencial espontâneo e criativo aberto ou pode nascer limitado na sua espontaneidade, à medida que pode trazer em si mesmo influências limitadoras do seu passado de outras vidas ou do período de vida intra-uterina e do próprio nascimento.

Um outro conceito teórico do psicodrama, muito ligado ao conceito de espontaneidade, é o conceito de *Momento*. Moreno (1993, p. 96) fala do *Momento* como sendo "a abertura pela qual o homem passará em seu caminho". Através desse conceito, transforma a realidade temporal na realidade do instante do tempo vivido, construindo um quadro de referência temporal no qual "tudo está sendo", "não foi ou será", e "o que tem valor é o que se vive no momento". Refere-se também ao momento de "ser, viver e criar", ressaltando o potencial criativo e transformador do momento enquanto estrutura fundamental do tempo.

Essa filosofia do momento é convergente com a TR, pois a mesma valoriza e enfatiza a preciosidade do tempo presente, compreendendo a necessidade de acompanhar o fluxo da vida a cada instante potencialmente criativo e transformador; e, para isso, enquanto proposta terapêutica, está atenta a qual passado está, no presente, repercutindo negativamente, necessitando ser trabalhado para desbloquear "o momento de ser, viver e criar", tão falado por Moreno (Godoy, 1997a).

Inserido dentro da filosofia do momento, com o seu potencial criador, estão também três conceitos, considerados pilares do psicodrama: *matriz*, *locus* e *status nascendi*. Na concepção moreniana de mundo, tudo no universo tem um elemento gerador, uma fonte, uma *matriz*. A matriz, por sua vez, possui um *locus*, que é o cenário que a envolve e o lugar em que ocorre o que foi gerado por ela. Um fato ou algo criado terá, a seu tempo, um processo de crescimento, desenvolvimento e evolução, constituindo o *status nascendi* (Bustos, 1982).

Segundo Bustos (1982, p. 27), essas três coordenadas "(...) sustentam todo ato ou conceito psicodramático" e "marcam a dinâmica que estrutura toda a tarefa dramática". Dessa forma, o trabalho terapêutico, no psicodrama, se guiará no sentido de encontrar a matriz, ou fatos que geravam os temas ou conflitos a serem trabalhados, o contexto que os envolve (*locus*) e seus processos de estruturação (*status nascendi*). O ato terapêutico parte, assim, de cenas mais atuais, e desdobra-se na reconstituição histórica, buscando os elementos geradores do conflito ou dificuldade atual, no passado, em cenas mais antigas.

No momento em que as percepções e conhecimentos, advindos dessa busca psicoterápica, se integram na reconstituição da trama dramática, ocorre a catarse de integração, que para Moreno (1993) representa um salto para o indivíduo, o qual, não só fica liberado das cargas emocionais vinculadas ao seu trauma passado, mas também passa a ser um novo indivíduo.

Tal perspectiva terapêutica, que ressalta a importância de se buscar a origem do conflito ou matriz no passado, e a importância de se processar um trabalho catártico, é um ponto nítido de convergência entre a abordagem psicodramática e a TR. A catarse de integração buscada no psicodrama, que prevê liberação de emoções e transformação do ser, assemelha-se ao trabalho da TR, que busca, também, além da liberação de cargas emocionais, mentais, somáticas e energéticas, facilitar o surgimento de redecisões e reprogramações de vida do paciente.

Partindo do conceito de matriz, Moreno (1993, p. 114) elabora toda uma teoria do desenvolvimento infantil, enunciando também o conceito de matriz de identidade, que é "a placenta social da criança, o *locus* em que ela mergulha suas raízes".

A TR, por sua vez, não possui uma teoria própria de desenvolvimento infantil, mas com certeza tem muito que acrescentar a uma teoria de desenvolvimento da criança que, como o psicodrama, busca as raízes da identidade do ser humano. Inclusive, na visão de Moreno, o homem, além de um ser psicológico, social e cultural é também um ser de origem cósmica, "ontologicamente positivo e a caminho da realização da plenitude" (Petrilli, 1994, p. 40). Nesse sentido, em relação às raízes cósmicas do homem, a TR tem muito que acrescentar com seus achados de vivência intra-uterina e seus elementos de compreensão de um passado de outras vidas.

Outro aspecto importante do psicodrama é a sua teoria dos papéis. O conceito de papel, advindo do teatro, foi anexado por Moreno (1993) à compreensão da personalidade humana; para ele o homem não pode ser visto e nem compreendido de forma isolada, pois o ser humano está sempre em uma relação. Define papel como sendo a "forma de funcionamento que o indivíduo assume no momento específico em que reage a uma situação específica, na qual outras pessoas ou objetos estão envolvidos" (Moreno, 1993, p. 27). Cada papel que o ser humano assume tem o seu papel complementar ou contrapapel; por exemplo: mãe—filho, aluno—professor. Cabe à tarefa psicoterápica investigar e trabalhar as redes de papéis articulados a cada drama e a cada conflito.

A TR, na sua fundamentação, também se utiliza dessa teoria de papéis do psicodrama e busca, em cada trabalho regressivo, identificar os papéis desempenhados pela pessoa em suas revivências, assim como busca investigar sua rede de vínculos. Na TR costuma-se, inclusive, estar atento aos papéis de perseguidor, vítima ou observador (Berne, 1985), que podem constituir papéis assumidos pelo paciente diante de situações de vida atual, ou representar dinâmicas de papéis de suas personalidades passadas ou de personalidades intrusas, com as quais está envolvido.

Baseado na sua teoria de papéis e das relações interpessoais, Moreno (1993) desenvolveu também o conceito de tele e de encontro. Tele refere-se ao fundamento das relações interpessoais, e constitui a capacidade de o indivíduo perceber e valorizar, de forma objetiva e correta, as pessoas do seu relacionamento e as situações que o envolvem. Por sua vez, encontro diz respeito a um fenômeno télico, que estabelece o vínculo Eu—Tu, permitindo verificar a capacidade de inversão de papéis, de entrega e de mútuo reconhecimento. É a capacidade de compreender o outro a partir de dentro de si mesmo.

Tendo em vista esses fundamentos teóricos, a visão da relação terapeuta—paciente dentro do psicodrama é permeada pela importância que se dá ao relacionamento interpessoal e pela importância de se desenvolver uma boa relação télica, que favoreça o surgimento da capacidade para o encontro. Nesse sentido, para Moreno (1993), a transferência, considerada como o deslocamento que o paciente faz, para o terapeuta, de sentimentos que já vivenciou em outras situações, é compreendida como uma patologia da tele. Assim, incentiva-se no psicodrama uma boa relação télica entre terapeuta e paciente e não uma relação transferencial.

Evidencia-se aqui outro ponto de semelhança entre TR e psicodrama: ambas as abordagens não utilizam a transferência como ferramenta básica de trabalho; em vez disso, preferem trabalhar construindo uma comunicação mais direta, objetiva e de mútua valorização entre terapeuta e paciente. E ambas também não são técnicas interpretativas.

Com relação ao processo psicoterapêutico em si, o psicodrama pode ser aplicado a grupos ou realizado a partir de um único indivíduo.

Enquanto processo de investigação e transformação, o psicodrama utiliza métodos dramáticos e trabalha com instrumentos como espaço cênico, o diretor (terapeuta), assistentes terapêuticos ou egos auxiliares, o protagonista ou porta-voz do drama e o público.

A dramatização como recurso terapêutico representa a forma de pesquisar e compreender a verdade do drama. Ela é trabalhada pesquisando-se a rede de papéis que envolve o enredo dramático, e utiliza várias técnicas, tais como, espelhar o protagonista, inverter papéis, afastar o protagonista da cena para observar de fora, etc. (Bustos, 1982).

É interessante observar que a dramatização introduz no *setting* terapêutico um "como se", que pode abarcar, segundo Petrilli (1994), três níveis:

1. nível real: trabalho com cenas reais,
2. nível simbólico: trabalho com metáforas,
3. nível de fantasia: trabalho com cenas imaginárias.

Soliani (1993, p. 74), complementando a noção dos níveis de uma dramatização, lembra o conceito moreniano de realidade suplementar, que diz respeito ao "conjunto das dimensões invisíveis da realidade, da vida intra e extrapsíquica". Expressa que o *setting* terapêutico e o próprio paciente ficam enriquecidos ao experienciar uma realidade mais ampla e abrangente.

Woolger (1996b) concorda com a perspectiva desse enriquecimento e expressa que uma grande contribuição do psicodrama para o trabalho da TR é justamente esse conceito de realidade suplementar que permite, ao terapeuta da regressão, trabalhar as situações que ficaram incompletas durante uma revivência. Utiliza o conceito do psicodrama para trabalhar, principalmente, vivências de vidas passadas no momento de pós-morte; desenvolve um tipo de psicodrama pós-morte e dramatiza as situações que ficaram inacabadas. Pode, por exemplo, pedir para o paciente que morreu, numa determinada vida, com intensos sentimentos de raiva, que confronte com as pessoas alvo de seus sentimentos e expresse a elas tudo que quiser e precisar expressar.

Porém, quanto aos níveis de dramatização, Woolger (1996b) esclarece que ao se focalizar o trabalho regressivo com vivências de vidas passadas, é importante assumir a história da vida passada como um fato real e ficar atento para que o nível de fantasia não afaste o paciente do nível real do drama.

Woolger (1996b) evidencia ainda outras contribuições do psicodrama para a TR, como as técnicas psicodramáticas que podem favorecer o aquecimento de um paciente para o trabalho de regressão, como podem, também, auxiliar durante o trabalho regressivo propriamente dito. Em suas regressões, utiliza muito o conceito de protagonista da história, concebe os personagens de vidas passadas como protagonistas que podem expressar o drama da psique, sendo necessário, para isso, que expressem seus sentimentos de forma intensa e profunda. Afirma que pode usar as diferentes partes do corpo da pessoa como egos auxiliares do processo de revivência, como pode também, durante uma regressão, incentivar o diálogo entre personagens da história. Além disso, pode, ao final de uma regressão, pedir para o paciente rever sua vida passada situando-se fora dela, com o objetivo de compreender a dinâmica daquela vida, tal qual numa dramatização um protagonista pode se afastar das cenas do drama para compreendê-lo melhor.

Durante a condução de vivências regressivas, Woolger (1994) afirma utilizar os princípios do psicodrama quando encoraja o paciente a revivenciar os elementos importantes e decisivos da história em questão, buscando percorrer esses eventos, solicitando que o paciente fale de suas impressões, usando sua linguagem no tempo presente, como se ele estivesse dentro do drama.

Outros aspectos que o psicodrama tem paralelos com a TR são os conceitos de foco e a técnica do psicodrama interno.

O conceito de foco, segundo Petrilli (1994, p. 61), vem da vertente teatral do psicodrama, que faz distinguir, entre as microcenas simultâneas que se desenrolam num espaço cênico, qual a cena mais importante e nela focalizar a atenção, já que é impossível olhar para todas ao mesmo tempo. Tal conceito de foco é também muito utilizado pelos autores da TR, quando, diante do maior projeto terapêutico do paciente, solicita deste a escolha do que quer trabalhar em cada sessão regressiva, para que se possa também definir o foco da sessão, ou seja, o caminho que o paciente e o terapeuta irão percorrer naquela dada sessão.

Quanto ao psicodrama interno, refere-se a uma técnica psicodramática desenvolvida por Dias (1987), em que se trabalha individualmente com a pessoa, buscando produzir em sua mente uma seqüência espontânea de imagens, produzindo uma espécie de sonho acordado. Nessa técnica, trabalha-se muito com a realidade simbólica, e o interessante é que, sob a perspectiva da TR, muitas das imagens que surgem poderiam também ser investigadas como indícios de vivências reais do paciente. Como identificar e separar o que é real do que é fantasia? Uma das possibilidades é utilizar o que Netherton (1999) recomenda: perguntar ao inconsciente do paciente e solicitar qual é a verdade que está por trás de cada imagem.

Pode-se dizer que o psicodrama e a TR constituem abordagens psicoterápicas que possuem vários fundamentos teóricos e técnicos convergentes e que as duas psicoterapias, cada uma com suas originalidades e peculiaridades, podem oferecer contribuições e complementações mútuas.

## 4. GESTALT-TERAPIA

*Perez*

A gestalt-terapia constitui uma abordagem psicoterapêutica fundada por Friedrich Perls, psiquiatra de origem alemã, nascido em 1893, na cidade de Berlim, e filho de pais judeus.

Perls concluiu seus estudos de medicina em 1920, aos 27 anos de idade, com o título de doutor em neuropsiquiatria e, cinco anos após, iniciou sua formação em psicanálise com Karen Horney (fundadora da psicanálise culturalista); posteriormente fez análises e supervisões com outros psicanalistas importantes da época: Clara Happel, Eugen Harnick e Wilhelm Reich.

Em 1933, em função da expansão do movimento nazista, Perls foge da Alemanha e muda-se para a Holanda e depois para a África do Sul, fundando o Instituto Sul Africano de Psicanálise. Por ocasião dessa mudança para a África, Perls já estava casado com Laura Perls, psicóloga, psicanalista e sua futura parceira na área de estudos e trabalhos de psicoterapia.

Nessa fase, Perls começa então a desenvolver suas próprias teses e, em 1942, publica seu primeiro livro, *O eu, a fome e a agressividade*, em que defende idéias que se inclinam a contestar alguns dos princípios da psicanálise: "O inconsciente, o primado da sexualidade infantil e da libido, a utilização da transferência como motor do tratamento, etc." (Ginger, 1995, p. 54). Essas idéias envolviam também a importância de se focalizar o corpo no processo terapêutico, de se concentrar no momento presente, de propiciar um relacionamento mais direto entre terapeuta e paciente, e a importância de se desenvolver uma terapia mais holística, com ênfase mais na síntese do que na análise. Expôs, ainda nessa obra, o que chamou de "terapia da concentração", em que era solicitada do paciente uma concentração em torno da experiência presente e em torno das sensações do corpo (Ginger, 1995, pp. 53-54). Foram surgindo, assim, as primeiras noções que levariam mais tarde ao nascimento da gestalt-terapia.

Por volta de 1946, Perls emigra para os Estados Unidos e, com o passar dos anos, vai rompendo abertamente com o movimento psicanalítico. Em 1950, juntamente com Laura Perls, forma um grupo de estudos, o "Grupo dos Sete", ao qual se agregam Paul Goodman (poeta e escritor revolucionário, anarquista e psicanalista), Isadore From (estudante de fenomenologia), Paul Weisz (psicoterapeuta com influências do zen-budismo), Elliot Shapiro e Sylvester Eastman (Ginger, 1995, p. 56).

Depois da composição desse grupo, Perls publica, em 1951, o livro *Gestalt therapy*,[29] em co-autoria com Paul Goodman e Ralph Hefferline, e no ano seguinte funda com sua esposa o primeiro Instituto de Gestalt, em Nova York, acompanhado, depois, por outro Instituto em Cleveland.

No início dos anos 60, Perls muda-se para o Instituto Esalen, na Califórnia, passando a oferecer laboratórios de demonstração da nova tera-

---

29. Traduzido para o português com o nome: *Gestalt-terapia explicada*. São Paulo: Summus, 1976.

pia (*workshops*) e empreende um programa de formação profissional em gestalt-terapia. A partir daí seu trabalho vai sendo gradativamente divulgado e passa a ser considerado como um expoente de um novo método psicoterápico.

Posteriormente, em 1970, com 77 anos de idade, morre em Chicago, deixando as bases sobre as quais continua a se desenvolver o movimento da gestalt.

Na sua trajetória de formulação desse novo método de psicoterapia, Perls foi influenciado pelas correntes teóricas da psicanálise; pela psicologia da gestalt dos teóricos alemães, tais como Kohler, Koffka, Wertheimer, Lewin, Goldstein; e pelas correntes filosóficas humanista, existencial e fenomenológica. Recebeu também influência da teoria psicodramática de Moreno, da análise de caráter de Reich, do taoísmo e do zen-budismo, passando a gestalt-terapia a se constituir, portanto, em uma síntese bem elaborada, coerente e criativa de diversas correntes de pensamentos filosóficos e métodos terapêuticos (Tellegen, 1984, pp. 25-42; Ribeiro, 1985; Ginger, 1995).

A denominação do método gestalt-terapia vem do termo alemão *gestalt*, que não tem equivalência exata em outros idiomas e cujo sentido geral refere-se ao significado de: forma, disposição, todo, configuração, ou seja, uma organização específica de partes que constitui um todo particular. Deriva, segundo Ginger (1995, p. 13), da palavra *gestalten*, que significa "dar forma, dar uma estrutura significante". Esse mesmo autor define a gestalt-terapia como sendo a terapia que "incentiva a formação flexível de gestalts sucessivas, adaptadas à relação sempre flutuante do organismo com o seu meio, num ajustamento criador permanente", uma terapia que tem, enfim, "a arte de formação de boas formas" (Ginger, p. 39).

Tratando-se de uma abordagem com fundamentação filosófica humanista, existencial e fenomenológica, a gestalt-terapia é também uma psicoterapia centrada na pessoa, que concebe o ser humano como um todo complexo, um organismo unificado, desenvolve uma visão holística e integradora do homem, da relação mente-corpo e da relação do organismo humano e seu meio.

Essa visão e concepção holística e humanista do ser humano, percebido como um ser em desenvolvimento, em crescimento pessoal e dotado de um potencial pleno para se descobrir e manifestar, é, justamente, um dos primeiros pontos de convergência entre a abordagem da gestalt-terapia e da TR. As duas psicoterapias são terapias centradas na pessoa, que enfatizam a busca do crescimento pessoal e a atualização do potencial do ser humano.

Além disso, segundo Ginger (1995, p. 17), "a gestalt desenvolve uma perspectiva unificadora do ser humano, integrando ao mesmo tempo as dimensões sensoriais, afetivas, intelectuais, sociais e espirituais (...)". Tal perspectiva é também inerente às concepções da TR. Ambas adotam, assim, uma abordagem multidimensional do homem, havendo porém uma diferença, já que na TR a dimensão "espiritual" assume uma profundidade muito maior e mais abrangente do que na gestalt. Para a TR, a dimensão "espiritual" está relacionada com a concepção do homem como ser integral (físico e consciencial), como ser imortal e em evolução, cuja consciência abarca múltiplas vivências: física, intrafísica e extrafísica, atuais e passadas (Godoy, 1997b), ao passo que, para a gestalt, a dimensão "espiritual" refere-se ao "lugar e sentido do homem no meio cósmico e no ecossistema global" (Ginger, 1995, p. 115).

No processo terapêutico encontramos outro aspecto comum às duas terapias, o que decorre da visão integradora e humanista do ser humano. Trata-se da ênfase que ambas dão à busca e desenvolvimento da independência e autonomia do paciente, de sua responsabilidade sobre si mesmo, sobre seu processo terapêutico, sobre suas escolhas, enfim, sobre sua vida. Incentiva-se a busca da assertividade e do trabalho interno no ritmo e no nível que convier à pessoa. As duas abordagens consideram o paciente como um participante ativo e integrado ao processo terapêutico, com potencial para se autogerir e auto-regular. Na TR trabalha-se, inclusive, a ativação do terapeuta interno do paciente. Em ambas as terapias, embora terapeuta e paciente ocupem papéis diferenciados, eles são percebidos como parceiros dentro da relação terapêutica. O terapeuta não ocupa um papel onipotente e de domínio sobre o paciente, acreditando que sabe mais sobre o paciente do que ele próprio, mas se dispõe a compartilhar o processo de descoberta do mundo interno do paciente, numa relação dual de atenção, simpatia e respeito à sabedoria interna de cada um (Godoy, 1990b e 1997b; Ginger, 1995).

A gestalt-terapia, enquanto teoria e técnica, baseia-se também na concepção da natureza humana como uma gestalt unificada, uma configuração composta de partes que interagem num processo dinâmico e que estão em estreita relação com a totalidade do ser, sendo que esta totalidade é diferente e maior que a soma de cada uma de suas diversas partes componentes. Durante o processo terapêutico, o terapeuta trabalha na direção da percepção e da compreensão do paciente como um todo e na percepção e na compreensão de cada parte que o compõe, com o objetivo de propiciar a ele o alcance de sua totalidade enquanto ser.

Esse conceito acerca do todo e suas partes, enunciado na gestalt-terapia, encontra também ressonância na TR. Para a gestalt, a maioria das pessoas têm consciência apenas de partes de si mesmas, não possuindo a consciência do seu todo e a psicoterapia direciona-se, como foi dito anteriormente, a trabalhar no desenvolvimento da consciência e da compreensão das partes e na construção da totalidade do ser. Este princípio está presente na TR, com a diferença de que as partes a serem identificadas, reconhecidas e integradas podem se referir não apenas às partes ligadas às vivências desta vida, mas também podem se referir às personalidades passadas pertencentes a outras vidas. Tanto na gestalt quanto na TR encontraremos recursos técnicos e exercícios específicos para o trabalho de percepção do todo e das partes e para a conscientização e integração das partes perdidas à consciência total do ser.

Na compreensão do processo dinâmico do todo e suas partes, outro conceito importante em gestalt é o conceito de figura e fundo, que se refere à formação e à organização das realidades interna e externa do organismo humano. Segundo Ribeiro (1985, p. 75), "em termos práticos, na gestalt se afirma que o paciente é sempre figura e o psicoterapeuta, fundo. O paciente é figura porque é ele que deve surgir como diferenciado na configuração, e porque é sua comunicação que vai apontar o caminho de uma procura mais ampla". Por sua vez, continua Ribeiro (1985, pp. 74-76), durante uma sessão psicoterápica, a totalidade do paciente é o fundo e o que ele vai trazendo como queixas e como tema passa a ser figura na sessão. Vai havendo também uma constante mudança e fluidez na organização dessa relação figura/fundo, bem como uma sucessão de figuras durante a comunicação. Em alguns momentos, o paciente é fundo, em outros é figura, ora o que ele comunica é fundo, ora é figura, esta é identificada como sendo a parte mais energizada e tensionada no paciente, a parte que emerge do fundo e que se destaca. É, portanto, necessário que o terapeuta fique atento aos níveis, graduações e intensidade de energia presente no paciente e na sessão de psicoterapia, que possa definir o que seja figura ou fundo num dado momento, demarcando, assim, o que seja dominante e emergente para ser trabalhado terapeuticamente.

Esse conceito gestáltico de figura/fundo encontra também convergência na TR. Semelhantemente à gestalt, a TR trabalha com temas que emergem a cada sessão carregados de maior significado e energia (figura), que possam propiciar um contato maior com a totalidade do paciente (fundo). Durante uma vivência de regressão, a partir da queixa do paciente, passa-se a definir o foco da sessão (figura), que levará a algum momento traumático desta ou de outra vida (fundo), que por sua vez, ao ser localizado, transforma-se em elemento principal (figura), numa constante fluidez e mudança. Até que, novamente, as redecisões e a reprogramação de vida do paciente passam a ser figura e os elementos pertencentes à origem do problema trazido como queixa passam a ser fundo outra vez.

A diferença entre TR e gestalt é que, na TR, o processo de formação de realidades mediado pela sucessão de figura/fundo pode ser transposto para níveis de realidades mais abrangentes, desta ou de outra vida, de vivência consciencial física, extrafísica ou intrafísica.

Da inter-relação dos conceitos de todo/partes e de figura/fundo surge outro conceito-chave da gestalt, que é a ênfase no "aqui e agora", ou seja, a valorização da tomada de consciência do momento presente. Para a gestalt, perceber o que se passa na experiência atual do "aqui e agora" é uma forma direta, breve e segura de se atingir a realidade da totalidade do ser. Assim, citando Ribeiro (1985, p. 81), "o presente ou o 'aqui e agora' convive com o organismo e com o passado, que são uma história, numa relação de figura e fundo, de todo e parte. É o princípio da contemporaneidade. O passado e o corpo estão presentes, aqui e agora, na pessoa como um todo, e isto basta para entendê-la e para que se possa lidar com ela criativamente".

Nessa relação de figura e fundo entre passado, presente e futuro, a abordagem gestáltica propõe lidar, prioritariamente, com as experiências de uma forma descritiva, em vez de enfatizar os determinantes causais. Assim, há na gestalt uma busca da predominância do "como" sobre o "porquê". A compreensão de cada experiência é guiada pelos seguintes parâmetros: O quê? Como? Onde? Quando? Para quê?

Evidencia-se, portanto, o objetivo principal da gestalt que é a conscientização ou *awareness*. *Awareness* se define, segundo Ginger (1995, p. 254), como sendo "a tomada de consciência global no momento presente, atenção ao conjunto da percepção pessoal, corporal e emocional, interior e ambiental (consciência de si e consciência perceptiva)".

O conceito gestáltico do "aqui e agora" também está em consonância com a TR, mesmo se tratando de uma teoria e técnica que atua no campo da retrocognição. Isso porque, na TR assim como na gestalt, trabalha-se terapeuticamente no presente. Parte-se do aqui e agora do paciente para que possa trazer o passado para o presente e, por meio da conscientização desse *passado presente*, o paciente vai encontrando os elos causais de seus problemas atuais e liberando-se das influências que esse passado exercia negativamente sobre seu presente. Vai se conquistando, assim, o alcance de um dos objetivos da TR, que é o de se viver plenamente no "aqui e agora", de forma presente, consciente e desperta, objetivo este semelhante ao da gestalt.

Por outro lado, a gestalt, caracterizada essencialmente como terapia do "aqui e agora", também trabalha no campo da retrocognição, como bem explica Ginger (1995, p. 150):

> *"Na Gestalt contrariamente a uma opinião difundida, o passado emerge regularmente e até, às vezes, um passado longínquo, pré-verbal, arcaico. Mas ele só é abordado quando aflora espontaneamente no 'aqui e agora'. O gestalt-terapeuta não está, pois, em absoluto, encerrado na*

*prisão do presente... ele está atento a tudo que emerge do passado como lembrança atual, e que, conseqüentemente, deve ter algum significado agora."*

Analisando esta citação de Ginger (1995), percebe-se que há semelhanças no enfoque do passado no *"aqui e agora"*, tanto pela gestalt quanto pela TR. Entretanto, evidencia-se aqui uma diferença entre as duas abordagens no tocante a esta questão: os gestalts-terapeutas abordam a experiência passada quando ela surge espontaneamente, ao passo que os terapeutas da regressão buscam as experiências passadas de forma mais direta e sistemática. Assim, pode-se dizer que, na gestalt, há uma prevalência da busca do *como* e do *para que*, sobre a busca do *porquê*. Já em TR, há uma conjugação entre a busca dos determinantes causais (por que) e a busca da compreensão fenomenológica (como e para quê).

Ambas as abordagens, porém, adotando a postura fenomenológica, não são terapias interpretativas, mas sim terapias experienciais e expressivas, que enfatizam a revivência de cada conflito e trauma no presente, no *"aqui e agora"*, buscando o desenvolvimento da tomada de consciência de cada elemento que compõe a situação problemática favorecendo o crescimento psicológico da pessoa.

Por sua vez, o processo de crescimento psicológico, na visão de Perls (1977), constitui um processo de expansão das áreas de autoconsciência. Esse crescimento é inibido quando se estabelecem movimentos de fuga em relação à conscientização, sendo que a interrupção do fluxo de consciência é geralmente causada pela presença de algo desagradável. Nesses momentos, nos quais algo desagradável aparece, são estabelecidas fugas em relação a pensamentos, percepções e lembranças que envolvem uma dada experiência. Essa experiência não é então absorvida por completo, fazendo com que o indivíduo fique preso a uma dada situação inacabada, repleta de necessidades não satisfeitas ou com a satisfação interrompida. No indivíduo saudável, essa interrupção do fluxo da consciência não ocorreria, havendo um contato fluido entre o organismo humano e o meio, e um contato com limites. Contatar constitui a formação de uma gestalt, e o posterior afastamento do meio constitui o fechamento dessa gestalt. Para Perls (1977, p. 33), as neuroses são originadas em indivíduos cujas funções de contato e afastamento estão perturbadas, ocasionando o acúmulo de situações ou gestalts inacabadas, nem plenamente formadas, nem plenamente fechadas.

Perls (1977) pressupõe que para possibilitar o crescimento psicológico, é necessário completar as situações ou gestalts inacabadas. Considera importante também estudar a forma como uma pessoa funciona em seu meio, percebendo o que denominou de "fronteira de contato entre o indivíduo e seu meio", buscando compreender inclusive o ritmo e a maneira com que a pessoa empreende seu ciclo de contato e afastamento. Uma vez completadas as gestalts inacabadas, é possível a assimilação de suas experiências no presente e o restabelecimento do equilíbrio interno com o meio, favorecendo o ativar da capacidade de a pessoa se auto-apoiar e auto-regular.

Vamos encontrar muitas vezes na TR esse conceito enunciado por Perls, acerca das gestalts inacabadas e da premente necessidade de completá-las e resolvê-las. Nessa abordagem, trabalha-se também com o princípio de que toda pessoa possui experiências inacabadas que aparecem simbolicamente no dia-a-dia, repercutindo de forma patológica no seu presente, e que completar e fechar essas experiências constitui um objetivo terapêutico primordial.

A TR diferencia-se da gestalt-terapia nas situações inacabadas, que podem se referir às vivências incompletas desta vida ou se constituir de heranças de um passado de outras vidas que permanecem no presente, precisando ser completadas e resolvidas, para que suas influências sobre o momento atual possam ser eliminadas.

Baseado nesse princípio de completar gestalts incompletas, pode-se dizer também que a gestalt-terapia é uma terapia dialógica e de contato, na qual o terapeuta age como um catalisador que ajuda o paciente a perceber como ele próprio, constantemente, interrompe seu ciclo de contato e satisfação de necessidades e como ele evita seu fluxo de conscientização.

Na TR, o terapeuta também adota funções semelhantes, só que o processo de conscientização, contato e fechamento de gestalts será feito durante cada sessão regressiva no tocante a completar o padrão inacabado no corpo, no pensamento e no sentimento e podem envolver gestalts desta vida ou de outras vidas. Assim, durante o trabalho de regressão, o terapeuta está atento a cada impulso inacabado com relação a pensamento, sentimento e sensação corporal do paciente, dando permissão a ele para completar o ciclo de contato relativo àquelas revivências despertadas, para depois integrá-las à sua consciência maior.

Durante o processo terapêutico, porém, a TR parte em geral de um contrato terapêutico preciso e definido, enquanto que a gestalt-terapia não prevê a necessidade desta definição prévia de contrato, indo em busca da descoberta de várias direções de trabalho (Godoy, 1990a; Ginger, 1995).

Além dessas correlações teóricas entre TR e gestalt-terapia, pode-se observar também muitos pontos de convergência entre as duas abordagens em nível técnico e metodológico.

A gestalt-terapia utiliza, na sua prática, várias técnicas verbais e não-verbais, tais como: "despertar sensorial, trabalho com a energia, a respiração, o corpo ou a voz, expressão da emoção, trabalho a partir de sonhos, criatividade (desenho, modelagem, música, dança, etc." (Ginger, 1995, p.18). Traz, assim, para o *setting* terapêutico, o corpo, as emoções, as sensações, o trabalho catártico e o acesso ao inconsciente por meio dessas vias.

Na TR, trabalha-se também com técnicas verbais e não-verbais e privilegia-se a busca do inconsciente por meio do trabalho experiencial com o corpo, seus sentimentos, emoções e sensações.

Na gestalt, as ações terapêuticas se instauram "a partir de manifestações aparentes, corporais, emocionais ou mentais, parte-se, deliberadamente, da superfície para atingir as camadas mais profundas não conscientes" (Ginger, 1995, p. 259).

Essa metodologia de trabalho está muito presente no corpo de técnicas da TR, principalmente no que diz respeito aos métodos catárticos de regressão. Neles, ao se utilizar os sintomas apresentados na queixa como indução ao estado regressivo, procede-se também da superfície (levantamento de emoção, sensação e pensamento em torno do tema escolhido como foco da sessão) para as camadas mais profundas do psiquismo (origem do problema focado como queixa), tal qual as ações terapêuticas gestálticas.

Os teóricos da TR que mais utilizam a abordagem da gestalt-terapia em integração com o trabalho de regressão são Netherton e Woolger. O método Netherton de TR tem, por exemplo, como elemento central o uso da técnica gestáltica de repetição de frases para localização e liberação de traumas (Netherton, 1999).

Woolger (1994, p. 83) ressalta, inclusive, que Netherton:

> *"(...) foi o primeiro terapeuta a aplicar o método gestalt de repetir frases simbolicamente ressonantes como um estímulo para despertar memórias perinatais e de vidas passadas. Perls apurou muito o ouvido em terapia para detectar frases ou gestos triviais que pareciam encapsular a essência do complexo, ou, segundo sua terminologia, uma gestalt incompleta — uma questão inacabada. Uma frase como 'minha garganta aperta quando...' será usada por Perls para entrar rápida e eficazmente em algum drama vital importante sobre pensamentos e emoções reprimidas. Netherton também demonstrou claramente que frases semelhantes ressoam com o trauma de nascimento, conversas ouvidas no útero e dramas de vidas passadas."*

Woolger (1994, p. 91), por sua vez, também utiliza, em seu trabalho com TR, esta técnica de repetição de frases e trabalha bastante com o conceito de "questões inacabadas da alma", acrescentando o conceito de "psicologia do karma" ou "psicologia dos resíduos de ações passadas". Faz uso também de exercícios gestálticos de linguagem corporal e de identificação e diálogo com sintomas. Por exemplo, diante de um paciente com ombros rígidos, usa de intervenções, tais como: "Peça a seus ombros que digam simplesmente o que sentem" (Woolger, 1994, p. 78); diante de uma região pélvica retesada, com pernas esticadas e cabeça virando de um lado para outro, intervém: "Deixe essas partes do corpo falarem e expressarem o que estiver acontecendo com elas" (Woolger, 1994, p. 93).

Ambos os autores, Netherton e Woolger, trabalham também com a técnica gestáltica de amplificação de percepções, de gestos e movimentos corporais, tanto no sentido de torná-los cada vez mais explícitos e possíveis de serem conscientizados pelo paciente, quanto no sentido de favorecer a obtenção da catarse. Pede-se ao paciente para voltar toda a sua atenção e concentração ao tema escolhido e vai se aprofundando o tema com a intensificação e amplificação de cada percepção e associações que vão emergindo.

Na realização do trabalho de favorecer movimentos catárticos, Netherton (1997), Woolger (1994) e TenDam (1997a) valorizam e enfatizam, assim como na gestalt, o trabalho com o corpo e as emoções. Durante uma sessão de regressão, esses terapeutas utilizam a intensificação de sentimentos, emoções, sensações e movimentos corporais, pressão física, alterações no ritmo e volume da voz, atenção à respiração e mudanças de ritmos respiratórios, utilização de objetos intermediários para facilitação da catarse, tais como uso de almofada para bater, acariciar ou abraçar, uso de toalha para torcer, etc.; recursos esses também inspirados no conjunto de técnicas da abordagem gestáltica.

Entretanto, enquanto na gestalt trabalha-se com o conceito de catarse por ab-reação emocional, na TR trabalha-se com o conceito de catarse, buscando abarcar vários níveis: catarse física, emocional, intelectual e energética (Godoy, 1997a; TenDam, 1989).

TenDam (1989), semelhantemente à gestalt-terapia, utiliza-se também no seu trabalho de terapeuta da regressão, de muitos exercícios com imagens e fantasias dirigidas, que permitem ao paciente entrar em contato com partes internas suas que necessitam ser reconhecidas, conscientizadas e integradas à sua totalidade.

Vamos encontrar também em TenDam (1997a) e em Woolger (1994), a utilização do trabalho com sonhos e com a temática das polaridades psíquicas, trabalhos terapêuticos tão familiares ao gestalt-terapeuta.

Percebe-se, assim, ao olhar panoramicamente as correlações teóricas e técnicas entre gestalt-terapia e TR, que as duas abordagens possuem uma rica afinidade e similaridade de conceitos, princípios e métodos e que as diferenças fundamentais baseiam-se no enfoque mais biográfico da gestalt-terapia e no enfoque de consciência multidimensional da TR.

Ressalta-se, assim, a possibilidade de associar a gestalt-terapia à abordagem da TR ou vice-versa, no sentido de propiciar uma riqueza de complementação no campo de teorias e técnicas psicoterápicas.

Para concluir, podemos usar a citação de Tellegen (1982, p. 81), que sintetiza a concepção gestáltica do ser humano como:

> *"O homem, ser-no-mundo, sujeito de sua existência em busca de sua verdade criativamente transformando seu mundo e sendo transformado por ele, debatendo-se em contradições, divisões e confusões, enroscando-se em estereótipos e paralisando-se em repetições ao longo do caminho."*

E, complementando com os princípios da TR, podemos dizer que as repetições ao longo do caminho podem representar dinâmicas desta vida ou antigas dinâmicas da psique trazidas novamente à vida para serem completadas e transformadas.

## 5. PSICOSSÍNTESE

*Maeda e Turco*

A psicossíntese foi desenvolvida por Roberto Assagioli, que defendeu tese de doutorado em psicanálise (1910), em que assinalava algumas das limitações do ponto de vista de Freud, surgindo assim a psicossíntese.

Em 1911, apresentou o seu conceito de inconsciente no Congresso Internacional de Filosofia, em Bolonha. Em 1926, foi fundado em Roma o Istituto di Psicosíntesi, com o objetivo de desenvolver, aplicar e ensinar as várias técnicas de psicoterapia e de treinamento psicológico, tendo em vista a realização da psicossíntese dos pacientes e, no campo educacional, dos alunos.

A psicossíntese (Assagioli, 1982) é uma concepção dinâmica de nossa vida psicológica, que visa o desenvolvimento e a perfeição da personalidade e, depois, a coordenação harmoniosa e a crescente unificação, tratamento de distúrbios psicológicos e psicossomáticos, educação integral. Começa de dentro, com o eu do indivíduo. Acredita que o indivíduo está sempre em evolução e, para tanto, procura o significado de sua vida, sua meta, seus valores, escolhas e decisões, assumindo responsabilidades. Busca também a consciência clara das motivações, a profundidade e a seriedade da vida humana, e dá ênfase no futuro e no papel dinâmico no presente, na unicidade de cada indivíduo. Para a psicossíntese, a vontade tem função essencial.

Usa deliberadamente técnicas ativas para transformar, sublimar e dirigir as energias psicológicas; fortalecer e amadurecer funções fracas ou subdesenvolvidas; ativar energias superconscientes e estimular potencialidades latentes; transmutar e sublimar energias biopsíquicas, em especial as pulsões sexuais, combativas ou agressivas, que passam a ser usadas e dirigidas para atividades e realizações criativas.

A psicossíntese pode também ser vista como preventiva, pois trabalha essencialmente com o fortalecimento das potencialidades e a ativação das energias superconscientes e isso pode ser feito a qualquer tempo, desde a infância; diferentemente de outras teorias que visam restabelecer o equilíbrio psíquico partindo da "doença", a psicossíntese trabalha com o aspecto saudável do indivíduo. Tem como objetivo promover a função transcendental de Jung, que seria a síntese-psicossíntese, incluindo partes conscientes e inconscientes. Utiliza grande variedade de métodos, entre os quais se destacam a análise e a integração das subpersonalidades, a identificação/desidentificação, o treinamento da vontade, o desenvolvimento da intuição, a meditação, a imaginação dirigida, além de incorporar a seus recursos as técnicas provenientes da gestalt, da bioenergética, do psicodrama, etc.

Diferencia-se das outras abordagens psicológicas por acreditar na existência de um eu espiritual e de um superconsciente. Acredita que todas as manifestações superiores da *psique* humana, como a imaginação criadora, a intuição, a aspiração, o gênio, são fatos tão reais e tão importantes quanto os reflexos condicionados e, portanto, podem ser investigados e tratados de forma científica. Essas são energias que podem ser liberadas e utilizadas no trabalho construtivo e terapêutico.

Visa a reconstrução da personalidade em torno do novo centro. Essa personalidade vai ser constituída a partir de: a) utilização das energias disponíveis; b) forças libertadas pela análise e desintegração dos complexos inconscientes; c) tendências latentes; d) desenvolvimento de aspectos da personalidade que são: deficientes ou inadequados; e) coordenação e subordinação das várias energias e funções psicológicas.

A psicossíntese (Assagioli, 1982) tem como pressupostos:

- Explorar profundamente o inconsciente inferior, médio e superior.
- Promover a desidentificação, uma vez que, para Assagioli: "Somos dominados por tudo aquilo com o que o nosso eu se identificou e podemos dominar e controlar tudo aquilo com o que nos desidentificamos."
- Descobrir ou criar um centro unificador, que será o produto da confrontação ou conscientização do material trabalhado e transformado durante o processo da psicossíntese.

Os pressupostos da psicossíntese são semelhantes aos da TR, uma vez que ambas procuram fazer com que o indivíduo assuma a responsabilidade por si; evolua dentro de todas as suas potencialidades e se liberte de energias inadequadas ou mal internalizadas; todo trabalho é realizado a partir do próprio indivíduo, utilizando-se de sua energia disponível, sua parte sadia, sua vontade de cura; promove a psicossíntese.

Ambas buscam a auto-realização; um novo centro unificador; dissociam para dominar e controlar; trabalham com o inconsciente inferior, médio e superior; crêem na busca evolutiva do homem, no significado de sua vida, seus valores, escolhas e decisões, assumindo responsabilidades; levam em conta a intuição, a criatividade, a vontade e o núcleo da *psique* humana — o eu; a abordagem da patologia, na psicologia clássica, negligencia ou ignora a intuição, a criatividade, a vontade e o núcleo da *psique* humana — o eu. A TR, quando trabalha com memórias de vida passada, ultrapassa a concepção de vida atual.

## 6. ANÁLISE TRANSACIONAL

*Godoy*[30]

Em 1957, Berne[31], neurologista nascido em 1910, desenvolveu na Califórnia, no período de 1950 a 1958, a teoria básica e a prática de análise transacional. Com este método racional de analisar o comportamento humano, pode-se dizer que buscou operacionalizar a psicanálise, com a qual rompeu em 1956.

Berne (1985) define estados de ego como um padrão consistente de sentimentos e experiências relacionadas diretamente com um padrão consistente de conduta correspondente. Define como sendo três os estados de ego: Pai(P), Adulto(A) e Criança(C). O Pai é definido como um conjunto de sentimentos, atitudes e padrões de conduta semelhantes a uma figura parental. Pode funcionar como uma influência interna, ou exibir-se diretamente como uma conduta parental e pode ser funcionalmente nutritivo ou dominante. O Adulto é definido como um conjunto de sentimentos, atitudes e padrões de comportamento adaptados para a realidade; é orientado para um tratamento objetivo e autônomo dos dados e cálculo de probabilidade. A Criança, como um conjunto de sentimentos, atitudes e padrões de con-

---

30. Texto revisado em abril/2000, por Manoel M. Teixeira, médico psiquiatra, membro didata clínico da ITAA e UNAT-BRASIL.

31. Para maiores informações sobre Erick Berne recomendamos a leitura do artigo: *Eric Berne: sua história e a fundamentação da Análise Transacional*, de Manoel M. de Teixeira, publicado na Revista Brasileira de Análise Transacional, ano V — número 1 — junho de 1995, pp. 83-91.

duta que são relíquias do passado do indivíduo. É um estado de ego arcaico. Funcionalmente, pode ser adaptado (segue as diretrizes paternas) e natural (autônomo), que significa estar livre das diretrizes parentais.

O processo psicoterápico é dividido por Berne (1985) em 3 fases.

A primeira corresponde à fase anatômica, que é a *análise estrutural e funcional*, que visa a reestruturação dos estados de ego e o reforço de seus limites, a chamada descontaminação.

A segunda é a fase fisiológica, que é a análise das transações e jogos, que trabalha com a redistribuição da catexia ou energias. Jogo é definido como uma série de transações ulteriores que inclui uma isca e um ponto fraco, que progride para um resultado previsível. A resposta traz uma virada (troca de papéis) e um desfecho (ganho). Segundo Berne (1985), as pessoas jogam para manter a posição existencial; obter carícias; estruturar o tempo; dar suporte aos disfarces; fazer caminhar o *script* e evitar a intimidade.

Com a regressão, consegue-se obter um relaxamento das defesas do estado de ego Pai e Criança, que estão no controle, permite a exibição de outras modalidades de estado de ego P ou C (transferência de catexia), e com isso pode-se trabalhar a reparentalização ou parentalização.

A terceira fase é a fase analítica ou análise do *script*, que visa a desconfusão da criança, objetivando a mudança do plano de vida negativo que foi decidido na infância, para que possa alcançar a autonomia. Aqui Netherton (1995) encontrou respaldo para o seu conceito de programação negativa.

*Script* é definido por Berne (1988) como um plano de vida baseado em uma decisão tomada na infância, reforçada pelos pais, justificado por acontecimentos subseqüentes e que culminam em uma alternativa eleita. Goulding e Goulding (1979) atribuíram responsabilidade à criança pela interpretação subjetiva dessas mensagens parentais e por seu papel ativo no processo de decisão. Berne assinalava que os indivíduos elaboravam seu *script* até os 7 anos de idade, porém alguns autores, como Erskine (1980), afirmaram que as decisões poderiam ser feitas em qualquer estágio de desenvolvimento dos indivíduos.

Berne, mesmo não se referindo às influências perinatais na formação do *script*, considerava importantes as influências ancestrais e afirmou que padrões de *script* ancestrais têm influência por causa dos pais atuais (ou pais *in loco*, ou mesmo o Pai Cultural), que ativam esses padrões nas mensagens (Berne, 1988).

Richard Erskine, importante inovador analista transacional e ganhador em 1982 do prêmio *Eric Berne,* em conjunto com Zalcman, desenvolveu a teoria da *análise dos disfarces*, como um acréscimo às teorias da análise estrutural, análise funcional e dos *scripts*. A análise dos disfarces visa à identificação das crenças e emoções do *script*, manifestação do disfarce e memórias reforçadoras.

O sistema de disfarce é definido como sendo um sistema auto-reforçador e distorcido de emoções, pensamentos e ações, mantido por indivíduos presos a um *script*.

O sistema de disfarce tem três componentes inter-relacionados e interdependentes. As crenças e emoções do *script* que são todas as contaminações do A pelo P e pela C; a manifestação do disfarce são todos os comportamentos evidentes e internos que são manifestações de crenças e emoções do *script;* e as memórias reforçadoras são as lembranças de eventos relacionados durante a vida da pessoa. São uma coleção de memórias emocionais de transações reais ou imaginárias; lembranças de experiências corporais internas ou os remanescentes retidos de fantasias, sonhos ou alucinações.

A AT oferece conceitos teóricos e ferramentas poderosas para o trabalho regressivo. Ajuda a TR no processo de conscientização do indivíduo, uma vez que é importante que o mesmo tome consciência dos jogos que fazem parte de sua vida, do "sistema de disfarce", em que está inserido, e do *script* a que obedece.

Conforme Beekum & Lammers (1990), a TR pode ajudar a AT na compreensão da formação dos *scripts;* para tanto, é necessário que esta expanda seus conceitos de infância precoce para qualquer estágio de desenvolvimento.

A teoria do *script*, que na AT focaliza as tarefas da vida presente, pode ser vista como descrevendo a programação existencial da vida atual. As tarefas incompletas de vidas passadas podem dirigir o *script* na vida presente. Elas podem aparecer como resíduos do passado na forma de crenças, respostas emocionais e padrão de reação comportamental e psicológica; dessa forma, um trauma relatado em vida passada pode ser tratado como qualquer outro trauma, em uma história pessoal do paciente.

Aceitar a história de vida passada como real é dar permissão ao paciente para sentir, ouvir e ver e, assim, poder criar condições para o *rapport* e mudança terapêutica.

Numa sessão de TR, assim como na AT, busca-se identificar as decisões que o paciente tomou em relação a sua vida frente às situações traumáticas.

O *script* inclui traumas da infância, mensagens parentais, compulsores, modelos e mensagens posteriores que auto-reforçam essas decisões e crenças de *script*. A TR busca a origem dos traumas, as mensagens parentais, as mensagens auto-reforçadoras e promove a redecisão (desenvolvida por Gouldings — 1979).

Após a revivência do momento traumático, o paciente é conduzido para a experiência de morte, em que as crenças do *script* são classificadas perguntando-se ao mesmo: o que ele decide sobre si, os outros e a qualidade de vida. É importante identificar essas crenças do *script* que detonam problemas na vida atual.

Durante a regressão, quando se trabalha a morte, uma fronteira clara é estabelecida entre o momento da morte e o que acontece depois, para que o paciente possa sair do impasse entre o que a vida anterior, que acabou de terminar, criou, e sua vida atual. Dessa maneira, impede-se que as decisões negativas de vida passada sejam generalizadas para a vida atual. No pós-morte e concepção, o paciente é trabalhado para que se desapegue das suas decisões de vida passada. A seguir é realizada uma programação futura de vida em que o paciente imagina como a vida atual continuará depois das redecisões.

Pode-se dizer que a técnica catártica de Netherton está, basicamente, fundamentada no trabalho psicoterápico realizado pela AT e que, realmente, a TR vem ampliar o campo de atuação e de trabalho da AT.

## 7. BIOENERGÉTICA

*Perez*

A Bioenergética refere-se a uma abordagem terapêutica desenvolvida por Alexander Lowen, médico formado pela Universidade de Genebra, na Suíça, nascido em 1910 e que é um dos mais importantes discípulos de Wilhelm Reich, com quem teve uma formação analítica e em cujas idéias se baseou para elaborar a sua própria teoria.

Lowen conheceu Reich em Nova York, no ano de 1940, quando freqüentou um curso ministrado por Reich sobre Análise do Caráter, na New School for Social Research. Continuou estudando com ele até 1952 e fez análise didática no período de 1942 a 1945.

Wilhelm Reich (1897—1957) influenciou Lowen com suas idéias revolucionárias acerca da "identidade funcional do caráter de uma pessoa" (soma de suas experiências passadas), "com sua atitude corporal ou couraça muscular", que se "refere ao padrão geral das tensões musculares crônicas do corpo" (Lowen, 1982, p. 13).

Reich desenvolveu todo um trabalho que tratava da influência do corpo com relação ao psiquismo e vice-versa, ressaltando a importância de se adotar a análise das atitudes corporais nas ações terapêuticas. Ele afirmava que o corpo é a expressão visível da realidade interior de cada pessoa e que constitui a manifestação imediata e inconsciente da história de suas experiências passadas. Dizia que "o mundo total da experiência passada incorpora-se ao presente sob a forma de atitudes de caráter. O caráter de uma pessoa é a soma total e funcional de todas as experiências passadas" (Reich, 1975, p. 129). Postulava também que o caráter de cada um é baseado em movimentos e bloqueios de energia no corpo e que essa energia de natureza organobiofísica circulava pelo organismo vivo. A essa energia utilizada no trabalho pelos organismos vivos denominou "orgone", palavra oriunda de "orgânico" e "organismo".

Reich (1975) ampliou também a visão da sexualidade e introduziu o conceito de potência orgástica como forma de definir saúde emocional.

Essa interação do corpo e da mente, divulgada por Reich, já era analisada por Lowen desde 1930, quando trabalhava como diretor de atividades físicas e de esportes em diversos acampamentos de verão. Ele próprio, adepto de exercícios físicos, observava em si mesmo uma melhora significativa da sua saúde física e mental, proporcionada pela atividade física.

Ao conhecer Reich, Lowen vislumbra, assim, uma possibilidade de aprofundar e expandir seus estudos anteriores.

Depois de ser treinado e analisado terapeuticamente por Reich, Lowen começa a trabalhar como terapeuta seguindo essa abordagem. Ele desenvolve o seu trabalho por dois anos e, em 1947, deixa Nova York e parte para a Suíça, onde estuda medicina. Forma-se em 1951, volta para os Estados Unidos e toma conhecimento de algumas mudanças na terapia reichiana, tais como a transformação da chamada "vegetoterapia caractero-analítica" (terapia com ênfase na análise do caráter), para uma terapia denominada "terapia orgônica" (terapia com ênfase na aplicação da energia orgônica, através do uso de acumuladores, que eram aparelhos complexos inventados por Reich, usados para carregar de energia o organismo vivo). Devido a essas mudanças, Lowen inicia um movimento mais crítico com relação à terapia reichiana, que o leva a adotar uma "posição independente em relação ao trabalho de Reich" (Lowen, 1982, p. 32).

Nesse estudo independente, Lowen associa-se, em 1953, ao psiquiatra John C. Pierrakos, que também havia sido discípulo de Reich, e juntos formam um programa de seminários clínicos, passando a transmitir a outros terapeutas os conceitos básicos do trabalho terapêutico corporal. Com o avanço dessas experiências, em 1956 Lowen e Pierrakos fundam o Instituto de Análises Bioenergéticas.

Posteriormente, em 1957, ocorre o falecimento de Reich e o início de um trabalho terapêutico de Lowen com seu colega Pierrakos. Nesse trabalho conjunto, Lowen trabalhava na primeira parte da sessão com ele próprio e descrevia suas sensações corporais a Pierrakos e, na outra parte da sessão, Pierrakos trabalhava a musculatura tensa de Lowen, com pressões em pontos determinados dessa tensão.

Dessa forma, trabalhando com seu próprio corpo, Lowen foi criando e desenvolvendo posições e exercícios básicos, que passariam a constituir os padrões da bioenergética (Lowen, 1982).

Depois de um período de criação e experimentação de exercícios, de discussão de idéias e técnicas com Pierrakos e de um estudo intensivo sobre tipos de caráter, Lowen publica, em 1958, o livro *O corpo em terapia: a abordagem bioenergética*. Há nele um estudo da personalidade humana a partir dos processos energéticos do corpo, relacionando padrões de comportamento com dinâmicas físicas e psicológicas da pessoa.

Pierrakos, posteriormente, a partir das suas experiências físicas, mentais e espirituais, desenvolveu o conceito de terapia da Energética da Essência, introduzindo no trabalho terapêutico a espiritualidade como uma função natural humana. Ele fundou também o Instituto da Energética da Essência e formou uma comunidade chamada Pathwork (Pierrakos, 1990).

Lowen, por sua vez, continuou seu trabalho autodidata em bioenergética, colocando-a como uma "aventura de autodescoberta" (Lowen, 1982, p. 39), e prosseguiu desenvolvendo muitos trabalhos terapêuticos com pacientes e publicando outras obras acerca da abordagem bioenergética.

A bioenergética constitui um método terapêutico que trabalha com a hipótese de que há uma energia fundamental no corpo humano, denominada por Lowen de bioenergia, que se manifesta nos fenômenos psíquicos e no movimento somático, e determina todos os processos vitais do organismo (Lowen, 1977).

Segundo Lowen (1985, p. 11), a bioenergética é também "uma forma de terapia que combina o trabalho com o corpo e com a mente para ajudar as pessoas a resolverem seus problemas emocionais e a melhor perceberem o seu potencial para o prazer e para a alegria de viver". Constitui "uma maneira de entender a personalidade em termos do corpo e de seus processos energéticos".

Assim, partindo da contribuição de Reich de que o corpo deve ocupar o papel principal dentro de um trabalho terapêutico, bem como da introdução de seu conceito energético de orgone, que interligava mente e corpo, Lowen propõe uma técnica terapêutica que permite à pessoa reencontrar-se com seu corpo e desfrutar da vida que pulsa dentro de si mesma.

Essa ruptura com o trabalho terapêutico meramente verbal e a colocação do corpo como parte importantíssima num processo de terapia, bem como a compreensão de processos energéticos, constituem pontos de convergência entre a abordagem da bioenergética e a TR, principalmente em se tratando dos métodos regressivos catárticos. Para exemplificar essa relação, podemos citar Woolger (1996), que relata que na TR é impressionante o envolvimento do corpo do paciente na história que está sendo revivida, em que o paciente não se senta nem se deita passivamente, relatando uma visão interior de vida passada com os olhos fechados, ele é o sujeito de muitas convulsões dramáticas, contorções, vômitos e coisas inimagináveis.

Entretanto, a ênfase e a prioridade do trabalho corporal diferenciam-se nas duas abordagens. Para a bioenergética, o trabalho com o corpo é a base sobre a qual se constrói todo o trabalho de autopercepção e autocompreensão do paciente, constituindo seu ponto central de abordagem terapêutica, enquanto que a TR concentra-se na pessoa do paciente, envolvendo o trabalho corporal como uma das múltiplas dimensões de intervenção terapêutica.

Quanto à compreensão dos processos energéticos, pode-se dizer que as duas abordagens contemplam um conceito de energia para a compreensão da personalidade humana e o utilizam na condução do trabalho terapêutico. Lowen (1982) fala da bioenergia como energia vital que envolve todos os processos de vida de um organismo, o movimentar-se, o sentir e o pensar. Postula que a quantidade de energia que o indivíduo possui e a forma com que ele a usa irá determinar e refletir a sua personalidade. Coloca também o conceito de carga e descarga de energia e afirma que num organismo vivo deve haver um equilíbrio entre essa carga e descarga energéticas. Sendo assim, um dos objetivos da terapia bioenergética é trabalhar simultaneamente nesses dois níveis de energia: carga e descarga. Esse trabalho é feito aumentando-se o nível de energia do indivíduo, liberando-se a expressão de si mesmo e favorecendo o livre fluxo de sentimentos e sensações corporais. Pierrakos (1990), usando também conceitos bioenergéticos, faz um interessante estudo sobre "energia e consciência", "corpo energético" e "energética da essência".

Entre os autores da TR, o conceito de energia está presente em Woolger (1996), TenDam (1997), Netherton(1999) e Godoy (1999b). Enquanto na bioenergética o conceito de energia abarca o referencial mente-corpo, nos autores da TR o conceito energético refere-se às dimensões física e psíquica e abrange também outros níveis extrafísicos.

Para TenDam (1997), todo trabalho regressivo possui um lado da história revivenciada e outro lado que envolve o trabalho com energia, que permite a restauração do campo energético da pessoa, limpeza desse campo, separação de energias intrusas à pessoa, trabalho catártico, etc.

Woolger (1996) também fala desses dois aspectos do trabalho regressivo. Para ele o terapeuta precisa atuar desfazendo os nós energéticos. Primeiramente, o terapeuta deve concentrar-se nos nós e, depois, na compreensão da história. Ele afirma também que a TR atua nos planos físico, mental e espiritual, admitindo a existência, no ser humano, de um campo energético distribuído nos corpos mental, emocional e etérico. O corpo mental é o principal campo energético, o mais sutil, que vibra com mais intensidade, no qual estão resíduos negativos de experiências passadas. O corpo emocional ou astral, o que está próximo ao corpo físico, é mais denso que o anterior, com menos vibração e contém resíduos emocionais do passado. Por sua vez, o corpo etérico é o mais denso de todos, tem menos vibração e é o que se aproxima da energia orgone de Reich. Woolger (1996) diz que os pontos importantes do trabalho terapêutico são aprofundar o trabalho com o corpo físico, limpando as emoções primitivas, integrando a pessoa ao corpo e também trabalhar o corpo etérico, expressando e liberando os resíduos de traumas e emoções, desta e de outras vidas.

Godoy (1997b), por sua vez, diz que há uma diferenciação entre técnicas regressivas e técnicas energéticas, enuncia os conceitos de *consciência multidimensional*, conceito de *núcleos energéticos*, e postula a manifestação da consciência através dos corpos: físico, energético, extrafísico (emocional), mental e energia pura.

Percebe-se assim uma enunciação do conceito energético dentro da TR de uma forma mais ampla e geral do que na abordagem bioenergética. Lowen (1982) esboça alguns sinais de brechas para uma possível ampliação desse conceito quando faz diferenciação entre "mente" (parte do ser humano que pensa e concentra), "alma" (senso ou sentimento pessoal de fazer parte de uma ordem mais ampla ou universal) e "espírito" (força de vida de um organismo). Lowen também afirma que "a energia é a força que está por trás do espírito e, portanto, a base da espiritualidade do corpo" (Lowen, 1990, p. 30).

Outra tese fundamental da bioenergética, segundo Lowen (1985), é que o corpo e a mente são funcionalmente idênticos e se influenciam mutuamente. Essa influência e interação mútuas são mediadas pelos processos energéticos. Nesses, estabelece-se a produção de energia por meio da respiração e do metabolismo orgânico, e a descarga de energia por meio do movimento.

Lowen (1982) diz que, numa pessoa cuja personalidade é saudável, os níveis físico e mental do seu funcionamento trabalham no sentido de garantir bem-estar. Entretanto, em pessoas que apresentam problemas físicos ou psíquicos, há áreas de sentimentos e comportamentos em que a mente e o corpo estão em conflito. Os conflitos, por sua vez, criam bloqueios à livre expressão de impulsos e sentimentos, e também tensões musculares e redução na capacidade de a pessoa sentir prazer.

As tensões musculares representam o lado físico dos conflitos psicológicos não resolvidos e reprimidos. Essas tensões são resultado de impulsos em busca de expressão, que são restringidos em sua manifestação devido ao medo egóico. As tensões crônicas formam o que Reich chamava de couraças musculares, que são formadas com a função de proteger a pessoa de impulsos perigosos, vindos de dentro de si mesma ou do mundo exterior. As couraças, como padrões gerais das tensões crônicas, representam energias com bloqueios e podem formar, corporalmente, verdadeiros anéis de energia bloqueada em regiões importantes do corpo, tais como olhos, boca, garganta, braços, tórax, ventre e pélvis (Lowen, 1984; Reich, 1972).

As tensões musculares crônicas são em geral inconscientes e se interligam ao que Lowen (1982, p. 119) denomina de "estrutura de caráter", a que se constitui "um padrão fixo de comportamento e o modo típico de uma pessoa conduzir sua busca pelo prazer". O caráter de uma pessoa engloba seu padrão de tensões corporais e suas atitudes psíquicas de defesa egóica.

Lowen (1984, p. 52) afirma que o conceito básico da bioenergética estabelece que cada padrão de tensão muscular crônica deve ser trabalhado em três níveis:

> *"1) Sua história ou origem na situação pós-nascimento ou infantil;*
> *2) Seu significado atual em termos do caráter do indivíduo;*
> *3) Seu efeito no funcionamento do corpo."*

Quando se relaciona a tese de identidade funcional do caráter psíquico com a estrutura corporal, bem como os conceitos de tensões musculares crônicas com a terapia da regressão, percebe-se que a TR partilha também desses princípios. A TR baseia-se muito na observação da linguagem corporal e na utilização do trabalho com o corpo para ter acesso a camadas psíquicas, bem como está atenta aos padrões de tensão muscular como indicadores de conflitos psíquicos.

Encontraremos, porém, uma divergência entre as duas abordagens no tocante à origem das estruturas de caráter e dos padrões de tensão. Enquanto que para a bioenergética as origens dos conflitos se reportam a situações pós-nascimento ou infantil, para a TR as origens de um conflito podem se referir a essas situações, assim como a situações ligadas ao momento do nascimento, da gestação e a vidas passadas.

Outro aspecto importante da terapia bioenergética é que, ao trabalhar cada padrão de tensão muscular, busca-se levar o paciente a estabelecer um contato cada vez mais próximo e direto com o seu corpo, percebendo como inibe ou bloqueia o seu fluxo de excitação corporal e como restringe e limita as funções básicas vitais do corpo, tais como: respiração, movimento, sentimento, auto-expressão e sexualidade (Lowen, 1982 e 1985).

Para se atingir esses objetivos a terapia bioenergética desenvolve com o paciente um trabalho corporal e um trabalho analítico. Como já foi dito anteriormente o trabalho corporal é a base sobre a qual se desenvolve as intervenções analíticas. O paciente é levado a se autoperceber, a entender o porquê de suas inibições e bloqueios, como também é trabalhado no sentido de aceitar e expressar no *setting* terapêutico os sentimentos suprimidos do passado.

O trabalho bioenergético com o corpo inclui segundo Lowen (1985) as seguintes intervenções terapêuticas:

- Exercícios com a respiração, que se constitui no ponto fundamental para a consciência do indivíduo como um todo. Busca-se levar o paciente a aprofundar sua respiração e conquistar uma respiração plena, para inclusive elevar seu nível energético;
- Exercícios corporais especiais, que visam ajudar o paciente a entrar em contato com suas tensões e liberá-las através de movimentos apropriados;
- Exercícios corporais de auto-expressão que objetivam a manifestação de sentimentos e emoções e a reconquista da natureza primária de graça, leveza e beleza de expressão;
- Procedimentos manipulatórios, que envolvem massagem, pressão controlada e toques suaves com o objetivo de relaxar músculos contraídos.

Ao observarmos a metodologia de trabalho da TR, encontramos a presença e contribuição de vários desses princípios de atuação terapêutica corporal da bioenergética, principalmente nos métodos regressivos catárticos. A presença da atenção ao trabalho com a respiração é um desses pontos de convergência principal. Em TR utiliza-se o trabalho com a respiração para levar o paciente a entrar em contato com sentimentos e sensações, para reconhecê-los, conscientizar-se deles e favorecer a expressão e liberação de sentimentos e emoções passadas que foram reprimidas. Busca-se também utilizar intervenções terapêuticas voltadas à respiração quando se quer ativar o nível de energia do paciente, tal qual na bioenergética.

Woolger é um dos autores da TR que mais ressalta as contribuições da bioenergética dentro da TR. Para ele, ao se ouvir a história de um paciente, é importante observar e entrar em "sintonia com sua linguagem corporal", e "anotar com cuidado o histórico de suas doenças físicas, principalmente quais são os sintomas que estão de acordo com sua vida". Afirma que, para

> "*(...) cada sintoma físico crônico — em particular aqueles que resistem ao tratamento convencional, como por exemplo, dor nas costas, ejaculação precoce, asma — embutido no sintoma existe uma história mais antiga de desastre, privação ou morte violenta*" (Woolger, 1994, p. 71).

Evidenciando sua aplicação dos princípios bioenergéticos junto à TR, Woolger (1994) relata também que se pode começar um trabalho regressivo focando uma dor ou uma forma de respirar. Coloca que, em determinadas situações, enquanto um paciente conta sua história demonstrando rigidez e tensão em alguma parte do corpo, pode-se massagear a região tensa e, durante a massagem terapêutica, encorajar a pessoa a prestar atenção em qualquer imagem que surja, iniciando-se, assim, um trabalho regressivo. Em outras ocasiões expressa que se pode pedir ao paciente para exagerar uma postura corporal de forma a despertar sentimentos inconscientes aprisionados na musculatura rígida.

Durante o trabalho regressivo, Woolger (1996c) utiliza também muitas intervenções do tipo: *Fique em seu corpo*. Segundo o autor, esta intervenção tem o duplo significado de solicitar ao paciente para permanecer no corpo sutil da outra vida e estar consciente das sensações físicas desta vida enquanto relembra uma vida passada. Expressa também que quando se traz a imagem corporal para o cenário da vida passada, desfaz-se a impressão inconsciente no corpo sutil, liberando a energia antes retida para propósitos mais criativos. Ressalta ser muito importante trabalhar a liberação de sentimentos e sensações residuais do corpo etérico.

Outro trabalho que Woolger (1996c) faz é pedir para a pessoa mapear o seu corpo, verificando quais partes registram dor-tensão, afirmando que, em geral, pode haver uma história de vida passada gravada lá. Além disso, expressa que "quando interpretado corretamente, o corpo e suas várias dores e disfunções é um livro vivo da história psíquica" (Woolger, 1994, p. 71).

Segundo Woolger (1996c), os exercícios bioenergéticos podem favorecer também a condução de processos terapêuticos nos quais o paciente está envolvido com energias de personalidades intrusas. Para ele, a única maneira de afastar influências energéticas intrusas é integrar a pessoa ao seu próprio corpo, é desenvolver presença. Esse aspecto pode ser favorecido pelo trabalho corporal bioenergético.

Este autor expressa também que antes de tudo é importante que o terapeuta desenvolva sua própria consciência de corpo e recomenda para isso a prática de exercícios bioenergéticos.

Woolger (1994), Netherton (1997) e TenDam (1997), durante a fase de trabalho catártico de uma sessão regressiva, costumam solicitar ao paciente para respirar de forma profunda ou acelerada, para realizar movimentos expressivos como chorar, gritar, socar almofadas, acariciar, bem como utilizam a aplicação de massagem ou pressão física para limpar traumas e facilitar a catarse. Todas estas intervenções são contribuições da bioenergética para a TR.

Por meio da TR e da bioenergética, ratifica-se a existência do conceito energético subjacente aos sintomas a serem trabalhados numa terapia, e a superficialidade de abordá-los apenas verbalmente. Ambas as abordagens confirmam a necessidade de trabalhar conflitos psíquicos liberando as sensações físicas e suas emoções concomitantes. A forma e a metodologia de se trabalhar esses conflitos são diferentes nas duas abordagens.

Outro aspecto muito importante da terapia da bioenergética é o seu referencial teórico e prático acerca das reações emocionais do ser humano, e como se processam as correntes energéticas associadas a cada emoção. Lowen (1984) faz um estudo interessante sobre "amor, afeição e hostilidade, raiva, medo, culpa, vergonha, humilhação, depressão e culpa".

Esses referenciais teóricos são relevantes para o trabalho da TR. Netherton (1999), especificamente, desenvolve trabalhos acerca de "memória emocional", utilizando-se prioritariamente de trabalho com a respiração. O autor distingue três tipos de sessões de TR: a sessão de descoberta (ir à origem do problema); a sessão de memória emocional (nela se trabalham, basicamente, sensações físicas e emoções); e a sessão de integração, na qual se inter-relacionam percepções e *insights* conquistados. Netherton trabalha com quatro emoções básicas: medo, raiva, tristeza e alegria. Afirma o autor que, na base de todo sentimento negativo, está a emoção "medo".

Ao focalizar o trabalho com as emoções pode-se dizer que bioenergética e TR convergem para o alcance do objetivo terapêutico de contribuir para que a pessoa conquiste liberdade, graça e beleza de expressão, tornando-se um ser mais inteiro, mais pleno e cheio de energia de vida.

A bioenergética e a TR podem se constituir em abordagens complementares, que permitem enriquecer e ratificar muitos de seus princípios teóricos e técnicos, principalmente no que diz respeito ao redimensionamento da importância do corpo num processo terapêutico. Como bem expressa Woolger (1994, p. 73), acrescentando um pensamento de TR a uma frase de Anna Halprin — terapeuta corporal: "Toda parte do corpo tem uma história para contar. (...) muitas dessas histórias acabam por revelar-se histórias de vidas passadas."

## 8. TERAPIA COGNITIVA

*Godoy*

A terapia cognitiva foi desenvolvida, no início da década de 60, como uma psicoterapia breve, pelo psicanalista T. Beck, da Universidade da Pensilvânia. Originalmente foi estruturada visando o trabalho com pacientes que apresentavam depressão; depois foi direcionada para resolver problemas atuais e modificar os pensamentos e os comportamentos disfuncionais.

Em 1990, vamos encontrar duas vertentes: os chamados objetivistas (racionalistas), representados por Aaron Beck, Albert Ellis e Donald Meichenbaum, e os construtivistas, como Vittorio Giodano, Oscar Gonçalves e Michael Mahoney.

O modelo cognitivo, de acordo com Beck (1997), propõe a unificação das teorias da personalidade e da psicopatologia, apoiada por evidências empíricas substanciais, e sugere que o pensamento distorcido ou disfuncional, que influencia o humor e o comportamento do paciente, seja comum a todos os distúrbios psicológicos. Afirma que a avaliação realista e a modificação no pensamento produzem uma melhora no humor e no comportamento, e que a melhora duradoura resulta da modificação das crenças disfuncionais básicas dos pacientes.

Esse modelo partiu da premissa de que existia um transtorno de pensamento no cerne das síndromes psiquiátricas como depressão e ansiedade, o que refletia uma tendência sistemática no modo como os pacientes interpretaram experiências particulares. O objetivo das intervenções psicoterápicas na terapia cognitiva, de acordo com Beck (1997), é o de apontar essas interpretações, e propor alternativas, possibilitando assim a redução dos sintomas; além de que a concentração dos problemas, aqui e agora, produziu, nos casos analisados, alívio quase total de sintomas entre 10 e 14 semanas.

A terapia cognitiva, segundo Beck (1997), baseia-se em uma formulação em contínuo desenvolvimento do paciente e de seus problemas em termos cognitivos. Em primeiro lugar, identifica o pensamento atual, por exemplo, eu sou um fracasso, e seus comportamentos problemáticos, como se isolar. Em segundo lugar, identifica fatores precipitantes que influenciam as percepções, como estar longe de casa pela primeira vez e lutar em seus estudos contribuíram para a sua crença de que ela era inadequada. Em terceiro lugar, levanta hipóteses sobre eventos desenvolvimentais chaves e padrões duradouros de interpretação desses eventos, por exemplo a tendência para atribuir pontos fortes à sorte, fraquezas como um reflexo do seu "eu verdadeiro".

Para se aplicar a terapia cognitiva, é necessário que se obtenha uma aliança terapêutica segura. Enfatiza colaboração e participação ativa. É orientada em meta e focalizada em problemas. Inicialmente, enfatiza o presente. É educativa, visa ensinar o paciente a ser seu próprio psicoterapeuta e enfatiza a prevenção da recaída. Visa ter um tempo limitado. As sessões são estruturadas. Ensina os pacientes a identificar, avaliar e responder a seus pensamentos e crenças disfuncionais. Utiliza uma variedade de técnicas para mudar o pensamento.

O modelo cognitivo, conforme Beck (1997), se baseia no fato de que, na infância, as pessoas desenvolvem determinadas crenças sobre si mesmas, outras pessoas e seus mundos. Existem dois tipos de crenças, as centrais e as intermediárias.

As crenças centrais são definidas como sendo entendimentos, tão fundamentais e profundos, que as pessoas freqüentemente não os articulam, nem sequer para si mesmas. Essas idéias são consideradas pela pessoa como verdades absolutas, exatamente o modo como as coisas "são". São ativadas quando a pessoa está em estado depressivo a maior parte do tempo. O indivíduo interpreta as situações olhando através da lente dessa crença, por exemplo, *Eu sou incompetente;* essa afirmação pode ser uma inverdade, mas o indivíduo tende a focalizar seletivamente informações que confirmam a crença central, desconsiderando ou descontando informações que são contrárias e, ao fazer uso desse mecanismo, acaba por manter uma crença mesmo que seja imprecisa e disfuncional.

As crenças são globais, rígidas e supergeneralizadas, e o indivíduo interpreta a situação de uma forma autocrítica altamente negativa. Essas crenças acabam por influenciar a visão de uma situação, o que, por sua vez, influencia como a pessoa pensa, sente e se comporta.

As crenças intermediárias são baseadas em atitudes, regras e suposições. "É horrível ser incompetente" é um exemplo de atitude. "Eu devo trabalhar o mais arduamente que puder o tempo todo", exemplo de regras. "Se eu trabalhar o mais arduamente que puder, posso ser capaz de fazer algumas coisas que as outras pessoas fazem facilmente", exemplo de uma suposição.

As crenças surgem, conforme Rosen (1988, *in* Beck, 1997), com o objetivo de organizar a experiência de uma forma coerente para funcionar de uma forma adaptativa.

O trabalho do psicoterapeuta é identificar as crenças disfuncionais.

Tanto a terapia cognitiva como a TR buscam localizar as crenças disfuncionais elaboradas pelo paciente, mas num momento passado, e utiliza-se de suas técnicas para promover a mudança de pensamento do paciente, que irá alterar o seu sistema de crenças, visando torná-las funcionais.

## 9. TRANSPESSOAL

*Turco*

O termo transpessoal foi usado pela primeira vez por Assagioli e Jung, mas a psicologia transpessoal teve origem com o psicólogo William James, nascido na Nova Inglaterra em 1842, que escreveu desde o funcionamento cerebral até o êxtase religioso, da percepção espacial até a mediunidade psíquica, pois para o autor a psicologia é a descrição e a explanação sobre estados de consciência como tais. Psicólogo transpessoal e humanista, importava-se com o que as pessoas faziam de suas vidas. Ele considerava que o estudo psicológico é mais amplo do que muitos de nós somos capazes de conhecer, era sensível aos estados de consciência mais elevados e impressionava-se com os efeitos que esses estados ocasionavam nos que os experienciavam. Queria aprender com os curandeiros e médiuns, com visões místicas e percepções do óxido nitroso.

A transpessoal é um ramo da Psicologia especializada no estudo dos estados de consciência, lida especialmente com a "experiência cósmica" ou estados ditos "superiores" ou "ampliados" da consciência, que consistem na entrada numa dimensão fora do espaço-tempo tal como costuma ser percebida pelos cinco sentidos. Ela lança mão da ciência e da parapsicologia.

Em 1968, Maslow, Frankl, Grof e Fadiman substituíram o termo trans-humanístico por transpessoal.

Abraham Maslow, nascido em Nova York, em 1908, filho de judeus imigrantes, foi um dos fundadores da psicologia humanista. Teve influência da psicanálise, da gestalt e de Kurt Goldstein (neuropsiquiatra), que enfatizava o fato de o organismo ser um todo unificado, que é afetado na sua totalidade pelo que acontece em qualquer uma das partes.

Maslow foi o criador dos conceitos de auto-realização, que advêm do uso e exploração plenos de talentos, capacidades, potencialidades, etc.; experiência platô, que significa o pico máximo que o ser humano pode chegar, é o "auge", a consciência intensificada do mundo. Os indivíduos que o atingem têm a consciência do sagrado de todas as coisas, são auto-atualizados, embora nem todos os auto-atualizados cheguem à transcendência. Pensam mais holisticamente. Transcendem o passado, presente e futuro, bem e mal, percebem a unidade sob a aparente complexidade e contradições da vida e do conceito de hierarquia de necessidades.

Para Maslow (1982), neuroses e desajustamento psicológico "são doenças de carência", privação das necessidades básicas, classificadas como:

- necessidades fisiológicas: fome, sono, etc.;
- necessidade de segurança: estabilidade, ordem;
- necessidade de amor e pertinência: família, amizade;
- necessidade de estima: auto-respeito, aprovação;
- necessidade de auto-atualização: desenvolvimento de capacidades.

As necessidades apresentam-se nessa ordem e, à medida que uma vai sendo satisfeita, as outras vão aparecendo. Maslow (1982) fala da "motivação do ser" como uma meta positiva. Diz que o homem sadio busca os valores S (ser), considerados como verdade, bondade, beleza, totalidade, transcendência de dicotomia, vivacidade, unicidade, perfeição, necessidades, inteireza, justiça, ordem, simplicidade, riqueza, tranqüilidade, alegria e auto-suficiência.

Maslow (1989) coloca a psicologia humanista como a terceira força da psicologia, se preparando para a quarta, "mais elevada", transpessoal, trans-humana, centrada mais no cosmos do que nas necessidades e interesses humanos, indo além do humanismo, ou algo maior do que somos. Estudou empiricamente a meditação, exercícios respiratórios de ioga e outras disciplinas espirituais, as quais também incluem a parapsicologia nos fenômenos da natureza da consciência e estados alterados de consciência.

Para Maslow (1989), a busca da auto-atualização só se inicia quando o indivíduo está livre da dominação de necessidades inferiores, como segurança e estima. O fato de se buscar necessidades mais elevadas é índice de saúde psicológica (1989).

Os autores da transpessoal são unânimes quanto a afirmarem que, no trabalho transpessoal, encontram-se os seguintes estados (Weil, 1997), que também são encontrados na TR:

- *Unidade*, na qual ocorre o desaparecimento da percepção dual eu—mundo. A visão do mundo na psicologia transpessoal é de um todo integrado, em harmonia. Tudo é energia e não há separação. A preocupação desta abordagem é a vivência desta unidade fundamental: Homem/Cosmos.
- *Inefabilidade*, uma vez que a experiência não pode ser descrita com a semântica usual.
- *Caráter noético*, ou o senso absoluto de que o que é vivido é real, às vezes mais real do que a vivência cotidiana comum.
- *Transcendência do tempo—espaço*, uma vez que as pessoas entram numa outra dimensão, em que o tempo não existe mais e o espaço tridimensional desaparece.
- *Sentido de sagrado*, no qual o senso de que algo grande, respeitável e sagrado está acontecendo.
- *Desaparecimento do medo da morte*, pois a vida é percebida como eterna, mesmo se a experiência da vida física é transitória. A vida é eterna, ilimitada, sempre existiu, não sabemos exatamente onde e quando começou e nem sequer podemos imaginar concretamente o seu fim. Morrer, sob enfoque transpessoal, significa deixar de existir de uma forma para tomar outra forma, acrescentando elementos de maior alcance na escala universal e mantendo a essência indivisível do elemento anterior: a vida em si mesma.
- *Mudança do sistema de valores e de comportamento*, pois as pessoas mudam seus valores, no sentido dos valores B de Maslow (Beleza, Verdade, Bondade). Há uma subestimação progressiva dos valores tidos como materiais e do apego ao dinheiro. O "ser" substitui o "ter", onde sua experiência pla-

tô, que é buscada, é similar à experiência oceânica de Freud, e acaba por levantar alguns problemas cruciais para a humanidade como, por exemplo, o que é normal, percepção normal.

O objeto essencial da psicologia transpessoal é a consciência cósmica, sendo que para atingir os limites dessa consciência é necessário reviver os grandes conflitos da vida, reagir a eles, mantê-los no campo da consciência — aprender a vê-los, a tomar uma certa distância para administrá-los. A psicanálise é a primeira via da experiência transpessoal.

As psicoterapias de orientação transpessoal visam atingir o renascimento. Lidam com a transformação do ser durante o luto e a dor e enfocam o "homem novo", que renasceu do "homem velho". Grof (1995) define a experiência transpessoal como a expansão ou a extensão da consciência além das limitações usuais do ego e das limitações de tempo e espaço. O estado de consciência usual do ego está em relação com o chamado mundo fenomênico, ou seja, a realidade objetiva. As experiências transpessoais não estão baseadas na realidade objetiva, no mundo fenomênico habitual. Elas são abertas para uma outra concepção do universo, para uma outra cosmovisão. Chega-se a vivências fetais e embrionárias e até de aparentes memórias de vidas passadas (Weil, 1989).

A regressão é a primeira etapa para uma percepção ampliada do ser em relação a si próprio. Com ela o ser inicia o questionamento sobre as limitações e concepções que tinha sobre ele mesmo (o seu ego) e, a partir daí, pode transcender a percepção objetiva da realidade do aqui e agora.

CAPÍTULO V

# Psicopatologia e TR

*Luedi*

Neste capítulo, serão aventadas algumas hipóteses etiológicas para os grandes quadros psiquiátricos da perspectiva da TR. Essas hipóteses foram aventadas a partir da indagação da autora sobre quais contribuições a TR poderia trazer para a psicopatologia, depois de ter realizado estudos tanto do ponto de vista psiquiátrico quanto da TR. Nesse questionamento, a autora pôde verificar que o que a TR teria para oferecer de acréscimo ao tema, além da terapêutica regressiva, seriam novas hipóteses sobre a origem das doenças mentais.

## 1. PSICOPATOLOGIA

Psicopatologia e psicodiagnóstico são temas necessários de conhecimento e domínio de todo psicoterapeuta por se constituírem como referencial norteador do trabalho psicoterápico. Eles ajudam o psicoterapeuta a adquirir uma visão e a fazer uma avaliação inicial do paciente, possibilitando-lhe a criação de um tipo de *mapeamento* do seu mundo psíquico. Por meio dele, identificam-se *áreas* saudáveis e *áreas* disfuncionais.

A forma de utilizar o *mapeamento* é de fundamental importância: ele pode ser usado de forma superficial e fechada, exercendo uma função errônea de rotular e classificar, tendo apenas esse objetivo; porém, ele pode ser usado de forma adequada, indo além de uma classificação, visando a terapêutica a ser aplicada. Nesse sentido, o psicodiagnóstico transcende o objetivo primeiro de oferecer uma codificação nosológica, para se transformar num instrumento fundamentador e embasador do processo de avaliação clínica e do projeto psicoterapêutico, o que ajuda a saber com que tipo de problema se está lidando e propicia a criação de diretrizes e metas terapêuticas de forma eficiente e segura para que, posteriormente, o aspecto subjetivo e psicodinâmico possa ser trabalhado no processo psicoterápico.

A psicopatologia nos oferece características comuns de diversas patologias e também uma linguagem semelhante a todos os profissionais da área *psi*, favorecendo uma troca e uma mútua compreensão daquilo que se está designando, como, por exemplo, psicose ou distúrbio do pânico, independentemente da formação profissional que se tenha.

O conhecimento da psicopatologia clássica é necessário para que o psicoterapeuta conheça os diferentes sintomas de cada quadro nosológico, para que possa definir intervenções e indicações da TR de forma eficiente.

A Psicopatologia estuda os fenômenos psíquicos anormais, enquanto que a Psicopatologia Psiquiátrica estuda os quadros nosológicos, nos quais os fenômenos psíquicos anormais se enquadram, formando o conjunto de características clínicas de cada doença.

Atualmente, a saúde é descrita em termos de um bom funcionamento da estrutura bio-psíquico-social, em que não se separa a mente do biológico, sendo que um exerce influência sobre o outro, e do meio social. A normalidade/anormalidade é descrita como um contínuo que vai de um extremo, passando por gradações, indo desde pequenos desajustes, transtornos leves, até transtornos graves, no outro extremo do contínuo.

A TR não desconsidera e não nega os estudos clássicos do funcionamento psíquico anormal; no entanto, vem contribuir e acrescentar, trazendo uma nova visão do sofrer psíquico. A hipótese das muitas vivências da consciência ou a hipótese da reencarnação, com a qual a TR trabalha, trouxe uma nova compreensão do funcionamento psíquico anormal, do sofrer psíquico, do psicodiagnóstico, com uma etiologia diferente e uma nova terapêutica, que tem se mostrado eficaz.

À noção de saúde a TR vem acrescentar o aspecto da extrafisicalidade do homem, em que a origem dos problemas mentais pode residir em vivências passadas, em fatos mais remotos desta vida e/ou em situações físicas de outra vida. Na origem desses problemas encontram-se traumas ou situações mal resolvidas do passado, que são reestimuladas por associações e acabam por provocar o distúrbio.

Como abordagem psicoterápica, a TR possui técnicas e métodos para trabalhar os problemas psíquicos apresentados pelo paciente. Contudo, deve-se ressaltar que ela não se detém apenas no aspecto sintomatológico do paciente, o que poderia gerar confusões devido à temática aqui abordada; ao contrário, ela possui uma visão sistêmica e profunda do ser, abordando-o em todas as suas dimensões, ou seja, social, psíquica, biológica e extrafísica.

Por meio dessa visão profunda do ser, a TR contribui também para a transformação e a dinamização das relações sociais do paciente que a ela se submete, pois bem se sabe que é impossível fracionar uma pessoa para percebê-la isolada dos diversos contextos nos quais está inserida. Ao apresentar a sua problemática, ou seja, a sua queixa, o paciente trilhará um processo de autodescoberta no cenário terapêutico em que apresentará, além de seus sintomas e queixas específicas, a sua psicodinâmica e toda a representação interna de suas relações psicossociais.

A TR acaba por trabalhar o indivíduo em suas relações, mesmo que essa não seja a sua queixa inicial. Observa-se que, como em outras abordagens teóricas, o paciente acaba trazendo para o cenário terapêutico as imagens de suas diversas relações e sua respectiva problemática. Trabalhando-a diretamente ou por meio de sua reestruturação interna, acaba por produzir mudanças saudáveis nessas relações, alterando-as de alguma forma.

Sobre as mudanças nas relações dos pacientes, resultantes da terapia regressiva, Netherton (1997, p. 163) afirma que elas são: "... uma reação subjetiva às suas próprias melhoras".

Luedi (1992)[32], em trabalho monográfico no qual pesquisa as alterações que a TR provoca nas relações familiares de pacientes que se submetem a essa forma de psicoterapia, concluiu que essas são alterações positivas mesmo quando a queixa que motivou a procura da psicoterapia não se refere a problemas de relacionamentos familiares.

Ao se trabalhar as relações psicossociais, a TR ajuda o paciente a decidir sobre suas necessidades, a compreender seu papel nas diversas cenas sociais e como atuar em suas relações a fim de transformar seus aspectos negativos em relações positivas e produtivas, tornando-se, assim, um agente de mudanças no meio em que está inserido. Com isso, pode-se considerar que o método psicoterapêutico descrito nos capítulos anteriores tem grande potencial transformador.

## 2. A EVOLUÇÃO DA PSICOPATOLOGIA

A TR proporciona explicações etiológicas para o grupo das psicoses funcionais, das neuroses, dos distúrbios da personalidade, dos distúrbios do im-

32. LUEDI, Marisa Luedi MutuberriaVieira. *Alterações nas relações familiares provocadas pela TVP.* Trabalho monográfico — material não publicado. Uberlândia, 1992.

pulso, do instinto e da pulsão sexual. Porém, se dermos uma olhada na história da psicopatologia, nós nos depararemos com uma evolução de conceitos e visões que explicam o adoecer psíquico até chegar às contribuições da TR.

Nesse breve retrospecto, encontramos primeiramente Freud, que nos forneceu o modelo biográfico, demonstrando a importância dos acontecimentos no desenrolar do desenvolvimento humano, além de uma teoria psicopatológica.

Logo a seguir, nos deparamos com Jung, sendo o primeiro a falar da espiritualidade quando elaborou o conceito de inconsciente coletivo que, segundo Silveira (1981), pode ser definido como sendo composto de conteúdos latentes, comuns a todas as pessoas, independentemente da cultura na qual estejam inseridas, produzindo as mesmas reações. Traz igualmente a noção de personalidade múltipla por meio de seus conceitos de *anima, animus* e sombra, que são aspectos diferentes da personalidade que a compõem.

Depois, encontramos Grof, que foi o primeiro a dizer que nos quadros das psicoses funcionais podem estar ocorrendo com o indivíduo *crises de evolução* (Grof, 1987), que são semelhantes a estados mentais incomuns. Grof passou a tratar esse tipo de manifestação como *emergências espirituais,* que podem ocorrer quando o indivíduo está atravessando problemas de ordem espiritual. Grof (1987) classificou e descreveu essas emergências da seguinte forma:

- *Crise xamânica:* são episódios visionários involuntários, em que a pessoa perde o contato com o ambiente; tem experiências interiores em que se sente em contato com um mundo inferior, sendo atacada por demônios, sofrendo tortura. Podem ocorrer experiências de morte e renascimento. Quando culmina em experiência positiva, traz à pessoa percepções sobre cura, doença e o poder da natureza, tornando-a um xamã.
- *Despertar da kundalini:* Grof define *kundalini* como uma forma de energia cósmica latente que se localiza na base da coluna vertebral. Quando essa energia sobe pela coluna, ela abre os centros de energia psíquica, os chacras, e tem o poder de curar traumas. Os sinais desse despertar dessa forma de energia são: sensações de calor e da energia subindo pela coluna; tremores e espasmos; raiva, tristeza, êxtase sem motivo aparente; visões de luzes, de seres arquetípicos; percepções interiores de sons; lembranças de vidas passadas; falar línguas desconhecidas; postar-se com gestos da ioga ou de animais.
- *Episódios de consciência unitiva:* definidos como sendo o rompimento das fronteiras pessoais, em que a pessoa tem a sensação de unidade com outras pessoas, com a natureza ou com o universo; ela sente uma união com Deus ou com a energia cósmica criadora; o tempo e o espaço passam a ser

percebidos de forma transcendental; há a sensação de eternidade, de paz, de serenidade e de alegria juntamente com um enlevo místico.

- *Renovação psicológica por meio de retorno ao centro:* aqui, a psique é comparada a um campo de batalha, em que os adversários são as forças do bem e do mal; há preocupações em torno da morte, seja do assassinato com ritual, morte por sacrifício ou martírio e também com a vida após a morte; a pessoa sente-se no centro de situações importantes, adquirindo importância cósmica para o futuro; é levada por estados visionários ao passado, revendo o seu próprio passado, o da humanidade, a criação do universo, alcançando o paraíso. Após as experiências perturbadoras, alcança-se um equilíbrio entre os aspectos femininos e masculinos, que leva a pessoa a atingir um estado superior à própria condição humana.
- *Abertura psíquica:* vem a ser um aumento das capacidades intuitivas, em que acontecem os fenômenos ditos paranormais, tais como clarividência, telepatia e precognição, constituindo-se um quadro problemático.
- *Experiências de VP:* experiências essas definidas pela própria denominação em que a pessoa percebe espontaneamente vidas passadas.
- *Comunicação com espíritos ou "canalização":* é a comunicação que ocorre com entidades desencarnadas, sejam elas humanas ou sobre-humanas, podendo ter forma de luz ou de pessoas. A canalização seria a comunicação de mensagens vindas de outra mente, que pode ser por meio da escrita ou da fala.
- *Experiências de proximidade com a morte:* são as experiências de morte, divulgadas através dos estudos de Moody sobre os estados comatosos. A morte pode ser percebida como uma experiência transpessoal, em que as pessoas relatam passar através de túneis que levam à luz e ao encontro de seres divinos.
- *Experiências de contatos com OVNIs:* vêm a ser o contato com seres extraterrestres.
- *Possessão (obsessão):* situações nas quais a pessoa é tomada e controlada por uma entidade estranha a sua individualidade.

A seguir, encontramos o conceito de subpersonalidade proposto por Assagioli (1992), criador da psicossíntese. Esse conceito está relacionado com o desempenho dos diferentes papéis sociais, de que emergem diversos traços psicológicos não integrados entre si em torno de um papel, os quais formam as subpersonalidades.

Mendes (sd) amplia o conceito de subpersonalidade e a subdivide em:

- Personalidade subconsciente (PS), definindo-a como resultante de fixações da alma em determinada vida;
- Personalidade intrusa (PI), que é uma individualidade alheia ao indivíduo e que acaba por influenciá-lo negativamente;

- Personalidade hiperconsciente (HC), em que a hiperconsciência é descrita como uma hiperfunção transcendente da consciência, indo além da noção topográfica, que seria então a parte do ser com uma consciência transcendente, ultrapassando as noções de tempo e de espaço.

Chega-se, enfim, às contribuições da TR para esse ramo das ciências *psi*, trazendo uma ampliação do diagnóstico, da etiologia e do tratamento das doenças mentais, com o conceito de repercussão cármica introduzido por TenDam (1994), que escreve sobre TR e que mais se destaca nessa área.

Segundo definição de TenDam (1997a, p. 299), repercussão cármica é "o carma de experiências anteriores", quer dizer, aspectos não resolvidos do passado que podem ser desta ou de outra vida, que são impressas e repercutem de forma negativa na vida da pessoa no presente. São as repercussões que causam no indivíduo transtornos mentais, desde os leves até os mais graves. As repercussões cármicas não excluem a ocorrência de registros positivos que, ao contrário dos primeiros, manifestam-se positivamente no presente da pessoa, auxiliando-a através de habilidades e capacidades que apresenta. As impressões (TenDam, 1993), segundo a sua intensidade, podem ser comparadas com registros a lápis, caneta ou gravações mais profundas e duradouras como as feitas em metal.

TenDam complementa o conceito de subpersonalidade, que são partes da personalidade atual, introduzindo o conceito de pseudo-obsessão (TenDam, 1994) e obsessão (TenDam, 1997b).

Pseudo-obsessão (TenDam, 1997b) é a obsessão que decorre de uma personalidade de vida passada da própria pessoa, o que explica o seu nome, pois não é decorrente de uma personalidade alheia ao indivíduo, mas sim dele próprio. A pseudo-obsessão (TenDam, 1994) resulta do fato de a pessoa não se liberar no momento da morte. Devido a um processo incompleto de morte, a personalidade acaba por não se integrar à personalidade maior e, no presente, manifesta-se negativamente através de pensamentos, sentimentos e até comportamentos que são impostos à pessoa.

Obsessão (TenDam, 1997b) define-se como a interferência que o indivíduo sofre de uma personalidade estranha à sua, seja esta encarnada ou desencarnada, impondo-lhe uma idéia, um sentimento ou um comportamento. Essas personalidades intrusas (PIs) podem estar ligadas ao indivíduo de forma intencional, constituindo-se nos casos de ligações cármicas, ou de forma acidental, devido a algum ponto em comum.

# 3. ETIOLOGIA DAS DOENÇAS MENTAIS NA TR

A TR não discorda dos estudos e das classificações existentes na psicopatologia. No entanto, a TR vem trazer sua contribuição a essa área das ciências psicológicas justamente naquilo que diz respeito à origem das doenças mentais.

Essa forma de terapia trabalha com a hipótese das muitas vivências da consciência, o que lhe permite ter uma outra visão do adoecer psíquico, levando em conta não só o aspecto físico, psíquico e social, mas também o aspecto extrafísico do homem. Desse modo, oferece uma outra compreensão do sofrimento psíquico.

Para a TR, a origem dos problemas mentais está em vivências passadas, que podem ser não só desta vida, como já foi preconizado pelos estudos clássicos, mas também de vidas passadas.

Netherton (1997, p. 23) informa que:

> *"Quase invariavelmente, meus pacientes chegaram à conclusão de que seus tormentos mentais nesta vida podiam ser localizados com precisão em uma situação física de uma existência pregressa."*

TenDam (1994, p. 115) relata que:

> *"Hospitais espíritas brasileiros recebem muitos pacientes que não podem ser atendidos em outras instituições, e diagnosticam a obsessão em 80% dos casos: a alma desencarnada que se aloja de uma forma perturbadora na aura ou no corpo de alguém. Freqüentemente, há uma relação cármica."*

Para a TR, a maior parte da etiologia das doenças psíquicas está numa existência física de vida passada. No entanto, ela não nega que fatos desta vida também possam provocar problemas psíquicos.

Na origem dos problemas encontram-se traumas, situações mal resolvidas ou inacabadas e decisões tomadas no passado com base em interpretações errôneas.

Segundo TenDam (1997a), traumas são experiências de extrema dor física ou emocional que levam o ego a um colapso. As emoções são vivenciadas de forma intensa, de modo que a pessoa não consegue livrar-se delas, permanecendo não resolvidas.

Situações mal resolvidas, segundo esse mesmo autor, permanecem assim porque não houve uma compreensão delas, tomando-se uma decisão com base numa interpretação errônea ou não se teve tempo para resolvê-las. Decisões tomadas no passado com base em interpretações errôneas tornam-se crenças que passam a atuar como programações rígidas que, depois de reestimuladas, desencadeiam no indivíduo emoções, pensamentos e comportamentos concernentes ao passado. Tais programações rígidas funcionam como padrões de comportamento, tornando-se um traço característico da pessoa.

TenDam propõe uma psicopatologia baseada em repercussões cármicas, que foram descritas no capítulo que discorre sobre seu referencial teórico-técnico.

A TR admite o que no campo da parapsicologia é chamado de percepção paranormal, em que a percepção se efetua por um sexto canal perceptivo, diferente daquela percepção que se dá pelos órgãos dos sentidos. Essa visão fornece um outro enfoque às disfunções psíquicas da sensopercepção e aos delírios. Nesse tipo de percepção, a pessoa percebe uma outra dimensão, por um canal além dos cinco sentidos, não se constituindo numa falsa percepção. Contudo, a TR não trata tudo o que o paciente apresenta como percepção extra-sensorial, admitindo que, de fato, há casos de distúrbios psíquicos.

Entende-se também que em muitos quadros nosológicos estão presentes as chamadas personalidades intrusas (PI), que são personalidades alheias ao paciente, sendo outras individualidades pertencentes à esfera extrafísica e que causam problemas às pessoas da dimensão intrafísica. Muitas situações de desentendimento e que não foram resolvidas geram sentimentos e propósitos negativos entre as pessoas da dimensão intrafísica e extrafísica, formando um vínculo entre elas, o que pode causar no paciente em questão desde sintomas leves até graves, além de potencializar sintomas já apresentados.

Baseado em literatura de TR e nos estudos clínicos de pacientes submetidos a essa forma de psicoterapia, a autora aventou hipóteses etiológicas para cada distúrbio mental, as quais são descritas a seguir, abarcando os três grandes grupos, ou seja, psicoses, neuroses e distúrbios da personalidade.

Como causa das psicoses, observa-se a existência de subpersonalidades, entendidas aqui como personalidades de outras vidas, fatos traumáticos, percepção extra-sensorial e influência de personalidades intrusas de forma interligada e complexa. A influência maior de PI(s) deve-se à desestruturação egóica apresentada nesses quadros.

Nas neuroses, verifica-se que traumas e manifestações de subpersonalidades são mais freqüentes e apresentam maior intensidade com relação à ocorrência de percepção extra-sensorial e PI(s).

Nos distúrbios de personalidade, as decisões tomadas no passado acabam por formar os traços característicos da personalidade e seus distúrbios.

As psicoses funcionais são graves distúrbios da personalidade, cujo funcionamento está profundamente afetado e desorganizado, impedindo que a pessoa responda às demandas diárias e desempenhe papéis; encontram-se neste grupo as esquizofrenias. Essa doença é considerada a mais grave das doenças mentais, apresentando transtornos da sensopercepção, do pensamento, do afeto, do impulso e do julgamento. Há cinco tipos de esquizofrenias: desorganizado ou hebefrênico, catatônico, paranóide, indiferenciado e residual.

Para os distúrbios afetivos ou do humor, há dois padrões sintomáticos: depressão e mania. A depressão caracteriza-se por perda de interesse e de prazer, queixa de dor emocional, idéia de auto-extermínio, falta de energia, perturbação, distúrbio do sono, diminuição do apetite com significativa perda de peso, agitação ou retardo psicomotor, alterações na memória, pensamento lento, concentração diminuída.

Na mania, o humor encontra-se elevado, eufórico, expansivo ou irritável, há comportamentos impulsivos; onipotência, auto-estima inflada; necessidade do sono diminuída, atenção dispersa, a pessoa fala muito; agitação psicomotora, compras irrefreadas, indiscrições sexuais; preocupação com idéias religiosas, políticas, financeiras, sexuais ou persecutórias.

Existem os distúrbios depressivos, as manias e os transtornos bipolares, em que os dois padrões se alternam.

Nas psicoses, as alucinações, que são distúrbios da sensopercepção e que são conceituadas como percepções sem objeto e tidas como falsas para a psicopatologia clássica, podem ser resultantes da percepção extra-sensorial, ou de uma realidade vivida por uma subpersonalidade.

Na despersonalização, que, para a psicopatologia clássica, é entendida como uma percepção normal com uma tomada de consciência anormal de si mesmo, provocando na pessoa a sensação de desconhecimento das coisas sobre si mesmo e sobre o mundo, pode-se dizer que a estranheza quanto a si mesmo, apresentada pelo paciente, pode ser uma subpersonalidade que se manifesta, e o paciente passa a perceber-se de uma forma estranha, e/ou também pode haver a presença de uma personalidade intrusa.

A desrealização, que é a estranheza do mundo, isto é, a sensação de que as coisas no mundo permanecem como estavam, só que a pessoa a percebe de maneira diferente, pode ser resultante de uma subpersonalidade, que relata a estranheza desse mundo, ou essa pode ser decorrência de uma PI ou de uma percepção extra-sensorial.

Os delírios são transtornos do conteúdo do pensamento, em que há uma percepção normal da realidade e os juízos sobre a mesma é que são falsos, caracterizando-se por uma crença irremovível. Podem resultar de situações reais vividas em outra existência física.

No delírio persecutório, que é o delírio em que a pessoa interpreta as situações como sendo contra si, contra pessoas de sua família, contra os outros ou contra o mundo, pode haver também uma PI ameaçando-a como uma forma de vingança de fatos ocorridos entre elas no passado.

A ilogicidade do pensamento pode vir da mistura de vivências passadas com as atuais, somando-se ainda as percepções extra-sensoriais com as percepções da realidade material atual, além de alucinações propriamente ditas e influência de PI.

A instabilidade emocional pode ter sido provocada por situações traumáticas nas quais os afetos foram intensos em meio a uma confusão mental.

A agitação psicomotora pode vir em resposta ao que uma PI lhe provoca.

Quanto aos distúrbios afetivos, que se referem aos quadros depressivos, de maneira geral observam-se idéias suicidas; TenDam (1997b) fala que há processos obsessivos. Além desse sinal, ele diz que a troca súbita de personalidade e/ou aparência, crises epilépticas, aparecimento de força extrema, sintomas catatônicos e xenoglossia constituem sinais de obsessão. TenDam (1997a) cita que, para Lucas, a falta de energia, fadiga crônica e problemas generalizados denunciam um processo obsessivo e que, para Fiore, a existência de um elemento ilógico na regressão é sinal de obsessão. A esses sintomas acrescentam-se agitação, euforia e demais sintomas da mania. Nesses quadros pode haver repercussão de vivências não assimiladas.

Conforme Netherton (1995), quando a mãe toma medicamentos no parto, a criança também os ingere, o que pode ser uma raiz para a depressão.

No transtorno bipolar, que é a alternância de sintomas depressivos e maníacos, e na ciclotimia, que é uma forma menos grave desse distúrbio caracterizada por um tempo de duração maior, ocorrendo uma oscilação de humor, pode se ter uma subpersonalidade, tanto em um quadro como no outro, como causa. Quanto à onipotência da mania, pode se ter como causa uma vida em que de fato a personalidade passada tinha poder.

Netherton (1997) relata que intercorrências no parto e na gestação, assim como pensamentos e emoções da mãe, os quais o feto registra indiscriminadamente, são reestímulos para fatos traumáticos e situações mal resolvidas do passado, podendo manifestar-se patologicamente sob a forma de neuroses. Nestas, a personalidade é afetada parcialmente, não se desorganizando grosseiramente como nas psicoses. A realidade não é percebida de forma diferente; no entanto, o neurótico pode ater-se apenas a um aspecto da mesma ou distorcê-la. Ele age como se a realidade tivesse o mesmo significado que tem para os outros, excetuando-se a neurose histérica, na qual pode ocorrer alucinação ou outros sintomas psicóticos e o teste da realidade pode aparecer perturbado. A linguagem não se altera.

No grupo das neuroses, tem-se o grupo das neuroses de ansiedade, os distúrbios somatiformes e os distúrbios dissociativos. Distúrbios de ansiedade têm como base a própria ansiedade, apresentando alterações motoras, sensoriais, viscerais e mentais. Os distúrbios somatiformes envolvem queixas somáticas. Os dissociativos envolvem alterações da consciência.

As causas dos distúrbios de ansiedade podem estar em fatos traumáticos de vidas passadas, nas quais de fato ocorreram os mesmos sintomas físicos e psíquicos apresentados hoje.

As fobias, caracterizadas por medo irracional de um objeto ou situação, o distúrbio do pânico, que se constitui de episódios de extrema ansiedade e sensação de morte iminente, a agorafobia, que se caracteriza pelo medo anterior só que em locais públicos, podem ter como causa uma vivência física em que o elemento central do transtorno estava presente de forma traumática.

Na fobia social, que apresenta sintomas de medo irracional de humilhação em locais públicos, tendo uma preocupação central com o outro, pode se encontrar, como causa dessa patologia, uma vida em que de fato a pessoa passou por situação vexatória, de forma traumática, em público.

O distúrbio obsessivo-compulsivo, com compulsão recorrente, isto é, comportamento sentido como imposição pelo paciente, e a idéia obsessiva que é um pensamento persistente e sentido como intruso pelo paciente, podem ter a influência de PI.

TenDam (1994, p. 152) cita Marianne DeJong, dizendo que ela "... demonstrou que é possível a agorafobia (ansiedade em espaços abertos, com sentimento de solidão, desorientação, anonimato e impotência) resultar de morte incompleta, quando a alma permanece vagando sem descanso".

Nos distúrbios somatiformes, de somatização, antes denominados de histeria, que se caracterizam por sintomas somáticos sem causa física, tais como náuseas, vômito, deglutição difícil, dor nos braços e pernas, falta de ar, amnésia, sendo comum a crença de que se esteve doente toda a vida estão presentes a ansiedade, a depressão e a ameaça de suicídio; no distúrbio de dor somatiforme, que é dor grave e prolongada sem causa física, com preocupação excessiva sobre a mesma, assim como no transtorno de conversão, com alteração ou perda do funcionamento físico sem possuir substrato orgânico que lhe explique e sugerindo problemas neurológicos e motores, podendo-se citar como sintomas clássicos deste a afonia, problemas de coordenação, convulsões, cegueira, parestesias, paralisias, entre outros. A causa desses quadros pode ser uma vida na qual o paciente realmente sentiu dor e sintomas e/ou doenças que repercutem ainda hoje, causando os mesmos sintomas e, por isso, não há substrato orgânico que hoje os explique.

Na hipocondria, que se caracteriza por preocupação excessiva com doença e com a própria saúde, sendo uma interpretação irreal de sintomas e sensações físicas, incluindo o medo de ser portador de uma doença grave, ou acreditando nisso, e queixas que envolvem vários órgãos, pode se encontrar na origem desta uma vida em que de fato a pessoa teve uma doença grave, que tinha os sintomas de que atualmente o paciente se queixa, e/ou influência de uma PI que, na existência física, apresentava esses sintomas e essa doença.

A causa dos distúrbios dissociativos pode ser tanto a repercussão de vidas passadas quanto os processos obsessivos.

A PI pode estar presente tanto na amnésia psicogênica, que é a súbita incapacidade de recordar informações já armazenadas, quanto no distúrbio de despersonalização. Neste pode ocorrer que partes de uma personalidade passada se manifestem. Na fuga psicogênica, que se caracteriza pelo afastamento físico do lar e do local de trabalho, com esquecimento de sua identidade, passando inclusive a assumir outra identidade, e na personalidade múltipla, que é a apresentação de uma ou mais personalidades diferentes e separadas, cada uma com características diferentes, com súbita mudança entre elas, pode ter como causa a expressão total de uma personalidade passada.

No distúrbio de personalidade múltipla pode haver a manifestação de uma ou mais personalidades passadas, que não estão integradas e nem em harmonia, que andam no presente como personalidades subconscientes. Outra causa para esse distúrbio, segundo relato de Netherton (1995), pode ser encontrado em vozes e frases proferidas em torno do corpo do paciente no momento da morte de uma vida passada. A manifestação de uma ou mais personalidades pode ser de uma PI.

O distúrbio de despersonalização, caracterizado pelo transtorno recorrente e persistente da percepção de si mesmo, com perda temporária do senso de realidade, pode ser o resultado da influência de uma PI, ou a manifestação de parte de uma subpersonalidade durante certo período de tempo, o que provoca esses sintomas.

Distúrbios de personalidade podem ser definidos como uma alteração de algum dos traços que caracterizam a pessoa, fugindo do seu comportamento habitual e do comportamento habitual da maioria das pessoas, sendo padrões de conduta desajustados e inflexíveis, sem critérios neuróticos nem psicóticos. Não são sintomas, mas um exagero de aspectos da personalidade que incapacita a pessoa e perturba o meio. Esses padrões de condutas estão arraigados e ocorrem desde a infância até a vida adulta, tornando-se uma *grife* da pessoa. Os distúrbios da personalidade têm origem em programas rígidos realizados em situações não aceitas, não compreendidas e avassaladoras vividas no passado, que levaram a pessoa a tomar decisões sobre si mesma (como se sente, pensa e age) e sobre os outros, que se tornam crenças e passam a formar seus traços característicos e padrões de comportamento. Tais programações são rígidas, sempre se manifestando da mesma forma e após ter sofrido um reestímulo. O que a TR apresenta de novo é que essas decisões podem ter sido tomadas em outras vidas, repercutindo no presente por não terem sido elaboradas, e depois de terem tido um reestímulo, por associação, com uma situação atual semelhante à do passado.

Dando prosseguimento à etiologia das doenças mentais, citamos a seguir a contribuição dos autores de TR quanto ao alcoolismo, à demência e à oligofrenia e às alterações do instinto e do impulso.

O alcoolismo caracteriza-se pelo uso crônico e excessivo de álcool, de forma dependente, o que gera problemas psicológicos, de relacionamento e médicos.

Para o entendimento do alcoolismo a TR acrescenta a explicação dada por TenDam (1995) de que pode haver, como causas em outras vidas, experiências em que o alcoólatra de hoje ingeriu altas doses de bebida com outras finalidades, como a de provocar certa obnubilação de consciência para poder suportar uma dor física, proveniente de ferimentos ou curativos, como a amputação de uma perna, devido à inexistência de anestesias. E hoje, diante de um sofrimento que não consegue resolver, repete o comportamento do passado, ingerindo álcool a fim de obter a tal "anestesia" para suportar a dor. Também pode haver certas situações do passado, quando o alcoólatra de hoje fez uso de álcool. Netherton (1995) citou casos em que o álcool foi usado para finalidades como as descritas acima.

As demências são síndromes orgânicas causadas por alterações degenerativas e progressivas do sistema nervoso central, ou seja, um envelhecimento patológico. São alterações do quociente de inteligência ocorridas na vida adulta. Apresenta alterações na memória, na orientação, no comportamento, no impulso, na inteligência, no julgamento, na afetividade e na intensificação de traços de personalidade pré-mórbida.

As oligofrenias, porém, são alterações no quociente de inteligência desde a infância, sendo caracterizadas pela incapacidade do indivíduo de usar funções intelectuais para analisar, formular idéias e resolver problemas; elas possuem várias classificações: leves, moderadas, graves e profundas, conforme o comprometimento apresentado. De acordo com a explicação de TenDam (1994) sobre padrões de reencarnação, as oligofrenias e demências podem fazer parte de um planejamento de vida, que pode ser classificado como padrões educacionais, em que experiências penosas são incluídas com objetivos educacionais para avançar no desenvolvimento ou para aprender coisas diferentes.

Nas alterações do instinto encontram-se as alterações das pulsões de autoconservação, como a anorexia, que é a falta de vontade de comer ou de apetite, levando a pessoa a um enfraquecimento intenso. A bulimia, que se caracteriza pela compulsão para comer, em que a pessoa tem a sensação permanente de fome, o que a faz comer em excesso e a leva a induzir o vômito, dieta e exercícios físicos com a finalidade de perder peso. A pica ou malácia é a ingestão extravagante de substâncias não-nutritivas, como, por exemplo, terra. Nas alterações do impulso encontram-se também as diversas alterações das pulsões sexuais.

TenDam (1994) refere-se à anorexia e à bulimia dizendo que essas podem ser causadas por personalidades de vidas passadas não integradas. O autor diz ter encontrado em alguns casos de anorexia pacientes que foram belas e atraentes e sofreram abusos sexuais.

Quanto às alterações das pulsões sexuais, deve-se observar que as mesmas devem ser avaliadas com critério, pois são consideradas distúrbios quando causam, na pessoa ou em outro, desconfortos psíquicos, sentimentos de inadaptação e queixas diversas, sendo que, nesses casos, há indicação de psicoterapia.

Na literatura de TR, pode-se observar que queixas de diversas disfunções sexuais podem ter como causa traumas e situações mal resolvidas de experiências sexuais negativas ocorridas no passado mais remoto. Pode haver, na origem desses distúrbios, traumas de abusos e violências sexuais, maus-tratos, tais como cinto de castidade ou outros desconfortos físicos, além de voto de celibato e a quebra do mesmo. Nos abusos e violências incluem-se tortura sexual, estupro, exploração sexual, aborto, gravidez e parto que culminam em morte, mutilações e maus-tratos de maneira geral.

## 4. ANAMNESE

A anamnese é um dos aspectos da construção do diagnóstico, e possui suas especificidades na visão da TR. É uma coleta de dados da situação atual e pregressa do paciente e pode ser feita de forma estruturada, seguindo um padrão ou modelo, ou de forma livre. Ela pode seguir os moldes de uma entrevista ou anamnese usual.

Na TR, a investigação criteriosa da gestação, do parto, da primeira infância e do fato de o paciente ter-se submetido a alguma cirurgia, segundo a visão de Netherton (1997), deve ser ressaltada na anamnese.

Quanto à gestação, deve-se investigar criteriosamente o vínculo mãe-filho. Segundo Netherton (1997), nesse período o feto tem uma percepção inconsciente, quando grava e registra pensamentos e sentimentos da mãe como se fossem seus, o que pode acionar memórias traumáticas ou situações inacabadas de vidas passadas, que podem se manifestar negativamente no presente através de sintomas ou de problemas de relacionamento. Segundo Woolger (1994), durante a gestação a mãe oferece condições para o filho acionar questões inacabadas do passado.

O nascimento, segundo Netherton (1997), reestimula traumas de vidas passadas ou reestimula traumas já acionados na gestação. Para ele, é de fundamental importância as atitudes e frases da equipe que realiza o parto, pois podem não só reestimular traumas passados, como também provocar novos traumas; segundo seu ponto de vista, o parto também é determinante na capacidade de tolerar o *stress*. Já Woolger (1994) nos diz que, como se dá o nascimento, este já dá notícias de como aconteceram as mortes anteriores.

Na primeira infância, é comum observar-se a ocorrência de lembranças espontâneas do passado, que podem contribuir para a avaliação psicológica do paciente, além de problemas que o paciente de hoje possa ter apresentado quando criança, como se pode constatar nos trabalhos de pesquisadores como Andrade (1989) e Banerjee (1979).

Netherton (1995) nos diz que se deve estar atento às operações cirúrgicas que o paciente possa ter sofrido sob anestesia geral. Muito freqüentemente é a ocorrência de comentários feitos por médicos, durante o ato cirúrgico, que podem acionar situações de vidas passadas, se não servir de programações que podem ocasionar problemas ao paciente. Caso este tenha passado por algum ato cirúrgico, o psicoterapeuta deve trabalhar esse episódio a fim de resolver o que aí possa ter surgido.

De fundamental importância na entrevista, que resultará num diagnóstico ou numa hipótese diagnóstica sob o enfoque da TR, é a postura do psicoterapeuta, que deve ser baseada numa nova forma de escuta do paciente, considerando elementos que numa escuta tradicional seriam desprezados ou entendidos como disfunção. Nesse momento, deve-se procurar perceber aquilo que não está explicitado pelo paciente, aquilo que ele não relata verbalmente sobre si mesmo, além de frases repetitivas ou deslocadas do contexto. Sobre as frases repetitivas e a entrevista inicial, Netherton (1997, p. 36) afirma que: "Nessa fase, procuro ouvir determinadas frases que são repetitivas e que parecem deslocadas."

De grande importância também é a relação de confiança entre psicoterapeuta e paciente, tão bem formulada por TenDam (1989) em seu quadro de confiança, que deve ser almejada desde o *rapport* inicial. Ele define quadro de confiança, já mencionado em capítulo anterior, como sendo a confiança do psicoterapeuta em si mesmo, enquanto domínio técnico; a confiança do paciente no psicoterapeuta, enquanto potencial terapêutico; a confiança do paciente em si mesmo; a confiança do psicoterapeuta no paciente, sendo o paciente aceito como tal pelo psicoterapeuta e em seu potencial a ser terapeutizado.

## 5. EXAME PSÍQUICO

O exame psíquico tem como objetivo avaliar as funções psíquicas do paciente a fim de se averiguar a presença ou não de disfunções. Constitui, assim como a anamnese, um dos aspectos da construção do diagnóstico e possui também suas especificidades na visão da TR.

As disfunções detectadas ajudam o psicoterapeuta a aventar algumas hipóteses diagnósticas, que o levarão a formular um diagnóstico.

Além das funções psíquicas, o psicoterapeuta deve estar atento à postura do paciente durante a entrevista; observar se há ou não cooperação com o entrevistador; apresentação geral (roupas e acessórios); comportamentos bizarros; atentar para mensagens não-verbais, etc.

Tratando-se de TR, deve-se estar atento ao fato de que, em meio a muitas disfunções psíquicas, já se encontram sintomas que são manifestações de repercussões cármicas e que constituem "pistas" que, se seguidas, levarão direto à origem do problema apresentado pelo paciente, como, por exemplo, as frases repetitivas ou deslocadas, ouvindo e respeitando o inconsciente do mesmo.

O psicoterapeuta deve ter uma postura aberta, não ter preconceitos nem estar influenciado por uma escuta tradicional, a fim de realmente ouvir o paciente. Não deve se precipitar em rotular o paciente ou fazer o seu diagnóstico indevidamente.

## 6. DIAGNÓSTICO

O diagnóstico tem como função orientar o psicoterapeuta quanto a definir intervenções e indicações da TR. De forma alguma o diagnóstico tem fim em si mesmo. Antes de tudo, o psicoterapeuta deve objetivar, em seus atendimentos, uma terapêutica que seja eficiente para resolver, ou ao menos melhorar, o sofrimento psíquico do paciente. Daí por diante, este entra em processo psicoterápico, no qual se busca a compreensão da singularidade do mesmo, do particular, do subjetivo.

No decorrer do processo psicoterápico, o diagnóstico pode ser reformulado, devendo-se ter em mente que mudanças vão ocorrer no paciente, como resultado da própria terapêutica aplicada, e que o quadro inicial apresentado se modificará. Assim, o diagnóstico adquire uma outra visão que não aquela fechada, classificatória ou rotulante, mas sim norteadora do projeto psicoterapêutico.

De maneira geral, pode-se dizer que as funções psíquicas que direcionam basicamente o diagnóstico são pensamento e humor. Conforme as disfunções psíquicas no pensamento, pode-se investigar a hipótese de uma psicose; se detectadas alterações no humor, deve-se estar atento para distúrbios do humor. Quando o paciente apresenta um padrão duradouro de comportamento inadaptado, deve-se investigar distúrbios de personalidade.

Nunca se deve fazer um diagnóstico precipitado. É mais adequado protelar um diagnóstico do que fazê-lo erroneamente. Em dúvida, sempre protele o diagnóstico. Deve-se também considerar o tempo que o sintoma é apresentado, a presença ou não de vetores psicossociais que possam precipitar ou agravar os sintomas, e se há condição biológica (substrato orgânico) que esteja provocando os sintomas. Além de tudo, deve-se levar em conta o diagnóstico diferencial. Deve-se considerar também se uma conduta é culturalmente sancionada ou não. Caso uma conduta seja aceita por sua cultura, esta não pode ser entendida como disfuncional.

Deve-se analisar se as queixas e sintomas são em decorrência de emergências espirituais ou de vidas passadas.

Na realização do diagnóstico sob o enfoque da TR, encontra-se a diferença na base teórica do psicoterapeuta, que procura entender o quadro apresentado pelo paciente do ponto de vista da extrafisicalidade, buscando indícios de núcleos passados problemáticos.

Tendo em mão o diagnóstico e a indicação da TR, pode-se, então, traçar um projeto terapêutico para o paciente, realizando-se intervenções por meio de técnicas específicas da TR.

CAPÍTULO VI

# Pesquisas no campo da TR

## 1. ESPELHO MENTAL

*Luedi*

Winafred Lucas, Ph.D. em Psicologia, especialista em crianças, adolescentes, família e transformação imaginativa, além de ser psicoterapeuta de regressão e uma das sócias fundadoras da IARRT (The International Association for Regression Research and Therapies), realizou uma pesquisa exploratória (Lucas, 1986) com o espelho mental em pacientes e psicoterapeutas durante sessões de regressão, investigando as ondas cerebrais que ambos apresentavam.

Sua pesquisa é de fundamental importância para a TR por ter sido feita através de aparelho de medição de alta sensibilidade, oferecendo um tempo de resposta rápido, a ponto de fornecer dados sobre os estados cerebrais transitórios, mostrando também dados dos dois hemisférios cerebrais ao mesmo tempo.

O espelho mental é um aparelho constituído de 24 séries de emissões de luz, organizadas em bancos de doze séries com 32 diodos, sendo dezesseis no hemisfério da esquerda e 16 no da direita. Os sinais dos dois hemisférios, que são exibidos ao mesmo tempo, são convertidos por um circuito em dois sinais luminosos, que mostram o padrão total da disposição. Eletrodos são fixados na cabeça para captar a voltagem cerebral. Além disso, o espelho mental monitora a musculatura, averiguando a resistência elétrica da pele.

A pesquisa de Lucas se originou a partir de um seminário promovido pelo Brent Wood Psychological Center, ministrado por Anna Wise, em 1985, em que era demonstrado o potencial do espelho mental de induzir e aprofundar a meditação. Nesse seminário, um dos participantes entrou em regressão, exibindo um curioso padrão de onda cerebral, ondas delta. Curioso porque, nos estados meditativos, ondas delta não são produzidas, mas, sim, ondas alfa e teta. Frente a esse resultado, Lucas questionou se as ondas delta eram características dos estados regressivos e qual seria o seu significado. Para obter respostas a essas perguntas, Lucas convidou um dos membros da equipe de Anna Wise e, utilizando os recursos do espelho mental, de gravações em vídeo e anotações, realizou sua pesquisa.

O objetivo da pesquisa proposta por Lucas foi registrar os padrões de ondas cerebrais em psicoterapeutas e sujeitos em sessões de regressão com o fim de obter respostas a seus questionamentos.

Fizeram parte dessa pesquisa profissionais experientes em regressão, três sujeitos e dois psicoterapeutas, que não tinham experiência. Essa última escolha foi feita para registrar possíveis diferenças com relação à falta de experiência. Dois dos psicoterapeutas foram incluídos como sujeitos, para verificar se haveria diferença nos padrões dessas pessoas ao exercerem os dois papéis. Os psicoterapeutas realizaram regressões com, no mínimo, dois sujeitos para checar se suas ondas cerebrais permaneceriam estáveis ou variariam em resposta a diferentes personalidades.

A pesquisa durou três dias, período em que foram explorados padrões de ondas cerebrais detectadas pelo espelho mental.

A partir dessa pesquisa, Lucas pôde constatar que, durante as sessões regressivas, as ondas cerebrais beta, alfa, teta e delta apresentaram as seguintes características:

- *Beta* apareceu na maioria dos sujeitos e de maneira intensa, não diminuída nos psicoterapeutas. Sabe-se que, numa sessão regressiva, o paciente está consciente, enquanto afloram do inconsciente materiais aí armazenados. Esse padrão do psicoterapeuta demonstrou que a condução do processo regressivo não era passiva nem relaxada, o que confirma a teoria e técnica da TR, que preconiza que o psicoterapeuta siga atentamente seu paciente para questioná-lo de modo eficiente e, assim, a sessão ser bem-sucedida. A presença de beta no sujeito torna-se um dado de significativa importância porque, normalmente, nos estados meditativos, não há essa onda e, nos estados de mente desperta, ela se apresenta de forma mais suave e curva do que o apresentado na pesquisa. A maneira como beta foi exibida pelos psicoterapeutas foi entendida por Lucas como a necessidade de o psicoterapeuta de regressão manter o processo regressivo sob seu controle. Lembrando-se de que essa onda é característica de um estado de mente desperta, foi interpretado pela pesquisadora como sendo necessário para o paciente realizar conscientemente a compreensão, o entendimento do que lhe ocorreu e a necessária redecisão, que são características próprias de uma sessão de TR e que garante um trabalho psicoterapêutico, promovendo a transformação no paciente. Segundo Lucas, essa onda cerebral pode explicar o motivo de pacientes relatarem não estar num estado alterado de mente.

- *Alfa* são ondas que também aparecem de maneira intensa e simétrica nos estados de meditação, e que apareceram rapidamente em todos os sujeitos e na maioria dos psicoterapeutas de maneira intensa e curva, com alta amplitude, movendo-se para baixo, incluindo baixas amplitudes. Lucas entendeu que a lembrança e a revivência de conteúdos emocionais dependem da produção de ondas alfa, sendo que esse estado também é um estado imaginativo.
- *Teta*, que é entendida como sendo um indicativo de contato com o inconsciente pessoal, apareceu junto com alfa na maioria dos sujeitos e nos psicoterapeutas que entraram em estado alterado com seus sujeitos. Porém, vários psicoterapeutas e um único sujeito não manifestaram alfa. Lucas interpretou esse dado como sendo alfa e teta não indispensáveis para uma regressão. No entanto, alguns sujeitos relataram que se sentiram mais confortáveis ao trabalhar em alfa e teta. Assim, Lucas entendeu que é possível para algumas pessoas recobrarem a memória de vidas passadas sem terem a necessidade desses estados.
- *Delta*, que é considerado um estado radar, principalmente quando associado ao funcionamento paranormal, apareceu de forma contundente no sujeito; no psicoterapeuta apareceu com menor intensidade. O psicoterapeuta mais experiente apresentou esse padrão de forma mais contundente do que os outros dois psicoterapeutas menos experientes. Para Lucas, delta no psicoterapeuta não se faz necessário, mas sua presença pode facilitar-lhe a compreensão dos significados trabalhados com o sujeito, ou, ainda, permitir que o psicoterapeuta vivencie de alguma forma o que o sujeito está revivendo e assim possa apoiar e ser mais assertivo em sua condução. Lucas (1998) concluiu que esse estado é tido como radar, alcançando materiais armazenados na mente, não exatamente no cérebro, mas, além deste, num campo de energia, um campo mental.

Outros resultados importantes foram que alguns psicoterapeutas entraram em alfa e teta durante toda a regressão e outros atingiram esse estado em momentos específicos. Lucas interpretou esse achado como possibilidade de o psicoterapeuta estar exibindo esses padrões para dar apoio ao paciente e estabelecer os laços de empatia com ele, aspecto esse que poderia ajudar no aprofundamento e na rememoração do material. Contudo, a pesquisadora ponderou que o estudo que realizou foi limitado e que essa conclusão era apenas uma possibilidade e não um dado conclusivo.

Pôde-se constatar, em sua pesquisa, algumas irregularidades, que apareceram nos dois sujeitos que haviam praticado a meditação por longo tempo e que, na indução, entraram no estado comum de meditação, exibindo um alfa e teta simétricos, não apresentaram delta, e o beta exibido desapareceu. Segundo a pesquisadora, isso se deve ao pouco envolvimento com os conteúdos trabalhados, resultando num *insight* e impacto mínimos. Outra irregularidade apresentada foi a de que dois psicoterapeutas manifestaram forte beta e delta, e um psicoterapeuta pareceu estar se esforçando para desencorajar seu sujeito apresentando um posicionamento rígido na condução do processo.

Lucas, a partir dessa pesquisa, levantou hipóteses de que os padrões apresentados sugerem uma explicação para a lembrança de materiais de vidas passadas, que foram:

- As lembranças podem estar guardadas em um campo mental como foi proposto por Sheldrake (1981) em seu conceito de campo morfogenético, que é alimentado por tudo o que se pensa e o que se faz, e que, ao mesmo tempo, pode influenciar o que é feito e pensado; assim, a mente seria um campo de energia, que é individual;
- Pode-se ter acesso às lembranças guardadas nesse campo de energia por meio de um mecanismo radar, assim denominado por Sheldrake, no estado delta;
- Algumas vezes o material lembrado vem do inconsciente pessoal, teta, passando por alfa, que é quando surgem imagens que são carregadas de emoções, e, a seguir, surgem ondas alfa e beta, justamente no momento em que o material é reconhecido, compreendido conscientemente e efetuada a redecisão; para tal, é necessário um estado mental característico ao da mente desperta.

Essa pesquisa de Lucas teve significativa importância para a TR, não só por ter sido feita por meio de aparelho de medição, mas também por seus resultados terem confirmado muitos aspectos da teoria e da técnica da TR, e especialmente por confirmar que o material expresso pelos pacientes em regressão está armazenado na mente, que está além do cérebro, como proposto por Sheldrake em sua teoria do Campo Morfogenético, ou por Andrade, com seu Modelo de Espírito, e que, estando além do cérebro, a mente pode guardar experiências de outras vidas, podendo ser facilmente recobradas pelo estado radar das ondas delta.

# 2. RESULTADOS DA APLICAÇÃO DAS TÉCNICAS PSICOTERÁPICAS EM DOIS GRUPOS DE SUJEITOS

*Carvalho, Godoy e Maeda*

## 2.1. A PESQUISA

Em 1998, Godoy e colaboradores (profissionais do Departamento de Pesquisa do Centro de Difusão) realizaram uma pesquisa que teve a finalidade de traçar um perfil dos sujeitos que se submeteram ao tratamento pela TR, por meio de suas técnicas clássicas (Fiore, Netherton, Roger e Ten-Dam); de realizar um levantamento dos problemas mais comuns que apresentaram e, por meio da aplicação das técnicas regressivas em cinco das oito sessões, de verificar os resultados obtidos com o tratamento terapêutico regressivo.

Partindo dos pressupostos estabelecidos por Fiore (sd), de que a TR diminui o número de sessões terapêuticas, o que pode ajudar as pessoas a resolver e eliminar os seus problemas; por TenDam (1997a), que afirma que ela é uma terapia *eficiente e eficaz*; e por Netherton (1997), que afirma que ela *funciona;* resolveu-se averiguar, na prática, em quais tipos de problemas a TR "funciona", é *eficaz e eficiente.* Com esse trabalho, os pesquisadores buscaram colaborar para a credibilidade da TR junto ao meio científico e ao público em geral.

Optou-se pela abordagem qualitativa e quantitativa dos dados. Os instrumentos utilizados foram o questionário, aplicado pelo pesquisador, e a entrevista semi-estruturada. Todas as sessões foram gravadas e depois transcritas literalmente. Essas transcrições serviram para se proceder a uma análise do discurso. Foram realizadas oito sessões no período de agosto a dezembro de 1998 (as duas primeiras em agosto e as demais em uma sessão mensal nos meses restantes), sendo uma de anamnese, uma de estabelecimento do contrato de terapia, cinco sessões de trabalho regressivo e uma de fechamento.

Para a elaboração do perfil foi utilizado o questionário e foram levantados os seguintes dados: sexo, idade, tempo de casamento, número de casamentos, número de filhos, renda individual e familiar, profissão e informações sobre três gerações do sujeito (pais, irmãos, parceiros e filhos). A todos os sujeitos foi pedida a razão da busca de um tratamento em TR.

A entrevista semi-estruturada foi aplicada para o levantamento dos problemas apresentados pelos sujeitos e continha as seguintes perguntas:

1. Qual(is) é(são) seu(s) problema(s)? Arrolar o(s) problema(s).
2. Você me falou de X problemas (repetir todos os itens arrolados); coloque-os em ordem decrescente (relacionar a ordem falada pelo paciente).
3. Quais os motivos que levaram você a optar por um trabalho na TR? (Para essa questão, no caso dos psicoterapeutas, considerou-se a eleição do problema e a escolha do treinamento nas técnicas da TR, já que, por serem sujeitos do próprio processo, tratou-se de uma exigência do Curso de Psicoterapeutas da Regressão do CDEC.)

A primeira sessão consistiu na aplicação do questionário e da entrevista semidirigida para serem levantados os problemas e as razões da busca do tratamento psicoterápico em TR. A segunda sessão consistiu na elaboração do contrato de terapia. De todos os problemas arrolados, e tendo-se a lista decrescente dos problemas relacionados, elegeu-se para o trabalho regressivo o problema que mais incomodava e mais transtornos ocasionava ao sujeito. Definido o contrato de terapia, procedeu-se, a seguir, à especificação do problema com o arrolamento de todas as cargas: mentais, emocionais, somáticas e imaginativas. O psicoterapeuta, depois disso, procedeu ao estudo do caso, levantando as hipóteses de diagnóstico (convencional e regressiva) e ao planejamento do tratamento.

Na terceira sessão, e nas quatro consecutivas, o psicoterapeuta foi instruído a iniciar a sessão com a seguinte declaração ao sujeito: O nosso contrato terapêutico foi de trabalharmos X (dizia o problema eleito para a terapia); você disse sentir Y (repetia as cargas arroladas na segunda sessão); o que você deseja trabalhar nesta sessão? Com essa pergunta, o psicoterapeuta visava estabelecer o foco da sessão. Tendo o foco da sessão, ele procedia ao levantamento das cargas da sessão com relação ao foco escolhido. Tendo o foco e as cargas relacionadas e presentes, o psicoterapeuta procedia à aplicação das técnicas da TR.

Na oitava sessão, procedeu-se à avaliação e fechamento do trabalho regressivo. A avaliação consistiu em retomar, pelo psicoterapeuta, o contrato de terapia e as cargas relacionadas com o problema eleito para tratamento na segunda sessão e questionar o sujeito naquela situação (oitava sessão) se elas persistiam ou não. Caso persistissem, perguntava-se ao sujeito com que intensidade e freqüência.

Todos os sujeitos foram informados do caráter de pesquisa do trabalho psicoterápico e concordaram em se submeter às sessões de terapia regressiva — assinando um termo de autorização, que foi mantido na posse do psicoterapeuta responsável. Os nomes dos sujeitos foram alterados e os dados que pudessem identificá-los foram omitidos, sem comprometimento do trabalho de pesquisa. A todos os sujeitos foram dadas opções de continuidade do trabalho psicoterápico após a oitava sessão, visando a complementação e a continuidade do trabalho.

Os documentos utilizados para as análises quantitativa e qualitativa foram as transcrições das sessões realizadas com os sujeitos. A análise qualitativa dos resultados obtidos com o tratamento regressivo levou em consideração o problema eleito como contrato de terapia e suas respectivas cargas, os problemas a ele relacionados, os quais foram focados e trabalhados com as técnicas regressivas nas sessões subseqüentes (da 3ª à 7ª), e uma análise comparativa foi realizada na 8ª sessão, visando verificar se as cargas relacionadas ao problema estavam ou não presentes.

Consideram-se as seguintes categorias na análise dos resultados obtidos com o tratamento regressivo: remissão total dos sintomas (RTS); remissão parcial dos sintomas (RPS) e não remissão (NR).

A pesquisa contou com dois grupos de sujeitos. O *grupo 1* formado por dezessete psicoterapeutas, integrantes do curso de especialização em TR do CDEC, Turma de 1998, que se revezaram no papel de psicoterapeuta e paciente durante o referido curso. O *grupo 2* foi composto de dezessete sujeitos que foram trabalhados por aqueles psicoterapeutas. Os sujeitos foram eleitos dentre os pacientes atendidos pelos psicoterapeutas em suas próprias clínicas. O critério de escolha do paciente para ser sujeito da pesquisa foi sua aceitação em participar do experimento após o convite para tal, efetuado pelo psicoterapeuta em formação.

## 2.2. ANÁLISE DOS DADOS

### 2.2.1. Perfil dos sujeitos que se submeteram ao tratamento de cinco sessões na TR

Os participantes do *grupo 1* (Terapeutas como Sujeitos — TS), revezaram-se nos trabalhos de psicoterapeutas e sujeitos, visando seu treinamento como psicoterapeuta e sua vivência como sujeito durante o curso de formação. O *grupo 2* foi composto por dezessete sujeitos (S), eleitos dentre os pacientes que os psicoterapeutas atendiam em suas próprias clínicas. O número total de sujeitos analisados foi de 34, dezessete do *grupo 1* e dezessete do *grupo 2*. Dois dos psicoterapeutas não apresentaram os trabalhos que realizaram com os seus pacientes.

Com relação ao sexo, pôde-se observar que a maioria dos sujeitos nos dois grupos foi do sexo feminino.

A maioria dos sujeitos do *grupo 1* (47,0%) se encontrava na faixa etária de 30 a 39 anos de idade; os sujeitos do *grupo 2*, na faixa etária de 40 a 49 anos de idade (41,1%).

Observou-se que o *grupo 1* apresentou maior número de sujeitos casados (76,47%), e o *grupo 2*, um maior número de sujeitos solteiros (41,1%).

Os sujeitos do *grupo 1* apresentaram em sua maioria (38,46%) um tempo de casamento de 0 a 9 anos com o(a) atual parceiro(a); nos sujeitos do *grupo 2*, 33,3% tinham de 0 a 9 anos e 33,3% de 10 a 19 anos de casados com o(a) atual parceiro(a).

O *grupo 1* foi composto por dezesseis psicólogos e um médico. As profissões de psicólogo, recepcionista e estudante foram as que prevaleceram no *grupo 2*.

Todos os sujeitos do *grupo 1* possuíam grau universitário; do *grupo 2*, a percentagem encontrada foi de 52,9%.

Nos dois grupos verificou-se que a maioria dos sujeitos apresentava uma renda pessoal na faixa de zero a R$ 2.000,00. *Grupo 1*, 66,6%; *Grupo 2*, 80%.

Quanto à renda familiar, os dois grupos encontravam-se na mesma faixa, de R$ 2.001,00 a R$ 4.000,00, correspondendo a 43,3% e 53,3%, respectivamente.

Quanto à religião, a maioria classificou-se como sendo "*espiritualista*", correspondendo a 53% no *grupo 1* e 35,7% no *grupo 2*. Ser "espiritualista" foi definido como "acreditar na espiritualidade, porém sem comprometimento com nenhuma seita religiosa".

### 2.2.2. Razões que levaram os sujeitos a buscar um tratamento em TR

Foram tabulados dados dos dois grupos. O *grupo 1* foi composto de dezessete psicoterapeutas (TS) e o *grupo 2*, de dezessete sujeitos (S) atendidos por dezessete dos psicoterapeutas do *grupo 1*.

Dos sujeitos do *grupo 1* (TS), 35,3% responderam que procuraram a TR por não terem resolvido seus problemas com tratamento em outras linhas psicoterápicas; 29,6% não responderam.

No *grupo 2* (S), 35,3% responderam que procuraram a TR por acreditar em vidas passadas; 17,9% não responderam.

### 2.2.3. Levantamento dos problemas mais comuns apresentados pelos sujeitos no trabalho regressivo e resultados obtidos com o tratamento em cinco sessões de regressão

Os problemas apresentados pelos sujeitos do *grupo 1* foram: insegurança profissional; dificuldade em lidar com dinheiro; tensão diante de situações novas; medo de falar em público; tremedeira; fobia a lugares fechados; dermatite; *stress*; depressão; emotividade; taquicardia; insegurança e ansiedade diante de um grupo; obesidade e dificuldade de se comunicar com as pessoas.

Dos sujeitos do *grupo 1*, 41,1% apresentaram remissão parcial dos sintomas da queixa; 35,3% remissão total e 11,8% não apresentaram remissão dos sintomas.

Os problemas mais comuns apresentados pelo *Grupo 2* foram: dificuldade de dizer o que pensa; medo de passar de carro próximo a um rio; obesidade; não aceitação do sucesso; problemas familiares; medo de hospital; preocupação com o futuro; medo de dirigir; medo de amar; angústia; indefinição e instabilidade profissional; explicação sobre problema de saúde; relacionamento com o pai e relacionamento afetivo.

Dos sujeitos do *grupo 2*, 53% tiveram remissão parcial dos sintomas; 29,4% remissão total e 5,8% não tiveram remissão dos sintomas.

Considerando ambos os grupos, obtivemos os seguintes resultados: 47% dos casos atendidos com as técnicas da TR tiveram remissão parcial dos sintomas; 32,3% tiveram remissão total; 8,8% não tiveram remissão dos sintomas, e em 11,9% não houve registro dos resultados.

Fobias e outros distúrbios emocionais foram os problemas mais comuns apresentados pelos sujeitos, considerando-se ambos os grupos. Dos problemas apresentados pelos sujeitos, problemas físicos ficaram em segundo lugar e depressão e obesidade ficaram em terceiro lugar. Problemas de comunicação e relacionamento em quarto lugar e, em quinto, não aceitação do sucesso, preocupação com o futuro, dificuldade em lidar com dinheiro e indefinição e instabilidade profissional.

## 2.3. CONSIDERAÇÕES FINAIS DA PESQUISA

Nessa pesquisa, pode-se perceber que o perfil do sujeito que busca a TR foi composto, nas duas amostragens, por sujeitos do sexo feminino, com formação universitária, renda pessoal variando de 0 a R$ 2.000,00, renda familiar variando de R$ 2.001,00 a R$ 4.000,00, e que não eram ligados a uma seita religiosa específica. A grande maioria se classificou como "espiritualista", colocando esse conceito como uma filosofia de vida.

No *grupo 1,* a maioria dos sujeitos se concentrou na faixa etária de 30 a 39 anos; 76,47% eram casados e, destes, 66,6% estavam no primeiro casamento, tendo como tempo médio de casamento de 0 a 9 anos. No *grupo 2,* composto por pacientes dos psicoterapeutas do curso, a maioria se concentrou na faixa etária de 40 a 49 anos de idade e em sua maioria (41,1%) eram solteiros.

Mesmo que os psicoterapeutas tenham passado pelo trabalho regressivo como uma das exigências do curso de formação, pôde-se averiguar que 35,3% deles, ao elegerem os problemas a serem trabalhados como treinamento nas técnicas, disseram que escolheram os problemas que não haviam sido solucionados com outras intervenções psicoterápicas, e 23,5% disseram que buscaram o aprendizado das técnicas da TR por acreditar no trabalho desta.

Para o *grupo 2,* a razão predominante para buscarem um trabalho na TR foi por acreditarem em vidas passadas (35,3%).

Os problemas mais comuns apresentados pelos dois grupos de sujeitos foram fobias (seis casos) e outros problemas emocionais (seis casos). Pôde-se perceber, pelos resultados, que não se verificou remissão dos sintomas em cinco sessões regressivas, para os casos de fobias e outros problemas emocionais. Segundo a literatura, deveria se observar a remissão dos sintomas de uma a três sessões (Netherton, 1997 e TenDam, 1997a).

Provavelmente, como diz TenDam (1997a), a não remissão dos sintomas deve-se ao fato de que, apesar de as cargas serem predominantemente físicas e emocionais, o que sugere a existência de um trauma, estaríamos diante de um trauma complexo, em que este viria acompanhado de *hangover,* pseudo-obsessão, obsessão, postulados de caráter ou alienação.

A hipótese levantada por Godoy para a não remissão dos sintomas, ou a sua remissão parcial, foi a possibilidade de se estar diante de um caso que a autora denominou de **contenção existencial** ou **impedimento**. Contenção existencial significa, de acordo com a definição da pesquisadora, a impossibilidade de desconexão total com os sintomas, já que eles funcionam como fatores de proteção ao sujeito, para que os mesmos não incorram em perdas ou retrocessos existenciais; impedimento quer dizer que o sujeito está, como o próprio nome diz, impedido de se desprender das amarras cármicas de seus próprios atos passados e, portanto, só poderá ser liberado quando resolver as suas pendências passadas.

Os casos que tiveram a remissão total dos sintomas foram os que apresentaram problemas físicos bem específicos, como dermatite e taquicardia, problemas de comunicação, não aceitação do sucesso, preocupação com o futuro e dificuldade em lidar com dinheiro. Para esses casos, pode-se levantar a hipótese de que se tratava de casos em que estavam envolvidos traumas simples (TenDam, 1997a).

Três casos nas amostragens não tiveram remissão dos sintomas. Foram eles: um de fobia, outro de depressão e outro de obesidade. Verificando a queixa inicial desses sujeitos, pôde-se perceber que apresentaram concomitantemente outras queixas associadas e que não foram trabalhadas. Para várias queixas, podemos estar diante do que Woolger (1994) qualifica como "complexo".

O maior objetivo desta pesquisa foi registrar os resultados obtidos em cinco sessões de tratamento pela TR, nas quais pudemos constatar que não encontramos remissão dos sintomas em apenas cinco sessões. Consideramos esse fato extremamente importante, pois não concordamos com a indevida afirmação veiculada de que os problemas trabalhados com a TR têm a sua remissão de uma a três sessões. Por meio desse trabalho, no qual foram adotados procedimentos metodológicos, pôde-se verificar que em apenas 36,6% dos casos a remissão dos sintomas foi total. Esses resultados demonstram que outros fatores influenciam na remissão total dos sintomas, e não apenas casos com evidentes cargas físicas ou somáticas, classificados como traumas simples. Como se pôde verificar, nem todos os casos qualificados como trauma simples tiveram sucesso com cinco sessões de tratamento. Ao mesmo tempo, casos considerados como traumas complexos tiveram a remissão total dos sintomas. Cabe aqui uma investigação mais pormenorizada, no futuro, que venha a esclarecer e delinear os fatores norteadores de um sucesso ou não na remissão dos sintomas com o uso das técnicas regressivas.

Outra sugestão para trabalhos futuros é a investigação com dois ou mais grupos, com patologias semelhantes, sendo tratados por abordagens psicoterápicas distintas, para se observar os parâmetros da eficiência da TR em comparação com outras terapias psicológicas.

CAPÍTULO VII

# Novos horizontes

Longo é ainda o nosso trabalho no campo da TR. Pretendemos continuar aprofundando nossos estudos e voltar nossa atenção para a pesquisa, para que possamos obter resultados melhor mensurados e não mais especulativos de que "é eficiente, eficaz e funciona", conforme atestam seus autores pioneiros.

Estamos desenvolvendo no CDEC duas linhas de pesquisas sobre a TR, uma iniciada em 1998, cujos primeiros resultados foram relatados no capítulo anterior, e outra iniciada em 2000, que conta com a colaboração de profissionais voluntários especialistas em TR.

Nossa meta é verificar na prática, com pesquisas sistematizadas, que resultados obtemos com a utilização das técnicas de TR nas mais variadas problemáticas apresentadas pelos pacientes. Desejamos saber se a TR é "eficiente", é eficiente para quê? Se é "eficaz", é eficaz no quê? Para quê? "Ela funciona", funciona como? De que maneira? Em que casos? Funciona para quê? Quais são suas indicações, limitações? De que forma complementa o trabalho psicoterápico? Quando, exatamente, é recomendada? Para esses questionamentos, ainda não temos respostas concretas. Esperamos em breve poder comunicar esses resultados à comunidade científica e ao público em geral, pois percebemos que esse público não aceita mais incondicionalmente, o uso de técnicas cujos resultados não possam ser melhor avaliados e está clamando por terapêuticas sérias, responsáveis, realizadas por profissionais competentes, com comportamentos éticos e comprometidos com a ciência.

Com os estudos e pesquisas de TR descobrimos a possibilidade de elaborar um referencial teórico-técnico que nos parece muito maior e mais abrangente: a Terapia da Consciência Multidimensional (TCM). Temos certeza de que estamos diante da perspectiva de uma abordagem terapêutica muito importante, que se propõe à compreensão do ser humano em seu funcionamento intra e extrapsíquico, dentro de uma cosmovisão holística e sistêmica.

A Terapia da Consciência Multidimensional segundo Godoy (1997) se propõe ao estudo **da *Consciência*** (escrita com C maiúsculo e que significa a "essência" do ser humano), **dentro** da ***Ciência* com *consciência***, com base numa ética universalista. Envolve estudos no campo da retrocognição (objeto de estudo da TR), no campo da programação existencial, teoria das personalidades, subpersonalidades, e no campo energético. Tem como objetivos: religar a Consciência física com sua fonte básica de energia, o núcleo (N); localizar os núcleos eutrópicos (NEs) para potencializá-los; e os núcleos distrópicos (NDs) para transmutá-los. Utiliza-se das teorias e técnicas psicológicas clássicas existentes, as desenvolvidas na TR e amplia os recursos técnicos com a utilização de técnicas de ressonância, acoplamentos energéticos e assimilação retro e precognitivas.

A TCM já está trazendo algumas respostas para um melhor entendimento e compreensão dos conceitos e mecanismos da TR.

Em nossa prática já pudemos constatar que não é necessário o estado hipnótico leve ou hipnoidal para se ter acesso às memórias passadas; que as técnicas hipnóticas ativas promovem um aumento na freqüência das ondas cerebrais do indivíduo; que em cada reestímulo de situações incompletas na vida presente — os "nós" ou NDs — temos a oportunidade de alterar a nossa programação existencial disfuncional para uma programação funcional, porém as técnicas regressivas não têm a possibilidade de liberar todos eles. A experiência está nos dizendo que alguns fatores impedem o desbloqueio desses "nós". Dentre eles o que Godoy (1999a) qualificou de contenção existencial e de impedimento existencial. A contenção ocorre quando a própria pessoa constrói esses núcleos, fruto de decisões e conclusões falsas que tomou durante a vida ou entre vidas. Nesse caso podemos, acionando os NEs, ajudá-la no desbloqueio. Já no impedimento, os núcleos são construídos independentemente da vontade da pessoa e somente podemos ajudá-la realizando um trabalho de reeducação dentro de posturas e comportamentos éticos.

Podemos observar que o estudo e aprofundamento da TR estão semeando novas formas de saber, que merecem ser investigadas para que germinem e se transformem em frutos de uma ciência aberta e ética. Esses são alguns constructos e resultados que estamos fornecendo apenas como pontos de reflexão. Temos muitas propostas para novas pesquisas e sabemos que mais investigações são necessárias especialmente no campo que envolve a Consciência do ser humano.

Nós, profissionais ligados ao CDEC, acreditamos que: *Há sempre caminhos abertos aos que acreditam na natureza, na diversidade e na riqueza dos caminhos da alma humana!*

# Referências Bibliográficas


ANDRADE, Hernani Guimarães. *Espírito, Perispírito e Alma: ensaio sobre o modelo organizador biológico*. São Paulo: Pensamento, 1984.

_______. *Reencarnação no Brasil: oito casos que sugerem renascimento*. São Paulo: O Clarim, 1989.

ASSAGIOLI, Roberto. *Psicossíntese: manual de princípios e técnicas*. São Paulo: Cultrix, 1992.

BANERJEE, Hemendra Nath. *Vida pretérita e futura*. 2ª ed. RJ: Nórdica, 1979.

BARSOTTINI, Dirce T. *Concepção, vida intra-uterina e parto nas terapias regressivas*. *In* PINCHERLE, Lívio Túlio (Org.). *Terapia de vida passada: uma abordagem profunda do inconsciente*. São Paulo: Summus, 1990.

BECK, Judith S. *Terapia cognitiva: teoria e prática*. Porto Alegre: Artes Médicas, 1997.

BEEKM, Servaas van e LAMMERS, Willem. *Over the border: script theory and beyond*. TAJ, vol. 20, nº. 1, janeiro, 1990, pp. 47-55.

BERNE, Eric. *Análise transacional em psicoterapia*. São Paulo: Summus, 1985.

_______. *O que você diz depois de dizer olá*. São Paulo: Nobel, 1988.

BUSTOS, Dalmiro M. *O psicodrama: aplicações da técnica psicodramática*. 2ª ed. São Paulo: Summus, 1982.

CABRAL, A. e NICK, E., *Dicionário técnico de psicologia*. São Paulo: Cultrix, 1997.

CLARK, Rabia Lynn. *Past Life: the state of the art*. USA. Austin: Rising Star, 1995.

CLARKE, J. J. *Em busca de Jung: indicações históricas e filosóficas*. RJ: Ediouro, 1993.

CRM. *Ética médica*. São Paulo: CRM, 1996.

CRP. Manual do CRP-06. *Código de ética*. São Paulo: CRP, 1997.

DENNING, Hazel. *Espelho mental*. Fita de Vídeo. EUA: IARRT, 1987.

DETHLEFSEN, Thorwald. *A regressão a vidas passadas como método de cura: a comprovação experimental da teoria da reencarnação*. São Paulo: Pensamento, 1997. *Das erlebnis der wiedergeburt heilung durch reinkarnation*, copyright © 1976, Munique.

DIAS, Victor R. C. Silva. *Psicodrama: teoria e prática*. São Paulo: Ágora, 1987.

ERSKINE, Richard e ZALCMAN, Marilyn. *O sistema de disfarces: um modelo para a análise de disfarces, in* UNAAT. Prêmios Eric Berne. Brasília: UNAAT, 1983.

FIORE, Edith. *Você já viveu antes*. Rio de Janeiro: Record, sd.

_______. *Curso para psicoterapeutas*, realizado em S. Paulo em 1985, material não publicado.

_______. *Possessão espiritual*. São Paulo: Pensamento, 1995. *You have been here before*, copyright © 1978.

FREUD, Sigmund. *Obras psicológicas completas*. Edição Standard Brasileira, vol. II. RJ: Imago, 1974.

_______. *Obras psicológicas completas*. Edição Standard Brasileira, vol. XVIII. RJ: Imago, 1976a.

_______. *Obras psicológicas completas*. Edição Standard Brasileira, vol. XX. RJ: Imago, 1976b.

GINGER, Serge & Anne. *Gestalt — uma terapia do contato*. 2ª ed. SP: Summus, 1995.

GODOY, Herminia Prado. *Aulas do curso de psicoterapeuta da regressão*. Material não publicado. São Paulo, 1989, 90a, 91, 92, 93, 94, 95, 96a, 97a, 98 e 99a.

_______. *Relação terapeuta/paciente*. *In*: PINCHERLE, Lívio Túlio e outros. *Terapia de vida passada: uma abordagem profunda do inconsciente*. São Paulo: Summus, 1990b.

_______, e SOUZA, Samuel. *Aulas do curso de psico-bio-física*. Material não publicado. São Paulo: 1996 e 97.

_______. *Núcleo central eutrópico e núcleos distrópicos: um ensaio teórico e uma proposta psicoterapêutica para a consciência*. Revista do Inconsciente em Terapia. ABEP-TVP. Ano I, Vol. 1. Jan./dez. 1998, monografia apresentada no curso psico-bio-física, S. Paulo, 1997b. Material revisado e reescrito em 1999b.

_______, e MALUF, Michel Chebli. *Texto para o curso de terapeutas da regressão*. Material não publicado. São Paulo: 1996.

GOLEMAN, Dan. *Milton Erickson's contribution to therapy*. Internet: www: *psychologytoday*, 1997.

GRINDER, John e BANDLER, Richard. *Atravessando: passagens em psicoterapia*. São Paulo: Summus, 1984.

GROF, Stanislav. *Além do cérebro: nascimento, morte e transcendência em psicoterapia*. São Paulo: McGraw-Hill, 1987.

GROF, Stanislav. *Emergência Espiritual: crise e transformação espiritual*. São Paulo: Cultrix, 1995.

GOULDING, Robert e GOULDING, Mary. *Mandatos, decisão e redecisão*. *In* UNAAT. Prêmios Eric Berne. Brasília: UNAAT, 1983.

HALEY, Jay. *Advanced techniques of hypnosis and therapy: selected papers of Milton H. Erickson, M.D.* Copyright © 1967. Nova York: Grune and Statton Publis.

IARRT. *Ethical code* of *The International Association for Regression Research and Therapies, Inc.* LA: 1984.

IBRT. *Handbook for practitioners certified by The International Board for Regression Therapy.* Canastota, NY, 1995.

JEZIC, Herve. *A sofrologia.* Rio de Janeiro: Record, 1982.

JUNG, Carl Gustav. *Memórias, sonhos, reflexões.* Rio de Janeiro: Nova Fronteira, sd.

_______. *Fundamentos de psicologia analítica.* 3ª ed. Petrópolis, RJ, 1985.

_______. *A energia psíquica.* 5ª ed. Petrópolis, RJ: Vozes, 1994.

KUSNETZOFF, Juan Carlos. *Introdução à psicopatologia psicanalítica.* Rio de Janeiro: Nova Fronteira, 1982.

LAPLANCHE, Jean. *Vocabulário da psicanálise/Laplanche e Pontalis.* 3ª ed. São Paulo: Martins Fontes, 1998.

LOWEN, Alexander. *O Corpo em Terapia — a abordagem bioenergética.* São Paulo: Summus, 1977.

_______. *Bioenergética* — 7ª ed. São Paulo: Summus, 1982.

_______. *Prazer — uma abordagem criativa da vida.* 3ª ed. São Paulo: Summus, 1984.

_______ e Leslie. *Exercícios de bioenergética: o caminho para uma saúde vibrante*, 5ª ed. São Paulo: Ágora, 1985.

_______. *A espiritualidade do corpo.* São Paulo, Cultrix, 1995.

LUCAS, Winafred. *Regression therapy: a handbook for professionals.* Vol. I: *Past-life therapy*, e Vol. II: *Special instances of altered state work.* CA, Cres Park: Deep Forest Press, 1993.

_______. *Brain wave states underlying the regression process. In Journal of Regression Therapy*, Vol. II, nº 2, 1986.

_______. *Pesquisa sobre o espelho mental.* Revista do Inconsciente em Terapia. ABEP-TVP. Ano I, Vol. 1. Jan./dez. 1998.

LUEDI, Marisa Luedi Mutuberria Vieira. *Alterações nas relações familiares provocadas pela TVP.* Trabalho monográfico. Material não publicado. Uberlândia: 1992.

MAGALHÃES, Lúcia Maria Azevedo. *Teoria da personalidade em Carl Gustav Jung. In:* REIS, Alberto Olavo Advincula. *Teorias da personalidade em Freud, Reich e Jung.* São Paulo: EPU, 1984.

MASLOW, Abraham H. *Toward a psychology of being.* 2ª edição. Copyright © 1968. Nova York: Van Nostrand Reinhold, 1982.

_______. *Más allá del ego: textos de psicología transpersonal.* Copyright © 1980. Barcelona: Kairós, 1989.

MENDES. *Personalidade subconsciente.* São Paulo: Pensamento, sd.

MENDES, Elieser. *Personalidade intrusa.* São Paulo: Pensamento, 1987.

MORENO, Jacob Levy. *Psicoterapia de grupo e psicodrama.* SP: Mestre Jou, 1974.

_______. *Psicodrama.* 5ª ed. São Paulo: Cultrix, 1993.

NAFFAH NETO, Alfredo. *O Psicodrama contemporâneo. In:* PORCHET, Ieda e outros. *As psicoterapias hoje: algumas abordagens.* 2ª ed. São Paulo: Summus, 1982.

NETHERTON, Morris. *Vida passada: uma abordagem psicoterápica.* São Paulo: Summus, 1997. *Past lives therapy*, copyrigth © 78, Netherton & Shiffrin.

_______. Cursos e treinamentos para psicoterapeutas em São Paulo: 1982, 84, 86/95. Material não publicado.

_______. *Memória emocional.* Curso para psicoterapeutas realizado em S. Paulo, 1999, pelo CDE. Material não publicado.

PERLS, Frederick Salomon. *Abordagem gestáltica e testemunha ocular da terapia.* RJ: Zahar, 1977.

PERT, Candace B. *Molecules of emotion: the Science behind mind-body medicine.* Nova York: Touchstone, 1999.

PETRILLI, Silvia Regina Antunes. *Rosa dos ventos da teoria do psicodrama.* São Paulo: Ágora, 1994.

PICINO, Josefina Daniel. *Curso de psicoterapia existencial.* Material apostilado — não publicado. S. Paulo, 1996.

PIERON, Henri. *Dicionário de Psicologia.* Porto Alegre: Ed. Globo. 1978.

PIERRAKOS, John C. *Energética da essência.* São Paulo: Pensamento, 1994.

PINCHERLE, Lívio Túlio (Org.). *Psicoterapias e estados de transe.* São Paulo: Summus, 1985.

_______. (Org.). *Terapia de vida passada: uma abordagem profunda do inconsciente.* São Paulo: Summus, 1990.

PLANCK, Max, *in* GROF, Stanislav. *Além do cérebro: nascimento, morte e transcendência em psicoterapia.* São Paulo: McGraw-Hill, 1987.

REICH, Wilhelm. *A análise do caráter.* São Paulo: Martins Fontes, 1972.

_______. *A função do orgasmo.* São Paulo: Brasiliense, 1975.

RIBEIRO, Jorge Ponciano. *Gestalt-terapia: refazendo um caminho.* São Paulo: Summus, 1985.

ROGERS, Carl Ranson. *Um jeito de ser.* São Paulo: EPU, 1983.

ROSEN, Sidney. *Minha voz irá contigo — os contos didáticos de Milton H. Erickson.* Trad. por Rogério Raul Monte Beller. Copyright 1982. Campinas: Psy, 1997.

SAMUELS, Andrew. *Jung e os pós-junguianos.* Rio de Janeiro: Imago, 1989.

SHELDRAKE, Ruppert. *A new science of life: the hypothesis of formative causation.* Londres: Blond & Briggs, 1981.

SILVEIRA, Nise. *Jung: vida e obra.* Rio de Janeiro: Paz e Terra, 1981.

SOEIRO, Alfredo Correia. *Psicodrama e psicoterapia.* 2ª ed. São Paulo: Ágora, 1995.

SOLIANI, Maria Luiza Carvalho. *Realização simbólica e realidade suplementar. In* MONTEIRO, Regina. *Técnicas fundamentais do psicodrama.* São Paulo: Brasiliense, 1993.

SOUZA, Samuel de. *Aulas do curso de psico-bio-física.* Escola Pensamento. SP: 1997.

STEINER, Claude M. *O outro lado do poder: como tornar-se poderoso sem ter sede de poder.* São Paulo: Nobel, 1984.

STEVENSON, Ian. *20 Casos sugestivos de reencarnação.* SP: Difusora Cultural, 1970.

TEIXEIRA, Manoel Maria. *Eric Berne: sua história e a fundamentação da Análise Transacional. In Revista Brasileira de Análise Transacional*, ano V — número 1 — junho de 1995, pp. 83-91.

TELLEGEN, Therese A. *Atualidades em gestalt terapia. In*: PORCHAT, Ieda e outros. *As psicoterapias hoje: algumas abordagens.* 2ª ed. São Paulo: Summus, 1982.

_______. *Gestalt e grupos*. São Paulo: Summus, 1984.

TENDAM, Hans Wolfgang. *Panorama sobre a reencarnação: uma investigação recente e sua relação com a TVP.* Vol. I e II. São Paulo: Summus,1993/94.

_______. *Cura profunda.* São Paulo: Summus, 1997a.

_______. Cursos e treinamentos para psicoterapeutas, realizados em São Paulo: 1988, 89/90/93/97b e 98.

UNAAT. *Prêmios Eric Berne*. Brasília: UNAAT, 1983.

VAN AUKEN, John. *Reencarnação.* Rio de Janeiro: Record: Nova Era, 1997.

VIEIRA, Waldo. *Projeciologia.* Rio de Janeiro: Autor, 1986.

_______. *O que é conscienciologia.* Rio de Janeiro: Instituto Internacional de Projeciologia e Conscienciologia, 1994.

WAMBACH, Helen. *Vida antes da vida.* São Paulo: Freitas Bastos, 1988.

_______. *Recordando vidas passadas: depoimentos de pessoas hipnotizadas*. São Paulo: Pensamento, 1990.

WEIL, Pierre. *As fronteiras da regressão.* 3ª ed. Petrópolis: Vozes, 1989.

_______. *A revolução silenciosa.* São Paulo: Pensamento, 1997.

WEISS, Brian L. *Muitas vidas, muitos mestres.* Rio de Janeiro: Salamandra, 1991.

_______. *A cura através de vidas passadas.* Rio de Janeiro: Salamandra, 1996.

WOOLGER, Roger. *As várias vidas da alma: um psicoterapeuta junguiano descobre as vidas passadas.* São Paulo: Cultrix, 1994.

_______. Curso e treinamento para psicoterapeutas em São Paulo, 1996a.

_______. *Entrevista com Dr. Roger Woolger.* Boletim editado pela ABVPTVP, nº 09, agosto, 1996b.

_______. *Aspectos do Trabalho Corporal com vida passada: compreendendo o campo energético sutil.* Apostila. Material não publicado. São Paulo, 1996c.

_______. *A deusa interior: um guia sobre os eternos mitos femininos que moldam nossas vidas.* São Paulo: Cultrix, 1997.

_______. *Regressão à vida passada na prática da psicoterapia.* Revista do Inconsciente em Terapia. ABEP-TVP. Ano I, Vol. I, Jan/dez, 1998, pp. 5-13.

# Glossário

ASSERTIVO: termo advindo da terapia comportamental. Significa claro, direto e objetivo. O psicoterapeuta conduz a regressão de forma assertiva e interrogativa.

ATRAVESSAR O PROBLEMA: frase utilizada pela TR que indica vivenciar o problema do começo até o fim.

AUTO-EXTERMÍNIO: termo técnico adotado tanto pela psiquiatria como pela psicologia, que significa suicídio.

CADEIA AUTO-REFORÇADORA: termo clássico da comportamental e cognitiva que significa que um evento é um estímulo discriminativo e reforçador do subseqüente, e assim por diante.

CAMPO MORFOGENÉTICO: conceito postulado por Rupert Sheldrake, biólogo da Universidade de Londres, que se refere à existência de um campo mental onde experiências podem ser estocadas, influenciando e sendo influenciado pelo que se pensa e o que se faz. Sugere fortes evidências de que o pensamento é independente do cérebro físico, existindo em outro tipo de campo, assegurando um local de estocagem para experiências em várias existências, podendo organizar as disposições moleculares do embrião tão logo ocorra a concepção.

CENTRADO: em Psicologia é usado para designar o indivíduo que está bem posicionado psicologicamente e dentro da Terapia da Consciência é um termo usado para designar uma pessoa que está conectada com sua essência, seu *self*, sua fonte interior de vida e sabedoria, e estabelece um contato adequado e harmônico com o ambiente ao seu redor, estando plenamente consciente de si mesma e de sua realidade externa.

CENTRAR: termo utilizado em Psicologia para designar o processo de conseguir um bom posicionamento psicológico e em TCM refere-se ao ato de movimentar — se psiquicamente em direção ao próprio mundo interno, em busca da conexão da consciência física com a fonte interior de vida.

COMANDO: termo clássico da terapia comportamental e conseqüentemente da hipnose quando o terapeuta deliberadamente emite uma ordem ao sub ou inconsciente do paciente visando à reprogramação psicoterápica.

DESCOINCIDENTE: condição em que a pessoa não sente seu psicossoma completamente integrado ao seu corpo físico ou soma.

EXTRAFISICALIDADE: aspecto extrafísico ou além do físico, espiritual do homem.

FOCO: termo da TR, que significa o ponto central a ser trabalhado.

LIBERAR: apesar de liberar e libertar serem sinônimos, a palavra liberar em TR refere-se ao ato terapêutico de favorecer o livre fluxo de cargas passadas mentais, emocionais, somáticas e energéticas que interferem negativamente sobre o presente, possibilitando ao paciente sentir-se livre e desbloqueado.

MEDIUNIZADOS: pacientes que apresentam fenômenos mediúnicos durante as sessões regressivas.

MODELO DE ESPÍRITO: proposto por Andrade (1984) engenheiro e fundador do Instituto de Psicobiofísica. Este modelo propõe para o espírito uma estrutura tetradimensional, histórica, auto-organizadora, de natureza puramente energética, cuja representação gráfica é de dois hipercones ligados pela base. A parte superior, a cúpula, armazena experiências psicológicas, filosóficas e espirituais de cada encarnação, sendo esta a sede da consciência superior. A parte inferior, denominada de modelo organizador biológico, contém todas as experiências biológicas do espírito em cada encarnação, sendo capaz de influenciar a organização biológica do embrião desde a sua concepção.

NÍVEL CONSCIENCIAL: um determinado nível multidimensional em que se expressa no intrafísico a Consciência, que é definida em TCM como essência ou espírito de todo ser.

NÚCLEO (N): Consciência primeira ou essência, de força energética, que se projeta nas "*n*" dimensões com irradiação funcional. O núcleo é o responsável pela vida do ser. Jamais encarna (Godoy, 1999).

NÚCLEO DISTRÓPICO (ND): ou Núcleos Problemáticos, são memórias de vidas de insucesso ou incompletas (Godoy, 1999).

NÚCLEO EUTRÓPICO (NE): ou Núcleo em Potenciação, são memórias de vidas de sucesso do ser (Godoy, 1999).

OBSESSÃO: TenDam (1997b) define como a interferência que o indivíduo sofre de uma personalidade estranha à sua, seja esta encarnada ou desencarnada, impondo-lhe uma idéia, um sentimento ou um comportamento. Essas personalidades intrusas (PIs) podem estar ligadas ao indivíduo de forma intencional, constituindo-se nos casos de ligações cármicas, ou de forma acidental, devido a algum ponto em comum.

PENDÊNCIAS ou TAREFAS INACABADAS: termo utilizado pela TR e pela terapia da programação existencial, que visa localizar os assuntos ainda não completamente resolvidos ou tarefas incompletas ou inacabadas do espírito encarnado.

POSTURA ABERTA: este termo melhor traduz a idéia da postura que o psicoterapeuta deve ter, aberta, sem limitações, sem preconceitos, para que possa ouvir e seguir o paciente sem rotulá-lo, levando em conta o que ele diz.

PROBLEMA: qualquer assunto ou questão que envolve dúvida, incerteza ou dificuldade; questão levantada para consideração, discussão, decisão ou solução. Em Psicologia, conflito que impede ou afeta o equilíbrio psicológico do indivíduo.

PROFISSIONAIS PSI: são os profissionais que estudam e tratam dos fenômenos psíquicos.

PSEUDO-OBSESSÃO: para TenDam (1997b) é a obsessão que decorre de uma personalidade de vida passada da própria pessoa, o que explica o seu nome, pois não é decorrente de uma personalidade alheia ao indivíduo, mas sim dele próprio. A pseudo-obsessão (TenDam, 1994) resulta do fato de a pessoa não se liberar no momento da morte. Devido a um processo incompleto de morte, a personalidade acaba por não se integrar à personalidade maior e, no presente, manifesta-se negativamente através de pensamentos, sentimentos e até comportamentos que são impostos à pessoa.

*PSI*: são as ciências que estudam e explicam os fenômenos psíquicos normais e anormais.

PSICODIAGNÓSTICO: análise dos sintomas exclusivamente psíquicos de uma moléstia mental, e que visa estabelecer um diagnóstico (Pieron, 1978).

QUEIXA: termo convencionalmente usado na TR e TCM para assinalar os motivos que levaram o paciente a procurar uma psicoterapia.

QUESTÃO: tese, assunto, tema em geral, sujeito a meditação, estudo, ponto para ser resolvido. Assunto que se discute ou controverte; discussão, controvérsia. Ponto para ser discutido ou examinado. Tema ou tese sobre qualquer assunto científico, literário, artístico, político, religioso, etc. Problema, quesito.

REDECISÃO: termo usado pela TR e TCM, advindo da AT, que se refere a uma nova decisão, adequada e funcional, após a revivência do evento traumático, com conseqüente catarse, compreensão do mesmo e localização da decisão tomada em meio ao trauma, sem compreensão e distinção das emoções, portanto errônea e que provoca uma influência negativa no sujeito.

REESTRUTURAÇÃO INTERNA: reorganização interior.

REPERCUTIR: transmitir os efeitos; agir ou influenciar de maneira indireta.

REPERCUSSÃO: segundo TenDam (1997, p. 299) é o carma de experiências anteriores, ou seja, aspectos não resolvidos do passado que repercutem hoje de maneira negativa na vida da pessoa.

REPERCUSSÃO CÁRMICA: segundo definição de TenDam (1997[a], p.299), repercussão cármica é "o carma de experiências anteriores", quer dizer, aspectos não resolvidos do passado que podem ser desta ou de outra vida, que são impressas e repercutem de forma negativa na vida da pessoa no presente. São as repercussões que causam no indivíduo transtornos mentais, desde os leves até os mais graves. As repercussões cármicas não excluem a ocorrência de registros positivos que, ao contrário dos primeiros, manifestam-se positivamente no presente da pessoa, auxiliando-a através de habilidades e capacidades que apresenta. As impressões (TenDam, 1994, p. 128), segundo a sua intensidade, podem ser comparadas com registro a lápis, caneta ou gravações mais profundas e duradouras como as feitas em metal.

REPRESENTAÇÃO INTERNA: é um termo técnico usual e estabelecido da Psicologia que significa conteúdo de pensamento que tem um significado individual e interno. É a representação interior dos conteúdos apreendidos pelos sentidos, imaginação, memória e pensamentos.

REVIVÊNCIA: termo da TR que se refere a sua técnica psicoterápica e significa repassar ou viver novamente o trauma durante a sessão de regressão, passando por todas as etapas da técnica regressiva.

SENSOPERCEPÇÃO: percepção que se dá pelos cinco sentidos, ou seja, visão, audição, tato, olfato e gustação. Depende de um funcionamento adequado dos órgãos do sentido, sendo eles: olhos, ouvido, pele, nariz e língua, respectivamente.

*SETTING*: em Psicologia costuma-se usar a palavra em inglês para designar o ambiente e enquadre psicoterapêutico.

SITUAÇÃO MAL RESOLVIDA: situações mal resolvidas, segundo Hans TenDam, permanecem assim porque não houve uma compreensão delas, tomando-se uma decisão com base numa interpretação errônea, ou não se teve tempo para resolvê-las. Decisões tomadas no passado com base em interpretações errôneas tornam-se crenças que passam a atuar como programações rígidas que, depois de reestimuladas, desencadeiam no indivíduo emoções, pensamentos e comportamentos concernentes ao passado.

SUBNÍVEIS CONSCIENCIAIS: termo que foi criado pela TCM, que equivale às atuações da Consciência em outras dimensões e na dimensão física.

SUBPERSONALIDADE: segundo TenDam (1994), se refere ao termo utilizado para designar "partes da personalidade atual".

TEMA: proposição a ser demonstrada; assunto a ser tratado em um trabalho, seja científico, literário ou artístico.

TERAPEUTIZADO: é o indivíduo que se submeteu a um processo terapêutico.

TRAUMAS: segundo TenDam (1997a), traumas são experiências de extrema dor física ou emocional que levam o ego a um colapso. As emoções são vivenciadas de forma intensa, de modo que a pessoa não consegue livrar-se delas, permanecendo não resolvidas.